遺失在西方的□□□作品
中國□□□□□□

U0034571

The Sacred 5 of China

中國五嶽 1924

神奇的五色聖山

彭萍，馬士奎，沈弘譯 沈弘審校

威廉‧埃德加‧蓋洛 著 沈弘 譯

一路險峻，一路詩意，山中深處是人間仙境

山高水長，更藏著中華文明的根，每一步都走在歷史長河中

東嶽泰山、南嶽衡山、中嶽嵩山、西嶽華山、北嶽恆山
記錄五大名山的自然人文景觀，蓋洛獨特視角下的歷史文化探尋

目錄

致謝

威廉‧埃德加‧蓋洛（William Edgar Geil）

每一本書都有許多作者，但在扉頁上署名的只有一個。

這本書得到了太多人的支持，其中有五個人的名字雖然沒有在正文中出現，但他們慷慨的幫助令作者感激不盡。

「良言一句三冬暖」，中國還有一句古話，「禮多人不怪」，我斗膽沒有徵得同意便在這裡提及他們五個人的名字：

康士坦斯‧埃默森‧蓋洛，學士
威廉‧湯瑪斯‧惠特利，碩士，神學博士
李興林教授，碩士
王善奇，碩士

還有一位非常傑出的學者，由於政治因素，他的名字只能寫在一個祕密的地方。借用華陰縣縣令陳大人的話來說：

躬逢其盛，得以廁身簡末，附驥尾而益彰也。

遊覽五嶽之後第五年的五月五日

大山不拒纖塵

The Largest Mountain Does Not Reject the Smallest Dust.

「快活谷」，或「快活三里」

代序　告訴世界一個「真實的」中國

—— 對 20 世紀初 W. E. 蓋洛系聯考察中國人文地理的敘述

沈弘　郝田虎

W. E. 蓋洛（William Edgar Geil）是西方頗負盛名的美國旅行家和英國皇家地理學會會員，西元 1865 年出生於美國賓夕法尼亞州的多伊爾斯敦，西元 1890 年從拉斐特學院畢業之後，曾當過幾年宣講《福音書》的傳道士，但在他心中一直蘊藏著一個周遊世界的夢想。於是在西元 1896 年，他請了長假，從紐約登船前往耶路撒冷朝聖，從此開始了他的全球旅行生涯。在此後的 30 年中，他的足跡幾乎踏遍了非洲、大洋洲、歐洲和亞洲等。正如士兵戰死於疆場、學者辭世於書房，這位不知疲倦的旅行家最終在一次重返聖城的旅程後病逝於威尼斯城。在其生命的最後 20 多年中，蓋洛與中國結下了不解之緣。1903 年，他途經日本首次來到中國，從上海坐船溯流而上，沿途考察了長江流域部分地區的人文地理，寫下了《揚子江上的美國人 1903》（*A Yankee on the Yangtze*）一書，從此便一發而不可收拾。從那以後，中國成了他魂牽夢繞的研究對象，他又數次前來中國考察，走遍了大江南北、長城內外、三山五嶽，陸續出版了《中國長城》（*The Great Wall of China*）、《中國十八省府 1910》（*Eighteen Capitals of China*）和《中國五嶽 1924》（*The Sacred 5 of China*）等一系列重量級的著作。

在歷史的長河中，寫過中國的西方作家數以千計，我們為什麼偏要挑中蓋洛來作為研究對象呢？這首先是因為他作為人文地理學家的獨特價值。蓋洛在其一生中，曾享有許多頭銜和美譽。首先他是一位著作等

身的多產作家，出版過 13 部著作，還寫了大量的日記、演講稿、報刊文章和信札；早在 1905 年，他就被譽為「在世最偉大的旅行家」，見識過了五大洲、四大洋；他同時也被稱作「偉大的演說家」，在世界各地做過幾千場演說，聽眾達數百萬之多；在關於他的傳記中，作者總是稱他為大字書寫的「探險家」（the Explorer）。然而，蓋洛有關中國的上述四部書吸引我們的並非那些華麗雄辯的語句辭藻，或是吊人胃口的歷險故事情節，而是作者用照片、文字、圖片、地圖、諺語等一系列手段詳細記錄下來的 20 世紀初中國最精髓和最真實的人文地理、歷史和現狀。

作為一個受過現代教育訓練的專業人士，蓋洛所選擇考察中國的角度是獨特和具有先進水準的。他是早期系聯考察長江流域人文地理的少數西方人之一，也是第一個全程考察長城、十八個行省首府和五大名山的人文地理學家。迄今為止，我們沒有發現國內外曾經有過如此全面系統地考察中國傳統和現代人文地理的第二人。他在考察過程中充分利用了各地的方志和當時已有的科學手段及攝影技術，僅上述四部書就精選了 400 多幅照片作為插圖，其中包括長城所有的烽火臺和 1909 年中國十八個省府的歷史照片。光是這些老照片本身，便是如今研究中國人文地理的無價之寶。

由西方人來寫中國，其難度是可想而知的。在西元 1842 年中國的門戶被迫對西方開放之前，能夠進入內地的外國人可謂鳳毛麟角。而且中國幅員遼闊，地區與民族之間方言繁雜，況且當時盜匪出沒，交通十分不便，所以即使在門戶開放之後，西方人要真正做到周遊神州大地，也是一件非常困難的事情。不過，這些還不能算是阻礙西方人了解中國的真正障礙。中國有五千年的悠久歷史，文化傳統博大精深，各地區的風

土人情和各民族人民的生活習俗與西方人相去甚遠，在中國長期閉關自守、東西方語言不通的情況下，要想打通東西方文化之間的障礙，又談何容易！故而，在蓋洛之前雖然也有相當數量有關中國的遊記和論著問世，但是真正能夠準確掌握華夏民族的精神面貌和客觀反映神州大地人文地理全貌的著作可謂屈指可數。而絕大部分作者往往受到各種客觀和主觀條件的局限，要麼鑽到故紙堆裡，靠第二手的材料來編織這個東方古國的神話，要麼就憑藉自己浮光掠影的印象和即興的想像發揮，來描述一個不甚準確，有時甚至是南轅北轍的中國形象，頗有點坐井觀天的意味。例如，作為奇西克皇家園藝學會溫室部主任的英國植物學家羅伯特·福鈞（Robert Fortune），他自西元 1843 年起曾四次來華調查中國茶葉的生產、栽培和製作的情況，並先後出版了至少五部有關中國的遊記。可是，茶葉怎麼會跟華北諸省有關呢？假如你有興致耐心讀下去的話，就會發現這裡所說的「華北諸省」原來並非指河南、河北或山東、山西，而實際上是指江蘇、浙江和福建等產茶的省分。

早在 19 世紀初，第一個來到中國的美國新教傳教士裨治文（Elijah Bridgman）就已經發現，在有關中國的早期論著所描述的情況和他所親眼看到的實際情況之間有很大的反差和距離。在其於西元 1832 年創刊並主編的《中國叢刊》首期發刊詞中，他就大聲疾呼要以該刊物為平臺，向西方介紹一個「真實的」中國。如何才能做到這一點呢？裨治文認為，關鍵就在於要把書本知識和實際的田野調查緊密地結合在一起。一方面，西方作者應給予中文典籍和方志以足夠的重視，因為那裡面包含了大量詳實可靠的資訊；另一方面，還必須以實證的精神，對中國的地理、氣候、礦產、農業、漁業、商業、宗教和社會結構等做深入細緻的實地調查。無論多麼微末的細節都不能忽視，都要認真加以記錄，只有這樣才能幫助西方人準確地了解這個古老帝國的狀態和特點。

　　雖然蓋洛與裨治文的年齡相差約一個甲子，但他們都具有相同的新英格蘭新教背景和「洋基人」典型的實證精神。在撰寫其四部有關中國的論著期間，蓋洛不僅大量收集（藉助翻譯）、閱讀中文的典籍和方志，而且矢志不渝地堅持在描述某一地方或事物時必須身臨其境、眼見為實的原則。即使是在回顧歷史事件時，他也盡量設法藉助攝影技術和歷史圖片、地圖和拓片等手段，幫助讀者回到事件現場。在考察長江流域時，他冒著生命危險，在語言不通，不得不借助當地苦力和嚮導的情況下，獨自一人深入崇山峻嶺和少數民族地區。在寫《中國長城》時，他帶著一支精幹的考察隊，從山海關一口氣走到了西藏境內，沿途採風，記錄下有關長城的各種民間傳說和沿途各地的風土人情。原本大家都以為長城的最西端為嘉峪關，但蓋洛在實地考察時發現，在嘉峪關以西的西寧或西藏境內，仍然有連綿不斷的城牆向西延續，而這些城牆的存在在當時的地圖上並未標明，就連西寧的地方志上也找不到相關的記載[001]。在考察了長城之後，他又馬不停蹄地走訪中國十八個行省的首府和京師，每到一處，必拜訪當地的行政長官和文人學者（為此目的，他專門在上海訂製了 200 張中國式樣的名片），收集典籍方志，參觀名勝古蹟，採集民風民情。當他為最後一本書來華實地考察時，已經 54 歲，身體已經比較衰弱。然而他仍然堅持在妻子的陪伴下，一座又一座地努力攀登中國的五大名山，親自考察當地的民俗和宗教信仰，並用相機來記錄歷史。這種為追求理想而不惜「破萬卷書，行萬里路」的堅毅精神乃是常人很難做到的。

　　蓋洛在上述四本書中所包含的近 500 張老照片、圖片、拓片和地圖[002] 加在一起，展現了在清末和民國初年時期中國文化、民俗、社會各

---

[001]　在該書第 318 頁的插圖中，作者附了兩張記錄這段長城的照片。蓋洛在書中所說的「西藏」和「西寧」都是指青海，而不是特指現在的西寧市和西藏地區。蓋洛所見的嘉峪關以西的長城也不是一路向西，而是呈半圓形向西南方向延伸。

[002]　在《揚子江上的美國人 1903》中有 122 張，《中國長城》中有 116 張，《中國十八省府 1910》中有 113 張，《中國五嶽 1924》中有 101 張，共計 452 張，這還沒包括第三部書中解釋漢字寓意的插圖，如加上那些插圖，總數就接近 500 張了。

界人物和地理風景的獨特歷史畫卷。這是一筆極其珍貴的中國歷史文化遺產。

這些老照片的價值就在於它們的時代感。照片的內容包括長江流域和長城內外每一個行省首府（包括京師）及眾多城鎮和鄉村的建築、街道、城牆、城門、廟宇、農舍、貢院、學校、官府、衙門，以及小橋流水、江河湖海、名山大川、懸崖峭壁、黃土高原和戈壁沙漠等自然景色。除了總督、巡撫、外國傳教士、社會名流、錢莊老闆、少數民族群眾之外，還有街頭的小吃攤、茶館、店鋪、鴉片館、剃頭挑子、小販、工匠、乞丐、苦力、獨輪車伕、江湖郎中、朝聖香客、算命先生、妓女、賭博攤子、花轎、婚喪行列，以及衙門裡的公堂提審、寺廟裡的和尚道士、鄉間的水車和放牛娃也都納入了蓋洛的鏡頭。應該特別指出的是，許多這樣的畫面如今在別處已經找不到了。例如，蓋洛在考察長城時，把當時尚存的每一座烽火臺都編上號，並拍下了照片。其中有些鏡頭無論在中文或是西文的資料中都已絕跡。再以杭州為例，從 19 世紀末洋人繪製的地圖上看，當時杭州城的城牆和十個城門、四個水門還首尾相連，相當完整。可如今除了一個水門的區域性尚存，武林門、鳳山門、湧金門、清波門等地名還在使用之外，清末那些城牆和城樓的身影已經消失得無影無蹤。在中文資料中，我們最多只能找到描述這些城牆、城門的片言隻語，直觀的歷史圖片資料可以說是絕無僅有。但在《中國十八省府 1910》一書之中，我們卻驚喜地發現了杭州鳳山門、御街和大運河上的太平橋等早已消失的景點的老照片 [003]，它們栩栩如生地為我們還原了 20 世紀初清末老杭州的本來面貌。蓋洛在序言中告訴我們，該書的 100 多張照片是從 1,200 多張照片中精選出來的。按照這個比例來計算的話，蓋洛在中國拍的照片總數應該在 5,000 張以上。

---

[003]　蓋洛在《中國十八省府 1910》的「第一章 杭州」裡共附了 8 張杭州的老照片。

在歷次考察過程中，尤其是在 1909 年訪問中國的十八個省府時，蓋洛敏銳地感受到中國正處於一個辭舊迎新的重大歷史關頭，因為他身邊的一切事物每時每刻都在發生著變化：

許多個世紀以來，中國人一直在潛心研究和平的藝術，並從心眼裡瞧不起那些動輒便要撒野的赳赳武夫。無論他們內心是怎麼想的，中國人現在已經屈從於西方人的見解，並已經訓練出大批的士兵。在新的教育制度中包括了許多類似西點軍校和桑赫斯特皇家軍事學院的武備學堂。在每個大城市都建起了兵營，而且往往是兵營剛剛落成，馬上就住滿了士兵。再也見不到弓和箭，也沒有了翻觔斗和吼叫，取而代之的是用歐洲的精確瞄準武器所進行的系統性歐洲式操練……整個大清帝國都在武裝起來，其方式並非心急火燎的，而是非常徹底和執著的。中國的資源是沒有任何一個歐洲國家所能比擬的。

當然，這種變化並不僅僅局限於武備學堂和兵營。一路上，蓋洛見到了舊的貢院被拆毀，在其廢墟上建起了西式的學校和大學；公共圖書館和郵局取代了舊式的藏書樓和驛站；鐵路正在替代大運河作為交通幹線；工廠和煤礦在全國各地出現；紙幣開始淘汰已經用了上千年的銅錢；學生們在談論革命、民主、自尊、公民權和改革；就連巡撫和省府衙門都在籌備議會的召開。蓋洛睿智地意識到他必須用相機把這些歷史變革的瞬間定格在他的照片之中，因為這些都是「新的和有預見性的事實」，而「事實畢竟勝於雄辯」，「事實擺在面前，任何人都可以對此加以闡釋」。就這樣，我們透過這位「洋基人」的相機鏡頭，看到了用寶塔替代鐘樓、具有中國特色的教堂；看到了在泰山廟宇前從相機鏡頭前抽身逃走的尼姑；看到了不久以後便絕跡的中國開封的猶太家庭。如今，蓋洛的預言已經得到了證實：這些貌似隨意的快照現已成為難能可貴的珍品，而它們記錄的歷史瞬間則變成了永恆。

雖然在上面這本書中，漢口和江西東北部的兩張地圖放錯了地方，

但蓋洛所收集的地圖分別是當時最佳或最新版本的地圖，其價值自然不言而喻。例如他所選的廣州歷史地圖取自《羊城古鈔》，而他選中的成都地圖則是宣統元年三月繪製的《最新成都街市圖》。其中有些地圖甚至是蓋洛的傳教士朋友親手繪製的，例如英國醫師祝康寧（Frederick Judd）繪製的江西北部地圖。

上述這些插圖在書中並非僅僅發揮了點綴的作用，而是書中必不可少的一個組成部分，而且在上述這些書出版之際就受到了評論家的讚譽和讀者的歡迎。蓋洛曾經宣稱：「這些插圖本身就很能夠說明問題，不需要多餘的文字說明。」出版者也以同樣的口吻來解釋這些插圖的意圖和功能：「作者試圖避免重複講述同一個故事。書中的插圖不僅僅是為了充實文字，更是為了做一些實質性的補充。」作者與出版者的上述努力並沒有白費，從為《揚子江上的美國人 1903》（1904 年）做廣告而彙集的報刊書評中我們可以看到，當時對書中的這些插圖佳評如潮：「該書一個突出的特徵是其精美的插圖」、「插圖印得非常漂亮」、「插圖精美，引人入勝，大大增加了這本書的價值」。

蓋洛是一位狂熱的藏書家。從他的書中我們可以看到，每到一處，當他拜謁當地的督撫和文人學者時，必定會要求對方提供有關當地的古史、方志、地圖和碑文古蹟等資訊。在《中國十八省府 1910》一書序言中，蓋洛對於這樣做的動機做了解釋：

當君士坦丁堡的學者們攜帶著古希臘的學問逃到西方時，沒過幾年，那些古老而受到敬仰的拉丁語教科書便被當作廢紙從歐洲的大學裡扔了出來。中國目前正在經歷這麼一個時刻。在過去兩千年中被用來訓練中國文人的那些典籍和更為短命的那些通俗小說和志怪雜記同樣即將

壽終正寢。西方的學問和垃圾正在將原來的那些書籍取而代之。過不了多少年，那些老的書就幾乎看不到了，因為官方的毀書行動已經開始。在總督、巡撫、翰林學者、藏書家和書商的幫助下，我們收集到了一大批這樣的老書，並在本書中選用了其中的少數範例，以便使讀者能了解這些古書的風格。

丁韙良在其序言中也專門提到了這一點，並且預言：「這些文獻必將成為一個漢學研究圖書館的基石。」

值得注意的是蓋洛為收集地方志所做出的努力。在上述這本書出版以後，蓋洛又再接再厲，開始為他的下一本書《中國五嶽 1924》收集素材。第一次世界大戰的爆發使得蓋洛不得不兩次推遲對中國的訪問，然而他卻在研究中國的典籍上付出了更大的努力。他的傳記作家威爾遜告訴我們，蓋洛於 1916 年 12 月 30 日寫信給他在北京的朋友惠志德博士（Dr. Wherry），向他索要描寫五大名山的「地方志」。後來在《中國五嶽 1924》一書中，蓋洛果然從《欽定古今圖書整合》、《泰安府志》等各種中文素材中引用了大量的圖片、地圖和文字資料。他的這種努力受到了英國漢學家翟林奈（Lionel Giles）[004] 的高度讚譽：

我認為，該書最突出的特點就是引自中文素材的譯文。書中所引用的大量檔案中包括了詔令、序言、日記、傳記等，這些材料以前從未見諸任何其他出版品，其中有些具有很高的歷史價值。它們對於學者非常珍貴，普通讀者對此也會頗有興趣。顯然完成這本書需要極其繁重的工作量和原創性的研究工作。它是你所寫的最好的一本書。

我們完全贊同翟林奈頗為專業的評論，蓋洛對於中文地方志的重視和研究在西方作家中確實是比較少見的，這也是他的著作具有學術價值的一個突出特徵。

---

[004]　翟林奈是劍橋大學漢文教授翟理斯（H.A. Giles）的二兒子，出生於中國，後任職於大英博物館圖書館，負責管理東方書籍。

中文地方志為蓋洛提供了有關各地區當地歷史、地理構造和文化習俗的大量細微而詳實的資訊。在《中國十八省府 1910》一書中，他充分利用了這一資源來描述長沙的自然地理和城池建設、成都的物產、北京的政治史、杭州名稱的演變、廣州的人物傳記、太原的軼事傳說、安慶的地方詩歌、西安的家庭禮儀、濟南的賦稅制度、南昌的災禍和迷信，等等。因為地方志跟別類注重系統性的書籍不同，往往是跟這個地方有關的東西，事無鉅細，照單全收。以《昆明縣誌》為例，書中的各章節內容就分為「疆域」、「山川」、「風土」、「物產」、「建置」、「賦役」、「學校」、「祠祀」、「官師」、「貢物」、「工業」、「藝文」、「家庭」、「閨媛」、「古蹟」、「祥異」、「塚墓」和「雜誌」。

蓋洛在該書中對地方志中的「祥異」，即超自然現象，表現出了特殊的興趣。他所引用這部分內容的頻率僅次於政治史。在這些超自然現象中，有一部分如彗星、地震和氣象等使古代人感到困惑，但可以用現代科學來解釋的自然現象。這些記載，由於有確切的日期，對於科學家和學者來說是具有很大的科學價值的。然而其他大部分的「祥異」內容都是天方夜譚式的神話故事。這些材料若在人類學家手中，可能會給《金枝》一類的書增添不少素材；然而蓋洛選擇這些材料是為了要說明中國人心態中根深蒂固的迷信。他把「風水」和「祥異」歸類為「迷信和偏見」，並且宣稱：「迷信和偏見是中國文化遺產中的毒藥。」他的這種說法在當時可謂是一針見血的。迷信和偏見的對立面，按照蓋洛的觀點，是科學和信仰，當然這裡指的是基督教信仰。從這一深層意義上來看，蓋洛對於迷信的猛烈抨擊實際上又跟西方在華傳教事業具有一定的連繫。

但毋庸置疑的是，隨著他研究和考察的深入，蓋洛對於中國文化本身的價值越來越著迷。在《揚子江上的美國人 1903》一書中，蓋洛跟其他第一次來到中國的旅遊者並沒有太大的區別，最能吸引他的仍是些具有濃

郁異國情調的人物和風景畫面。但他在旅行過程中逐步了解並熱愛上了這個國家和人民的歷史、文學、生活習俗和民間傳說。等他在寫後面這幾本書時，蓋洛已經越來越自覺地把對於這片國土的客觀描述跟在這裡生活的人民，以及地方志中所記載的傳說故事連繫在一起。在《中國十八省府1910》中，蓋洛坦率地承認，他之所以對地方志感興趣，完全是因為能夠幫助他洞察中國人的心態：「說真的，對於事件的簡潔記載偶爾也使人感到失望，但從中可以窺見人民的感覺，他們對事件的看法，他們的心態和倫理概念都透過這些記載而表露無遺。」蓋洛與其他旅行家和遊記作者的最大區別就在於他對於中國人內心世界的興趣和探索。他為此目的而在智力和體力上付出的巨大努力使他真正成了一個人文地理學家。

透過文字和圖片的媒介，蓋洛成功地記錄了 20 世紀初處於一個重大歷史變革時期的中國。而且正如他自己所說的那樣，上述這幾本書現在確實已經被世界各大圖書館收藏。

作為西方現代科學和實用主義的鼓吹者，蓋洛在闡釋中國文化時，往往能夠提供一個獨特的視角。例如他對古代中國人建橋的工程技藝推崇不已。他所拍攝的老照片中有許多是表現石拱橋和懸索橋的，如貴陽的大南橋、杭州的太平橋和雲貴少數民族地區相當普遍的懸索橋等。他在提及跟成都有關的諸葛亮、李白和李冰這三位名人時，認為其中最偉大的應是水利專家李冰，因為他所建造的都江堰為當地人民的生活帶來了切實的好處。按照中國人的傳統觀念，諸葛亮和李白的知名度可能要比李冰高得多，因為後者作為工匠藝人，在中國古代社會中地位向來很低。蓋洛出人意料的觀點使我們聯想起另一位推崇中國科學家的西方人，即《中國的科學與文明》的作者、英國漢學家李約瑟（Joseph Needham），他們所提供的新視角可以幫助中國人重新審視和評價我們的傳統文化。

在中國的歷次旅行和實地考察中，蓋洛曾經有過許多重要的發現，如上面提及的他在西寧和西藏境內發現的長城環線，這一發現就使得在西方的中國地圖上又增添了長達 200 英里 [005] 的長城。他還收集、請人翻譯，並引用了大量的碑文拓片，許多這樣的石碑現在已經不復存在，或是因為石頭的風化，或是由於人為的毀壞，如今我們只能透過蓋洛保存的碑文照片來了解這些碑文的內容。雖然蓋洛自己並不具備翻譯這些碑文的能力，但他扮演了文化和文明的傳播者、收藏者、編纂者、保存者和保護者的角色。在保護人類文明的努力這一方面，他代表的是典型的美國精神。正是由於這種精神，才使得這個國家能夠擁有世界上最好的大學、圖書館和博物館。

除了對老照片和地方志給予了特殊的重視之外，蓋洛對於中國的諺語和通俗文學也情有獨鍾。他在中國旅行和考察的過程中，總共收集了數千條在社會上流傳甚廣的諺語，因為他認為這些民間的口頭禪包含了中華民族的智慧，往往能夠直觀地反映社會各階層的倫理概念和心態。作為演說家和作者，他自己也非常喜歡在演講和寫作時引用這些比喻和意象使人耳目一新的中國諺語。然而，他也清楚地意識到自己在這方面所做努力的局限性：「我們對各地諺語的蒐集是歷次收集中規模最大的，大量的新材料足以充滿三卷書，從中挑選實在勉為其難。」他所提及的「大量的新材料」最後並未正式結集出版，然而蓋洛設法將這些中文諺語及其英譯文附在他描述中國的論著頁端上發表。在《揚子江上的美國人1903》一書中，他將這些諺語附在每一個章節的開端。這個做法顯然很受歡迎。到了第二本《中國長城》和第三本《中國十八省府1910》時，他

---

[005]　1 英里 ≈ 1.6 公里。

就在每一個單數頁的頁端上都附上了諺語。在《中國五嶽 1924》中，他在序言之前用一整頁的篇幅來刊登一條諺語。這四本書中所刊登的諺語總數達到了 407 條。

這些諺語的來源大致可以分為下面這幾類：

1. 口頭相傳的諺語。「嘴上沒毛辦事不牢」、「每一根草有一棵（顆）露水珠兒」、「老天爺餓不死瞎家雀兒」、「女人心海底針」、「燈草弗做支拐」、「啞巴吃餃子肚裡有數」、「會的不難，難的不會」、「人敬有的，狗咬醜的」、「人是鐵飯是鋼」。

2. 文獻典籍。蓋洛收集的許多諺語來自《古詩源》、《三字經》、《三國志》等一些常見的古書，例如「水清無魚」來自《漢書》中的「水至清則無魚」；「將相本無種，男兒當自強」來自《神童詩》；「少所見自多所怪」，原本是東漢牟融所引用的古諺語，清朝的沈德潛將其選入了《古詩源》：「少所見，多所怪，見橐駝言馬腫背。」它最後變成了一個成語——「少見多怪」。

3. 成語。「對牛彈琴」、「畫蛇添足」、「鼠目寸光」、「掩耳盜鈴」、「望梅止渴」、「狐假虎威」。

4. 對聯。「人惡人怕天不怕，人善人欺天不欺」，原來就是刻在雲南府（昆明）閻王廟的立柱上的。

5. 名人名言。例如《揚子江上的美國人 1903》上有一個很長的對句，據說它就是由乾隆皇帝所題寫的。

從收集和出版中國諺語的時間和數量這兩點來看，蓋洛的工作與上述幾位先驅者相比似乎有些相形見絀，這也許就是他不將其收集的諺語專門結集出版的原因。然而我們認為，蓋洛在書的頁端上印諺語的方法具有鮮明的個性和醒目的效果。在閱讀這些文字的同時，讀者無時無刻

不意識到單數頁頁端印著的那些中國諺語的存在。它們言簡意賅，質樸平實，然而非常吸引眼球，能給讀者留下深刻的印象和回味的空間。

從體裁上分析，蓋洛收集的通俗文學作品中包括了小說、傳說、故事、童謠、民謠、催眠曲、牆壁詩，等等。在考察長城的旅途中，蓋洛偶爾在他下榻的嘉峪關旅店牆上發現了一些很有意思的詩歌作品，便將它們抄下來，並用於《中國長城》一書之中。後來當他來到開封時，又在一個存放著 149 個宋代名人牌位的殿堂裡看到一首寫在牆上的詩歌。當然，他又將它抄了下來，並在《中國十八省府 1910》一書中提供了該詩的兩種譯文。這樣的作品具有自生自滅的特性，其原文很多都沒有被保留下來，在這種情況下，蓋洛書中的英譯文文字就成了它們唯一的載體。

四

儘管蓋洛主觀上的確是想透過各種努力來告訴世界一個「真實的」中國，然而我們也要清楚意識到，由於受到時代和個人等各種因素的影響，蓋洛在其書中所描繪的中國形象，跟其他許多早期西方漢學著作一樣，也是有其局限性的。如果按照我們現在的學術標準來衡量的話，不難發現他書中的缺陷和錯誤，有些甚至可以說是比較嚴重的錯誤。

首先，作為一個虔誠的新教基督徒，他對於中國的佛教和道教等本土宗教的描述和分析不可能是非常客觀和不偏不倚的。他在《揚子江上的美國人 1903》一書中寫道：雖然有些中國人做了壞事，怕受到報應，不敢上寺廟燒香，但在大多數情況下，惡人還是厚著臉皮去寺廟燒香的。緊接著他就補了一句：「說謊和發假誓是所有異教宗教的特徵。」其實，現在大家都知道，這樣的事在基督教教會裡也是屢見不鮮的。蓋洛在書中對於佛教和道教內部的腐敗所做的揭露，以及對於迷信的抨擊，從中國當時的歷史背景來看，應該說基本上還是正確的。然而每當他把

中國的宗教跟西方的基督教做對比時，其對基督教的宗教熱忱和對中國宗教的偏見便暴露無遺。在考察中國十八個省府的旅途中，他在成都見到很多道教和佛教的寺廟被政府徵用改建成學校時，便聯想到在義大利和法國這些歐洲國家裡傳統的羅馬天主教會也正在失去其往昔的權威。於是他便發了下面這些議論：

　　然而（道教和佛教的）寺廟跟我們的教會是不可以相提並論的。前者本身從來就沒有過任何神聖的東西，即缺乏神聖的本質，並且向來被用作各種不同的用途，尤其是作為臨時的旅店。

　　他這麼說在當時可能還有一定的道理，然而對於一個現代的讀者，尤其是道教徒或是佛教徒來說，這樣的觀點是無論如何也不能接受的。

　　然而必須指出的是，儘管蓋洛可能對道教和佛教持有偏見，但他所拍的老照片中還是給各地的寺廟、道觀、和尚、道士留了很大的篇幅。蓋洛親自前往江西龍虎山上清宮採訪道教首領張天師以後，為他拍攝了一張罕見的照片。

　　其次，作為以探險、旅行和演說為主要職業的人文地理學家，蓋洛在歷史研究和文學、文化研究等方面並沒有經過系統而嚴格的學院式訓練（在當時的美國也不可能有這樣的漢學學術訓練），同時要在一個相對很短的時間內處理一個規模過於龐大的題目，也難免會犯一些初級的錯誤。例如中國古代的皇帝都有自己的年號，這些年號跟皇帝的名字是有區別的。「元符」是宋哲宗的年號（西元 1098 ～ 1100 年），「河清」是北齊武成帝的年號（西元 562 ～ 565 年），可是在《中國十八省府 1910》中，蓋洛分別把前者誤解為人名，而把後者誤解為「黃河變清」。還有一種情況是不同皇帝的年號有時候聽起來十分接近，如明世宗年號「嘉靖」（西元 1522 ～ 1566 年）和清仁宗年號「嘉慶」（西元 1796 ～ 1820 年）前後相差近 300 年，但在同一本書中，蓋洛將《長沙地方志》原文中的「嘉慶

十五年」（西元 1810 年）換算成了「西元 1536 年」（即「嘉靖十五年」）。

　　實際上，這些錯誤很可能是由蓋洛的助手翻譯得不嚴謹所造成的，但是作為在扉頁上署名的唯一作者，蓋洛還是應該對這樣的錯誤負全部的責任。這就引出了下一個相關的問題，即蓋洛的漢語造詣。

　　跟丁韙良等長期居住在中國的漢學家或傳教士不同，蓋洛似乎並沒有真正掌握漢語這個研究中國文化所不可或缺的基本工具。因此在其整個對中國的考察和對地方志、諺語和通俗文學的研究過程中，他都不得不依賴於朋友、翻譯、助手和嚮導的幫助。這樣一來，就大大增加了在各個環節出現錯誤的機會。

　　正是由於蓋洛最初來中國考察時具有教會的背景，在書中說過一些要依靠基督教來改造中國的話，所以在很長一段時間內，他的著作被打入冷宮，中國很少有人知道他考察中國的情況和所發表的作品。然而1980 年代以後首先來到中國徒步考察長城和漂流長江、黃河的外國人，有不少是透過他的作品而對中國產生興趣的。我們今天對蓋洛考察 20 世紀初中國人文地理的著作進行研究應是具有重大現實意義的。

引言　充滿神奇色彩的「五」

對中國人來說，「五」是一個最不尋常的數字。晚上仰望天空時，中國人看到的是五大行星，即木星、火星、土星、金星和水星。在觀察自然界中的顏色時，他們將其抽成五種：青[006]、赤、黃、白、黑。構成世界的是五大元素[007]：木、火、土、金、水。在果園裡，人們欣賞蘋果樹、梨樹或者櫻桃樹的樹幹或花和果實，也會聯想起「五」這個數字。在對空間進行分析時，則有五個方向：東、南、中、西、北。在人體這個小世界中也是如此，構成人體的是五個部分：肌肉、脈絡、肥肉、骨頭和皮毛。人的體內有五大臟器：腎、心、肝、肺、胃；軀幹上也有五個分支：頭、雙臂、雙腿。

依此類推，其他所有東西顯然都可以用五來劃分。在音樂方面，白種人往往談起八度音程，其實中間包含了十二個音，而中國的樂聲音階只分五個音級[008]。中國人還講究五味：酸、甜、苦、辣、鹹。在古代那些具有半神話色彩的帝王中，中國人認為有五個帝王最值得記住。在4,000年的歷史中，中國人還發現可以把貴族分為五個等級。

對中國人來說，有五種恆久或主要的美德，[009]而對人的懲罰相應也有五種。中國曆法取決於所謂的天干和地支，很多這樣的事情都記載在「五經」中，而當今中國的國旗上也有五道條紋。[010]

因此可以預期，在提到中國的高山時必然只會用「五」這個數字。而

---

[006]　這種顏色，人稱「大自然的顏色」，最令人難以捉摸，根據不同情況，可以指綠色、藍色、黑色或灰色。——原注
[007]　即五行。
[008]　即宮、商、角、徵、羽五音。
[009]　即仁、義、禮、智、信。
[010]　該書寫於 1926 年，在這裡指的是中華民國初期的旗幟。

且在諸多聖山中，必然會有五座最為出名，它們也自然要和五大元素、五個方向、五種顏色連繫起來。故而我們發現：

東嶽泰山對應木和青色，
南嶽衡山對應火和赤色，
中嶽嵩山對應土和黃色，
西嶽華山對應金和白色，
北嶽恆山對應水和黑色。

這裡可以用「五」這個數字來概括幾座名山的神聖之處，虔誠的信徒們會去這些地方朝拜並且履行自己的宗教義務。

玉皇大帝為五嶽安排了屬下的五位神仙，委託他們各管一方，處理那裡的人間事務。在此基礎上，道教徒創造了奇妙的神話。如果為五嶽和四水獻上合適的供品，黃鳥這一大地的精靈就會出現。按《述異記》[011]的說法，盤古死後，他的眼睛變成了太陽和月亮，他的兩隻腳變成了江河和海洋，頭髮變成了樹和草，左手變成東嶽泰山，左臂變成南嶽衡山，腹部變成了中嶽嵩山，右手變成西嶽華山，右臂變成北嶽恆山。

很久以後，佛教傳入中國，這一新的宗教不僅試圖在這五座聖山上尋找落腳處，就像布穀鳥在別的鳥巢裡下蛋一樣，而且把其他一些高山當作了自己的聖地。但它畢竟是外來宗教，這一宗教的外來性特徵十分明顯，其結果是隻有四座山峰成為佛教聖山。[012]外來宗教的廟宇跟我們沒有任何關係，我們朝聖的目的地就是那古老而具有鮮明本土性的五嶽。

無論在動機上有多大的差別，我們都是遵循了千百年來已經根深蒂固的一個習俗，即朝聖的習俗。但這樣做的根本原因是什麼呢？

---

[011]　中國古代神話典籍，相傳為祖沖之所著。
[012]　這四座佛教聖山分別是五臺山、峨眉山、普陀山和九華山。

每一種宗教似乎都有一些聖地。如果某一宗教有明確的創始人，人們顯然就會對跟他有關的地方感興趣。因此在西奈、巴勒斯坦、尼泊爾、阿拉伯、波斯和山東，都有一些具有重要歷史意義的地點。重要性僅次於宗教創始人的是偉大的傳教士，再次就是當地的聖徒，他們工作過的地方也會受到人們的注意。所以，猶太人往往會被吸引到摩蘇爾[013]城著名的那鴻[014]墓，巴比倫附近的以西結[015]墓，以及巴斯拉的以斯拉[016]墓。後來又出現了兩位聞名東方的宗教領袖，在羅馬皇帝哈德良[017]鎮壓猶太人的反抗後，他們為恢復猶太教做出了很大貢獻。所以，第比利亞斯湖邊的梅耶拉比墓和梅龍湖邊的西蒙·本·約凱拉比墓，也順理成章地成為聖地。同樣，麥加和麥地那與穆罕默德[018]的名字緊密地連繫在一起，就是因為後者出生在那裡，生前曾在那裡傳道，後來成為那個地方的統治者，最終在那裡去世。在所有這些情況下，僅僅是對於逝者的好奇心或崇拜便足以吸引人們到那些地方去參觀，這是很自然的。此後每經過一個世紀，人們都會賦予這些地方以新的聯想，所以感興趣的東西也越來越多，最終整個城市可能會完全變成一個歷史博物館。大多數情況下，到某處參觀的人渴望從中得到撫慰，隨著聖祠和文物的不斷增多，人們普遍會對當地特有的聖蹟深信不疑。

---

[013] 摩蘇爾（Mosul）是伊拉克的一個北部城市。

[014] 那鴻（Nahum）是猶太人的先知。

[015] 以西結（Ezekiel）是西元前 6 世紀希伯來預言家，曾號召猶太人出走巴比倫以回歸敬神和信仰。

[016] 以斯拉（Ezra）是西元前 5 世紀希伯來預言家，在猶太人出走以色列以後把他們領回耶路撒冷。

[017] 羅馬皇帝哈德良（Hadrian，西元 117 ～ 138 年在位）曾試圖取消羅馬和羅馬行省間的差別。在西元 122 年去不列顛巡遊期間，他下令建造了著名的哈德良長城。

[018] 穆罕默德（Muhammad）是伊斯蘭教的阿拉伯先知，40 歲時開始作為真正的宗教的上帝的先知傳教。穆罕默德在西元 622 年以後在麥地那建立了一個政教合一國家並使阿拉伯半島皈依伊斯蘭教。

就拿坎特伯雷 [019] 來說吧，我們且不提那裡的羅馬大道，朱特人 [020] 的文學遺產，所有其他世俗的遺跡，以及 1825 年製造的蒸汽機車，這個地方最古老的教堂是專為紀念法國武士兼牧師馬丁而建的，另一座教堂是威爾士人為紀念羅馬士兵潘克拉斯修建的，此外還有義大利傳教士奧古斯丁 [021] 的許多遺物。這裡還有一些著名大主教的紀念物，其中有鄧斯坦 [022] 和奧非基，後者被丹麥人殘忍殺害後，丹麥國王克努特 [023] 極其隆重地將其埋葬在這裡。另外，其他一些殉教者，如湯瑪斯·貝克特 [024]、湯瑪斯·摩爾 [025]，以及湯瑪斯·克蘭默 [026]，也都葬在這裡。就因為有這樣一座歷史博物館，這個肯特郡的小鎮遊人川流不息。現在小鎮上的人以接待朝聖者為生，對此又有誰會感到奇怪呢！但是曾經有一段時間，人們來到此地，並不只是出於好奇，也不是僅僅為某種情緒所打動，或者是為了重溫一段歷史，而是把這裡視為聖地，他們到這裡不單單是為觀光，更是來朝聖。他們旨在加深自己的宗教情感，陶冶自己的情操；他們被告知來此朝聖是獲得上帝恩惠的一個手段，這樣一種善行在上帝對

---

[019]　坎特伯雷（Canterbury）是英格蘭東南部的一座城市。建於 11 ～ 16 世紀的坎特伯雷大教堂是英國教會首席大主教的住地。那裡也是聖徒湯瑪斯·貝克特西元 1170 年被謀殺的地點。

[020]　朱特人（Jutes）是日耳曼族的一個部族，5 ～ 6 世紀時入侵不列顛，定居在不列顛南部和東南部以及懷特島上。

[021]　奧古斯丁（Augustine，西元 354 ～ 430 年）是義大利裔高級教士，他受教宗的派遣，將基督教教義傳到了英國，並於西元 598 年被任命為坎特伯雷的第一任大主教。

[022]　鄧斯坦（Dunstan，西元 924 ～ 988 年）是英國高級教士，任溫徹斯特主教時曾與坎特伯雷大主教一起試圖將丹麥與英國合併為一個國家。

[023]　克努特（Canute，約西元 994 ～ 1035 年）是英格蘭（西元 1016 ～ 1035 年）、丹麥（西元 1018 ～ 1035 年）和挪威國王（西元 1028 ～ 1035 年）的統治者，其統治起初非常殘暴，但後來又因其睿智和寬容而出名，成為許多傳奇故事的主角。

[024]　湯瑪斯·貝克特（Thomas Becket，約西元 1118 ～ 1170 年）是英國著名的殉教者。作為坎特伯雷大主教，他因持己見分歧而失寵於國王，並在坎特伯雷大教堂裡被四個爵士謀殺。1173 年他被教會封為聖徒。

[025]　湯瑪斯·摩爾（Thomas More，西元 1478 ～ 1535 年）是英國政治家、人文主義學者和作家，因反對強迫英國臣民承認亨利八世的權威在教宗之上的法令而被囚禁於倫敦塔，後以叛國罪名被斬首。他的《烏托邦》一書構想了一種理想政府之下的生活。莫爾在 1935 年被教會封為聖徒。

[026]　湯瑪斯·克蘭默（Thomas Cranmer，西元 1489 ～ 1556 年）是坎特伯雷大主教（西元 1533 ～ 1553 年），曾參與修訂了公禱書（西元 1552 年），並著手進行了其他宗教改革。在信仰天主教的瑪麗一世統治期間，他被判有罪，被燒死在火刑柱上。

他們做最後審判時會發揮作用。有些人因此把朝聖看作自己的使命，年復一年，從一個聖地漫遊到另一個聖地，希望藉此累積自己的美德，直到後來整個朝聖的體系受到了伊拉斯謨[027]的嘲笑。在遭到一個離經叛道的暴君[028]的破壞後，坎特伯雷的舊秩序終於壽終正寢。

當今這個時代，這樣一種根深蒂固的本能在東方人身上也展現出來，就像喬叟[029]講述朝聖者故事的那個時期一樣。日本人曾不辭辛苦地到33座山去朝拜，以表達對觀音菩薩的崇敬。在某些人群中，完成了這樣一連串的朝拜活動就代表著一個人度過了少年時代，開始步入成年，很久以前中國的故事中似乎也反映出這種願望。中國佛教徒長途跋涉到尼泊爾的聖地取經的經歷被詳細記錄下來，堪與同時代到聖地朝拜的早期基督徒的經典著作相媲美。只有中國的習俗可以追溯到更早的時期，由此引出一個更深層的問題：在佛教侵入中國之前，中國的香客們經常到哪些地方去朝聖？原因又是什麼呢？

如今的印度教徒崇拜水，尤其在兩河交會處。但黃種人並不在黃河或其他經常吞沒他們家園的大江大河邊上舉行宗教活動。過去人們曾經向河流獻祭，但是現在，人們朝拜時不再選擇河流，他們經常去的地方是山峰。如果我們提出這樣一個問題：這些山是怎麼出名的？我們會發現這裡沒有穆罕默德或佛陀[030]之類的人物，這樣我們就必須尋找更深層次的原因。穆罕默德和佛陀釋迦牟尼遊歷過的地方成為聖地，而在中國

---

[027] 德西德里烏斯・伊拉斯謨（Desiderius Erasmus，約西元1466～1536年）是荷蘭文藝復興時期學者，羅馬天主教神學家，他試圖使古代的古典經文復興，恢復基於《聖經》的樸素的基督教信仰，消除中世紀教會的一些不當行為，他的作品包括《基督教騎士手冊》（西元1503年）和《愚人頌》（西元1509年）。

[028] 這個暴君就是指亨利八世（Henry VIII，西元1491～1547年），他於1534年跟羅馬教廷鬧翻之後，宣布自己為英國教會的最高領袖，並且沒收了包括坎特伯雷大教堂在內的許多英國修道院和教會財產。

[029] 傑弗里・喬叟（Geoffrey Chaucer，約西元1340～1400年）被認為是英國的詩歌之父。他的代表作《坎特伯雷故事集》（西元1387～1400年）講述一群香客去坎特伯雷朝聖的故事。

[030] 佛陀（Buddha，約西元前563～約西元前483年），印度神祕主義者和佛教創始人，他在35歲大徹大悟後開始傳教。

沒有一個堪與他們相提並論的宗教人物。中國的許多地方原本沒有什麼顯赫的名聲，卻在很久以前就被看作聖地。在世界其他地方，我們可以發現朝聖場面顯然是把現代的基督教思想移植到一個非常古老的種族身上，這種情況絕非罕見。在布列塔尼 [031]，農民們在 2,000 年前人們就曾朝拜過的巨石陣前舉行贖罪儀式。在格拉斯頓伯里 [032]，儘管有關於聖盃和神聖荊棘 [033] 的傳說，它的名字本身就可以證明梅林 [034] 的玻璃房子就在這裡，並且這裡還是傳說中的天堂島阿瓦隆 [035] —— 曾經有一個善良的少女掌管著這個地方，她使受傷的人恢復健康，並且永遠過上幸福生活。沙特爾 [036] 曾是德魯伊特教 [037] 宗教儀式的中心，吸引了眾多的朝聖者，很久以後才有傳教士進入此地，開始講述關於聖母的新故事。在穆罕默德之前，麥加是整個阿拉伯的神殿 —— 供奉阿拉伯三百六十五位神靈的地方。儘管他曾努力擺脫這種影響，但最終不得不做出讓步，保留了祭品和為其他地方的穆斯林所不知曉的野蠻做法。

　　中國的那些聖山也是如此，其中一些聖山表面上那一層薄薄的佛教表皮很容易剝去。剝去這層表皮之後裡面就是我們有很多東西要說的果實本身，但這仍然不是本質。在核心部分我們發現了某種遠比老子的思想或後人關於老子的說法更古老，也遠比孔子蒐集整理的文獻更古老的

---

[031]　布列塔尼（Brittany）原是法國西北部的一個省，位於英吉利海峽和比斯開灣之間的半島上。西元 500 年，被盎格魯 - 撒克遜人驅逐出家園的布立吞人定居於此。1532 年該地區正式併入法國。

[032]　格拉斯頓伯里（Glastonbury）是英格蘭西南部一市鎮，位於布裡斯托爾西南部。附近廣布鐵器時代村落的遺物。這裡是傳說中亞瑟王的阿瓦朗島舊址。

[033]　西方的一個傳說中，約瑟夫（Joseph of Arimathea）受到釘死耶穌的古羅馬的猶太總督彼拉多的迫害，逃離耶路撒冷，他把聖盃藏在白色的錦繡衣服下面，路上又從白色的荊棘叢中砍了一根木棒做手杖。

[034]　梅林（Merlin）是亞瑟王傳說中亞瑟王的顧問，是一個魔術師和預言家。

[035]　阿瓦隆（Avalon）是亞瑟王傳奇中的天堂島，在西海，亞瑟王終老於此。

[036]　沙特爾（Chartres）是法國北部城市，位於巴黎西南方。市內 13 世紀的大教堂為哥德式建築的傑作，以其彩色玻璃和對稱螺旋體著名。

[037]　德魯伊特教（Druidism）是古代高盧人與不列顛人的一種宗教。

東西，某種屬於更原始的宗教的東西。這些山並非因為道教徒的存在而揚名，其本身便有一種古已有之的神聖氣息。人們相信山神、風水變化的影響和山中鬼怪的存在，而那時還沒有思想家想到要對這些信仰進行梳理並作出合理的解釋。遠在堯帝受命來掌管群山或皇帝開始於每年夏至那天在地壇舉行祭奠儀式之前，人們便本能地向各地的山神獻祭，尤其在他們要穿越或攀登這些山之前更是如此。他們在做必要的準備時有自己的一套迷信做法，往往要進行齋戒和潔身禮，以便能順利通過山口，至於和尚、道士們有組織地在山上建廟修路，那是很久以後的事情。

　　具有「五齒之智」的學者現在是否應該更認真地來研究一下中國──這個龐大、專制和不朽的中國呢？某個似乎牙齒還沒有長出來的人卻花了不少時間去探討短暫而淺薄的激動所引起的轉瞬即逝的泡沫。這一研究顯然還不夠深入，並不足以闡釋中國農民古樸的思想，但這一努力將繼續下去，它表明了占世界上五分之一的人口長期以來的發展趨勢。

第一部分　青色的東嶽泰山 [038]

[038]　第一部分中有關泰山的眾多引喻，在查證地方志的出處上得到了一位專家，即泰安學院泰山研究中心的周郢老師的慷慨幫助，特在此對他表示感謝。

第一章
泰山腳下的五個數字

① 帝王從北方都城來東嶽朝聖

泰山是天下第一山，身處天下第一城的人必然要到此一遊。這是歷代最高統治者的慣例，而效仿前代帝王的舉動一直被認為是值得提倡的事情。

很多皇帝都曾從都城來到東嶽，他們可能是代表天下臣民來祭祀泰山並且表達自己的虔誠。其中有四位帝王的題詞被銘刻在摩崖石刻和石碑上，它們的拓片和譯文在下面將會有詳細的介紹。有六位帝王的東嶽朝聖值得我們略加注意，他們都是在過去的 18 個世紀中完成此行的。

至於 4,000 年前堯帝的朝拜，沒有可靠的文字記載流傳下來，但這一傳說至少可以證明人們對泰山的崇拜具有極其悠久的歷史。在《泰山志》第十一卷中有漢章帝元和二年二月二日（西元 85 年 3 月）的詔書，此時正是羅馬皇帝圖密善 [039] 在位期間，而耶穌十二使徒中的健在者年齡都已超過了 70 歲。

詔曰：

朕巡狩岱宗，柴望山川，告祀明堂，以章先勳。其二王之後，先聖之胤，東后蕃衛，伯父伯兄，仲叔季弟，幼子童孫，百僚從臣，宗室眾子，要荒四裔，沙漠之北，蔥領之西，冒彤之類，跋涉懸度，陵踐阻

---

[039]　圖密善（Domitian，西元 81 ～ 96 年在位）是開始統治不列顛的羅馬皇帝。西元 89 年以後，他因專橫暴戾的統治最終導致自己受到得到皇后和廷臣默許的一位被解放的奴隸的刺殺。

絕，駿奔郊畤，咸來助祭。祖宗功德，延及朕躬。予一人空虛多疚，纂承尊明，盥洗享薦，憯愧祗慄。《詩》不云乎：「君子如祉，亂庶遄已。」歷數既從，靈燿著明，亦欲與士大夫同心自新。其大赦天下。諸犯罪不當得赦者，皆除之。復博、奉高、嬴，無出今年田租、芻稾。戊寅，進幸濟南。三月己丑，進幸魯，祠東海恭王陵。庚寅，祠孔子於闕里，及七十二弟子，賜褒成侯及諸孔男女帛。壬辰，進幸東平，祠憲王陵。甲午，遣使者祠定陶太后、恭王陵。乙未，幸東阿，北登太行山，至天井關。夏四月乙巳，客星入紫宮。乙卯，車駕還宮。庚申，假於祖禰，告祠高廟。

500 年以後，性情暴躁的隋文帝楊堅即位，儘管他的勢力沒有達到廣東附近的沿海地帶，但他可以說是首先把各個王國重新統一為一個龐大帝國的皇帝。在他統治時期出現了饑荒，在當今陝西省所在的那一地區情況更為糟糕。這位皇帝下令將那裡的人向東南遷移到河南，靠近他的都城洛陽；不難想像，災民的遭遇是多麼悲慘。楊堅認為這場災難是上天表示出的憤怒，他便承擔起責任，代表自己的人民公開承認罪過。大家都知道嵩山就在都城的附近，移居河南的難民必須從那裡經過，但是嵩山似乎還不夠神聖，難以滿足皇帝的目的。儘管自己家中可能就有同樣好的東西，但往往是距離遠一些的更具有吸引力。楊堅決定長途跋涉去泰山朝聖，為自己國家贖罪而獻上祭品，祈求結束當時的災情。此後第三個月，他的祈禱得以應驗，莊稼獲得了豐收，麥收剛開始就有許多流浪漢返鄉，就像《舊約》中的拿俄米 [040] 那樣。

不久以後隋朝滅亡，下一個朝代唐朝的疆域已經擴充套件到了現在的邊界。傑出的高宗皇帝開始遍訪所有的聖山。這一次他也同樣根本沒有考慮在地理上的便利。他從新立的都城長安（即現在的西安）出發，朝大海的方向前行，就此開始了去泰山朝聖的旅程。他登上泰山的山頂

---

[040] 拿俄米（Naomi）是《舊約·路得記》中路得（Ruth）的岳母。

後，在那裡舉行了神聖的祭祀大典。此行還引出了一個頗具人性化的故事，完全不像古代史書中所常見的官樣文章那樣死板。一個關於「和睦家族」的故事傳到遙遠的都城，據說有一個上千口人的家庭，從未發生過吵架這樣的事情；女人們都沒有嫉妒心，孩子們不會去搶奪別人的玩具，甚至連他們家的狗都不去偷主人朋友家的骨頭或對著他們吠叫。這個家庭與皇宮形成了巨大的反差，高宗慕名前去打探這一幸福家庭的奧祕。在向大聖人孔夫子的墓地致禮以後，他覺得可以把自己的帝國事務放在一邊，去訪問那個和睦家族的族長。他很坦率地表白自己想知道這一奇蹟是怎麼出現的。這個家長在一捲紙上寫了一百個字，並將它交給了這位威嚴而又焦慮的客人。第一個字是「忍」字，最後一個字也是「忍」字；不，應該說這同一個字重複了一百遍；家庭和睦的祕訣就是一個字——「忍」。

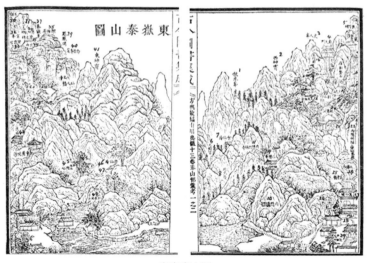

東嶽泰山圖

五代時期的一位皇帝有過一次不尋常的冒險經歷。在他來東嶽朝聖時，隨從中有一個叫敢當的文人[041]。就像從尼古拉斯到拿破崙的其他

---

[041]　此處作者誤把敢當視為文人（原文為 scholar），大概是因為古籍中稱其為「士」。但歷史記載

許多皇帝和從福爾[042]到麥金利[043]的許多總統都會遭遇到的那樣，有刺客企圖刺殺皇帝。但敢當敏捷地從他的長袖中取出一根鐵棒，擋住了刺客的攻擊，自己也為此付出了生命。為了表示對這個忠誠臣民的感激，皇帝讓人為敢當豎起了一塊石碑。隨著時間的推移，許多地方紛紛仿製這個石碑，越來越多的人緬懷敢當保護皇帝的事蹟。在他獻身400年以後，幾乎每個城市都可以看到刻有「石敢當」三個字的石碑。後來，人們對他本人的記憶逐漸淡漠，並因為這些石碑原先都是用泰山上的石頭做成的，所以在石碑的字前加上了「泰山」這兩個字，所以這些石碑上都刻著具有象徵意義的「泰山石敢當」這五個字，意為「這塊泰山石可以闢邪」。以後它們的作用越來越密切地和這座聖山的魔力連繫起來，最終人們認為它們的作用超出了上面這五個字本身。今天如果有一個人從十字路口走來，看見正前方的路上豎著一塊石碑，上面繪了一個龍頭圖案，並且刻了那五個字，意思是行走如飛的魔鬼在這裡已經被制服，不會再對人造成傷害。此時見多識廣的文人就會回憶起1,000年前他的前輩是多麼勇敢，他自己也會決心在危急關頭要表現得同樣警惕和奮不顧身。其他還有多少人能在死後享有這樣的待遇，即在每個城市都有其紀念碑，並且在多年以後還有人在不停地為其立碑呢？誰能像泰山的敢當那樣擁有上萬塊墓碑呢？

　　無畏的敢當獻出生命已經上千年了，這期間中國曆經各個朝代的興衰。當遠在西方的一個小島上蘇格蘭的斯圖爾特王朝搖搖欲墜時，中國的明朝統治者正被迫對付叛亂，順治帝率領旗人越過長城平定了叛亂。有一個幽默的說法，順治帝在平叛以後覺得很疲憊，環顧四周，想尋找

和傳說中的敢當是五代時的一個勇士。「士」在古代並非專指文人學者，也包括武士。

[042]　費利克斯・福爾（Faure，西元1841～1899年）是法國第三共和國時期的總統（西元1895～1899年）。

[043]　威廉・麥金利（McKinley，西元1843～1901年）是美國第25任總統（西元1897～1901年）。他在紐約州的布法羅市被無政府主義者刺殺。

一個舒適的座位，結果他找到了，那就是北京紫禁城裡的御座。明朝滅亡了，順治帝，成為第一位入主華夏的滿族皇帝。他在位 18 年，死後和先人葬在一起，這位滿族皇帝長眠在富麗堂皇的墓中。在他死後，一個關於盆中男孩的離奇而有趣的故事開始流傳了起來。[044]

廣西石面村附近的泰山石。蓋洛，攝於 1909 年 11 月

　　一個神仙攜帶著放有一個男孩的木盆從天而降，將其小心地放在鴨綠江水中。當這個木盆沿江漂流時，另有一個來自天上的保護神仔細照管著它，這也是肉眼凡胎的人所看不見的。在威力無窮的神仙引導下，這隻脆弱的小舟沿鴨綠江靜靜地向黃海漂去。一個貴婦人及其侍女們看見奇怪的小舟漂過來，裡面還有一個嬰兒在開心地嬉笑。她喊來侍從，把小舟拖到岸邊，從凶險的急流中救出了上天賜予的珍貴禮物。她小心地照料他，把他帶回家中，讓他接受滿族的教育。這就是這位順治皇帝的身世。他勇敢善戰，從關外起兵進入長城，並在旗人的簇擁下，奠定

---

[044]　順治皇帝 6 歲登位，入關時不過 7 歲，如何平叛？又何來勇敢善戰？此處關於順治帝的文字，當指的是其教父多爾袞。

了中國大地上的滿族政權。

　　就這樣，新的統治者試圖讓這樣一個故事流傳開來，以便讓人相信他們的出身是神聖的，並且得到了神仙的呵護。隨後另一個機遇降臨到了康熙帝身上，他是這一皇族入關後的第二位帝王。在鼠年正月十五日，有人呈上奏章，懇請他到泰山朝聖和焚香。他謙遜地做出答覆，稱其祖上積德甚厚，然而功勞並不在自己身上。他雖然不辭辛苦地巡遊過北京周邊地區，但從未去過東南沿海地區，在徵得皇太后和母后的許可之後，他將彌補這一缺憾。於是鼠年九月二十八日，他便乘坐青龍御駕從北京動身，半個月後抵達泰山。他並不滿足於只在山腳叩頭，而是沿著古老的盤山道拾級而上，登上極頂，親手觸控了秦代的「無字碑」，然後又到達了「孔子小天下處」。他在山頂上住了一夜，欣賞月色，賦詩自娛。接著靈感降臨，他突然想到把百姓對泰山的虔誠轉化成對清皇室效忠的一個方法。於是學者們奉命蒐集以前皇帝遊泰山的記載，占卜者則為他選擇從北京出發和到達泰山的吉日。學者們為他提供這方面的原始材料，他據此巧妙地寫出一篇祭文，不僅提到了自己的神聖出身，而且在清朝政權與東嶽泰山之間建立起一種自然的緊密連繫。就這樣，題為《泰山龍脈論》的美文便適時問世了，作者就是聖祖，即仁慈的康熙皇帝。

　　古今言九州山脈，但言華山為虎，泰山為龍。地理家亦僅雲泰山特起東方，張左右翼為障，總未根究泰山之龍於何處發脈。朕細考形勢，深究地絡，遣人航海測量，知泰山實發龍於長白山也。長白綿亙烏喇之南，山之四圍，百泉奔注，為松花、鴨綠、土門三大江之源，其南麓分為二幹，一幹西南指者，東至鴨綠，西至通加，大抵高麗諸山，皆其支裔也。其一幹自西而北，至納祿窩集，復分二支。北支至盛京，為天柱隆業山，折而西為醫巫閭山。西支入興京門，為開運山，蜿蜒而南，磅礡起頓，巒嶺重疊。至金州旅順口之鐵山，而龍脊時俯時現。海中皇

成、竈璣諸島，皆其發露處也。接而為山東登州之福山、丹崖山，海中伏龍，於是乎西南行八百餘里，結而為泰山，穹崇盤屈，為五嶽首。此論雖古人所未及，而形理有確然可據者。或以界海為疑。夫山勢連屬而喻之曰「龍」，以其形氣無不到也。班固曰：「形與氣為首尾。」今風水家有過峽有界水。渤海者，泰山之大過峽爾。宋魏校地理，說曰：「傳乎江，放乎海。」則長白之龍放海而為泰山也固宜。且以泰山體位，證之面西南而背東北，若雲自函谷而盡泰山，豈有龍自西來而面反向西乎！是又理之明白易者曉者也。

　　這最後一點所指的是中國地理學家關於各大山脈天然走向的說法。但康熙帝在探究一條山脈走向方面表現出非凡的洞察力。該山脈一直向黃海延伸數裡，只有幾座高峰露出海面，實際上不管在滿洲還是在山東，這些山都是一個整體。這個結論非常大膽，是否就像把約旦谷地、死海、阿卡巴灣、紅海，以及從維多利亞的尼亞薩湖[045]到坦噶尼喀湖[046]的一系列湖泊都看作互相連線的一個長峽谷那樣呢？康熙帝在他的前世是否曾經目睹岩漿從蘇格蘭西部高地滾滾湧出，在海面上裂變形成現在的島嶼，而且，它還要攀緣而上，從咆哮的海面之下攀緣而上，一直攀上愛爾蘭島海岸，才再度進入人們的視線，成為巨人堤道[047]呢？無論是在阿蓋爾區的斯塔法洞穴，或是在阿爾斯特的海岸上，那岩漿都像是一條吐著漫天煙霧的火龍。

　　康熙帝在地質方面具有敏銳的洞察力，在神學方面也頗有天賦。正是他頒布了著名的《聖諭廣訓》，[048]他的繼任者雍正皇帝則下令在全國每半個月就要公開誦讀。如果百姓都能相信他們所崇拜的聖山不過是發端於滿洲，沿地面和水下向前爬行的巨龍的龍頭，他們就會更加心甘情願

---

[045]　尼亞薩湖（Nyanza）位於非洲東南部。

[046]　坦噶尼喀湖（Tanganyika）是在非洲東部坦尚尼亞境內。

[047]　巨人堤道（Giant's Causeway）位於北愛爾蘭北部，是一個由柱形玄武岩所構成的海角。

[048]　參見蓋洛的《揚子江上的美國人 1903》一書。── 原注

地接受一個大清皇帝的統治。

因此，當他去見先人以後，他的遺體躺在皇家陵園裡，而他的後人則在同一座古老的聖山舉行了同樣的國祭。出於對宗教理想的極其尊重，清皇室選派皇帝的第五個兒子前去朝聖，皇四子弘曆特地修書一封，作為對於他的指令：

吾弟力學敦修，不敢自懈於聖人之道者，有年矣。今奉命往祭闕里，瞻宮牆之數仞，則欲得其門而入，以見宗廟百官之美也。對聖貌之巍巍，則思溫屬恭安，如在其上而自省其躬修也。遊禮樂之區，想見金聲玉振之氣象。是行也，不益以增其嚮往服行之心，而為有生一大快乎？皇父猶有後命，吾弟祭闕里畢，即往致祭岱宗，吾弟往哉。昔孔子嘗登泰山而小天下，孟子述之。蓋謂得登聖人之堂，與聞聖人之精深廣大，則諸子百家群言，皆小也。猶之登泰山之高者，得觀嶽岑峻極，則岪嵐培塿，皆不足言也。吾弟既登聖人之堂，又登泰山之高，誠敬之日積，仰之日深。視瞻之廣闊，胸次之豁然，古文人學士所謂遊名山大川以助其文思筆力者，又烏足云哉。[049]

後來皇四子弘曆正式登基。現存《泰山志》第三卷記錄了他對這次虔誠的祭祀的殷切期望，不只表現出對其兄弟的關照，也顯示出此行對其年邁的母后別有意義。這份詔書是乾隆三十五年（西元1770年）四月釋出的：

上諭：前以富明安面奏山左臣民，情殷望幸。且泰安岱廟及碧霞祠宇，俱重修經修理落成，明歲正屬聖母八旬聖壽，慈意亦欲親詣拈香。因允其所請，並諭令富明安一切務遵儉約，斷不可稍事華飾靡費。諒該撫自當體會朕意，善為經理。唯入山東境內，前往泰山、曲阜，陸程尚有數日，前經富明安奏明，添設行宮數處，以供頓宿。因念聖母年高，瓦屋較氈廬更為合適，且可省運帶行營城分之繁，姑允所請。然所經不過一宿憩留，但期牆宇粗完，掃除潔淨足矣，斷不必點綴水石，布置亭

---

[049]　此書信收入清《泰山志》卷三。

臺，徒致耗費物力。再，泰山徑路，陡峻縈紆，將來聖母臨幸時，但詣岱麓神祠瞻禮，並不遠躋崇嶽，毋庸於山頂另建行宮。至朕登岱經由道路，只須就現成山徑略為除治，足資策騎，總不得仿照從前搭蓋天橋，重勞工作。著傳諭該撫，務須遵旨，撙節妥辦，不得稍涉踵事增華，以負朕意。欽此。

　　難道只有 200 年前的清朝帝王才可以去東嶽朝聖嗎？在首善之區（北京），我們也制定過到作為帝國屏障的長城去進行考察的計畫；同樣是在這裡，我們探訪大江 [050] 這一貿易通道之行得到了清皇室的許可和保護；現在也讓我們從這裡動身去考察作為五嶽之首和古代宗教中心的泰山。沿著農夫、帝王、紅燈照和赤眉軍的足跡，我們終於到達了東嶽泰山，這一天正好是五月五日 [051]。

泰安城北門外通往太宗牌坊用來朝聖的石板路上，
一位泰安的農民在休息。

岱廟的閻王殿。由於屋頂已漏水，
人們便使用蓆子罩在閻羅菩薩上面。蓋洛 攝

---

[050]　大江是 20 世紀初人們對長江的稱呼。

[051]　按中國的風俗，農曆每年的三月三日、五月五日、九月九日都是登山的吉利時間。筆者在《中國十八省府 1910》一書中另有描述。—— 原注

(2) 泰安，平安之城

　　每一座聖山的山腳下都有一座城市或小鎮，城鎮與山之間具有一種非同尋常的關係。每一座聖城的城牆之內都會有一座廟宇，廟宇與這座山之間也有非常緊密的關係。對於泰山來說，泰安這座城市就是依附於泰山的，泰安城內也有一座關於泰山的岱廟。南太平洋一帶也有一座聖山，那是一個由滾滾岩漿噴出的火山，但它的名下沒有城鎮和廟宇。在義大利，維蘇威火山 [052] 也夠聲名顯赫了，但龐貝古城非因它而得名，在那不勒斯也沒有任何為它而建的廟宇。羅馬的七座山非常有名，但羅馬城是建在山上，而非在其腳下，城內廟宇繁多，但沒有一座是專為帕拉丁山 [053] 而建的。在中國我們可以發現，每一座名山的腳下都會有一個城鎮，都是圍繞屬於聖山的廟宇而發展起來的。

　　位於泰山南部山腳下的城市稱作泰安，[054] 意即太平安寧。這讓人聯想起一個古代巴比倫名稱 —— 耶路撒冷，[055] 意為平安之城，這座建在

---

[052]　維蘇威山（Vesuvius）是一座活火山，海拔 1,281 公尺（4,200 英尺），位於那不勒斯灣東海岸的義大利南部。西元 79 年的一次猛烈的噴發摧毀了附近的城市龐貝。

[053]　帕拉丁（Palatine）是古羅馬的七座山中最重要的山，傳統上認為是最早的羅馬殖民地的方位，它是許多帝王宮殿的所在地，包括由提比留斯、尼祿和圖密善建造的一些宮殿。

[054]　泰安府這個城市原來叫作太嶽鎮。在宋代的開寶五年（972 年），咸豐縣城就建在這個地方，後來該縣城從那裡搬走。在大中祥符元年（西元 1008 年），這個鎮的名稱改為封符（Feng Fu），在舊城東南三里處建立了新城，舊城隨即被遺棄。在金代大定二年（西元 1162 年），該城又被移回了原址……並且在那裡一直存在到明朝。明代嘉靖時期，濟南府守備王允星受命用石頭重建城牆和城樓，以取代土建的舊城牆。「城牆周長七里又六十五尺……高二十五尺，厚二十尺。城壕寬三十尺，深二十尺。」
據記載，該城有四個城門，其名稱分別為：「東門，清封；西門，王封；南門，咸封；北門，登封」（這裡的「封」跟表示祭祀天地的「封山」頭一個字相同）。
西元 1553 年，城牆修繕完畢；西元 1639 年，在城牆的四個角落又新增了四個周長為三十英尺的角樓，其塔樓高達五十英尺。城市坐落在泰山腳的斜坡上，其東北面是一片荒地。西元 1654 年，百姓們被鼓勵在此建房，於是城外便出現了一個郊區。西元 1748 年，即乾隆十三年，泰安知縣收到了重建城牆的御令，其高度、厚度和廣度均與以前一樣。城門的名字改稱如下：東門是迎暄門，西門是嶽晏門，南門是泰安門，北門是仰聖門。後者面對聖山……他還在四個城門之上加蓋了城樓，以及四個護城河橋。西元 1774 年，由於城牆上的雉堞年久失修，官府向士紳和民眾徵稅，用以修繕。—— 原注

[055]　耶路撒冷（Jerusalem）是巴勒斯坦中部的一個城市，它是古代巴勒斯坦的首都，基督教和伊斯蘭教的聖城。

巴勒斯坦的五座山上的聖城已經有幾千年的歷史。泰安這座城市的歷史
也相當悠久，但無法與西亞的城市相比，因為它不過是泰山的附屬物。
泰安城有記載的歷史大約有 1,000 年，但此前一個神聖的村落已經在這
裡存在了數千年，留有多處遺址。400 年前，泰安城經歷了一次重修，
用石牆代替了土牆，城牆周長約 7 里，城壕寬 30[056]，深 20 英尺，四面
都有城門。它的最後一次重修是在乾隆十三年，先前我們已經注意到了
這位皇帝對於古文物的虔誠。自乾隆時代之後，泰安城的四面城門分別
被稱為迎暄門、泰安門、嶽晏門和仰聖門。我們從西面的嶽晏門進城，
接著登上了朝北的城牆。

可拉 [057] 的子孫們曾這樣描述他們的平安之城：

在錫安山 [058] 下漫步遊覽，流連忘返，仔細辨認那裡的各個塔樓，檢視
那裡的堡壘，端詳那裡的宮殿，這樣以後你就可以把這一切告訴下一代人。

這真是一個絕妙的建議，我們不由得把它和眼前這個東方的平安之
城連繫起來。在城牆上繞著走一圈並不讓人感到疲勞，因為總共只有十
里的路程，還可以俯瞰全城，只有在英國的倫敦德里 [059]、切斯特 [060]、
約克和美國一些已經被遺忘的西班牙人所建城堡裡才可以這麼做。西城
門上面的亭子吸引我們立刻按動照相機的快門，隨後我們朝泰山方向眺
望，直到刷在路面上的一些漢字引起了我們的注意。是不是有英雄人物
埋葬在這裡，為此在路上鋪了墓碑或紀念銅像呢？答案恰恰相反，在反
日愛國熱情迸發的時候，人們將那個暴發戶國家的名字寫在地上，任人
踐踏。不知美國南方幾個州有膽識的製鞋商有沒有意識到，如果在鞋底

---

[056]　1 英尺 ≈ 0.3048 公尺。

[057]　可拉（Korah）是《聖經‧舊約》中的人物。

[058]　錫安山（Zion）作為猶太人的象徵，是耶路撒冷城的一塊聖地。

[059]　倫敦德里（Londonderry）是北愛爾蘭西北部的一個自治社群，位於貝爾法斯特市西北。它建
　　　　在西元 546 年聖哥倫巴所造的一所修道院遺址上，現在是一個港口和製造業中心。

[060]　切斯特（Chester）是英國中西部的一個城市。羅馬人曾在此修築城堡。

印上敵方的國旗，可能就會銷路大增呢？泰安城牆的東南角有一座奎星樓，這是城牆上的觀景亭，儘管衰敗不堪，但人們站在上面，可以把泰山的風景盡收眼底。如果放眼城牆內喧鬧的城市，還可以看到許多其他景緻，而黃色琉璃瓦屋頂的岱廟顯得非常令人注目。泰安在本質上是一座聖城，人們對於宗教的興趣高於一切。這跟廣州有天壤之別，那是一個商業中心，其顯著標誌是龐大的貨棧及當鋪的摩天大樓。這個城市是多麼擁擠啊！整個面積不過 200 英畝，廟宇又占了很多地方，卻有兩萬人在這裡居住。

「泰安好似一個香爐」，一個來此遊覽的詩人曾如是描述。很久以後，飛機使得人們可以真正地鳥瞰泰安城，證明這個比喻是十分恰當的。看過這一地區的地圖後，想像力豐富的人們禁不住會覺得泰山就像一座矗立在此地的巨大神像，而泰安城則是一個香案，上面放著一個銅製香爐，香爐裡插著幾根香。在此地的一座廟宇裡，望著煙霧從香案上的香爐中裊裊升起，人們不由會產生幻覺，此時會輕易覺得香案變得越來越大，直到覆蓋住整個城市；而眼前奇怪的神像也變得越來越大，直到像泰山一般大小。其實，泰安城真算得上是這座聖山的香案，而對於泰山的祈禱文從來都是獻給一國之神的。下文可以見證皇室對岱廟的關注：

上諭：

山東泰安州神廟，奉祀東嶽泰山之神，歷代相傳，靈顯昭著。佑庇萬民，俾國家享昇平之福者，明神之功德，其來久矣。遠近人民，感荷默佑之恩，焚香頂禮，罔不虔肅。其廟宇重修於康熙十二年，距今五十餘年矣。茲據巡撫費金吾奏稱：廟宇盤道，有傾圮頹壞之處，應加繕葺。山路亦當修整，著發內帑銀兩，命內務部郎中丁皂保、赫達塞前往督工，敬謹修理，務使廟貌輝煌，工程堅固，速行告竣，以副朕為民報享之至意。

特諭，欽此。

雍正七年（1729 年）

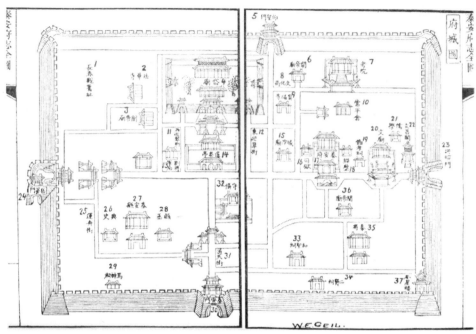

泰安府城圖

圖中的地點名稱：1. 長春觀舊址；2. 法華寺；3. 關帝廟；4. 岱廟；5. 仰聖門；6. 關帝廟；7. 考院；8. 文化街；9. 冥福寺；10. 常平倉；11. 西迎翠街；12. 東迎翠街；13. 劉將軍廟；14. 遙參亭；15. 城隆廟；16. 司獄；17. 泰安府；18. 經歷；19. 節孝祠；20. 文廟；21. 儒學；22. 文昌閣；23. 迎暄門；24. 嶽晏門；25. 運舟街；26. 典史；27. 泰安縣；28. 縣丞；29. 馬神祠；30. 泰安門；31. 通天街；32. 守備；33. 和聖祠；34. 二賢祠；35. 參將；36. 關帝廟；37. 奎星樓。

　　值得注意的是，從國庫提取的銀兩沒有清楚地列出清單，這就為腐敗開啟了方便之門。這件事從側面說明了發生在雍正時期的「移花接木」行為。用於其他目的的銀兩會使人手癢，別以為用來為寺廟療病的錢就能倖免。

泰安岱廟的五峰樓

　　王思任的遊記為我們描繪了這個地方的另一幅圖畫：「人身七尺，眼僅寸餘；所見者百里而域：泰山有丈目，即可以通萬里，乃其軀四千丈，當如何視由旬耶？」如果這只是一道算術題，我們可以語氣溫和地指出，其實視距和眼睛的尺寸並沒有多大關係。還可能會進一步補充說，一個六尺高的人在鄉間平地望不到三里之外──遠遠達不到 100 里。最後可能這樣回答：4,000 尺的高處，目力可達 77 英里，足可以看到西北方向的黃河和西南方的大運河。王氏把泰山看作巨人要比康熙皇帝把它視為一條龍更加恰當。這種說法可能還會有另外一種奇怪的功效：朝聖者在登山過程中一向小心謹慎，絕不會吐痰，他們是否擔心這個巨人會進行報復呢？要是火山吐出岩漿，可能真的會把朝聖者和整個泰安城全部吞沒。

岱廟最高處庭園內的漢代古樹。蓋洛 攝

　　有一個人和這位詩人同姓，他叫王叔明（Wang Chow）[061]，從事另一項藝術，即繪畫。作為山水畫大師，他在明代洪武年間名噪一時。人們往往會忘記中國畫家的技藝是何等高超，以及日本畫家是如何從他們那裡得

---

[061]　又名王猛，明朝洪武年間任泰安知府時繪〈岱宗密雪圖〉。

到靈感的。王叔明在泰安有一所官邸，庭院後面是一座面對泰山的塔樓，王氏將其改成了畫室。他將一塊白布掛在牆上，開始面對聖山作畫，確信此作將使自己名垂青史。但是一個人欣賞美景時的藝術感悟有時候並不意味著在描繪這一景緻時就會得心應手！王叔明在畫布前辛苦工作了整整三年，深深體會到自己沒有能力再現眼前的壯觀景象。日復一日，他目睹月亮一次次升起、降落，並且照亮了東嶽泰山。然而一次次的失敗讓他沮喪萬分。有一天，當雪花剛剛開始飄落的時候，一位姓陳的畫家[062]來看他。王叔明早就發現再現雪花嬉鬧的意境是可能的，現在他迫不及待地想把飄飛的雪花這一意象傳達到畫中。其中有值得他孜孜以求的特殊象徵意義，因為白色是哀悼死者的顏色，而泰山是天下靈魂的歸宿。他要讓一層朦朧的白色縐紗覆蓋泰山！王叔明向陳氏袒露了自己的靈魂，提出了自己的構想，同時承認自己無法在畫中展現這一構想。陳氏思考片刻，隨後，就像阿基米德[063]一樣，突然大喊一聲：「有了。」他將一張小弓加以改進，用白堊和鬃毛調製好顏料，把它先塗在弓弦上，然後拉動弓弦，讓顏料隨意灑濺到畫上。畫家在一旁看得目瞪口呆，對於突然在畫中完美地顯現出「變成了白色的空氣」大為驚異，對此表示讚許，並決定就此定稿。在此後許多年中，這幅〈岱宗密雪圖〉備受推崇。在畫廊中，或者像王、陳二人那樣獨居塔樓時，欣賞美景，要比像詩人李太白在山坡遇雨時靈感盡失不知要好出多少倍；孔子的農家弟子曾參在泰山腳下停留十日，因為積雪無法前行時，並沒有感到絲毫不便，反倒透過音樂和對家鄉的思念來尋求安慰，這與王氏有多大不同啊！

　　泰安的地方志記錄了一個年輕年輕人和一個老婦人的故事。那個年輕人叫張志偉，其父胸有大志，為他取了這樣一個名字。小傢伙很小便學習識字，據說到 6 歲時就能讀「五經」，由於「五經」包括了數千個漢

---

[062]　似乎應是松江學正張廷采。
[063]　阿基米德（Archimedes，約西元前 287 ～西元前 212）是古希臘數學家、物理學家和發明家。

字，因此有這樣的記憶力是很了不起的。或許他只是記住了這些字的發音，並不能辨認這些字。12 歲時，他入了道教，居岱麓會真宮。顯然他走的是自己的道路，其理想與父親的願望大相逕庭，他並不渴望世俗的高位，而是致力於追求知識和美德。因此他聽從命運安排，最終憑藉生活中的高尚行為而引起皇帝的注意。元朝開國皇帝賜其穿紫袍的權利，後令其改名為張志純，意為「渴望純潔」，進而賜號「崇真保德大師」。

　　他的故事記錄在《泰安志》中，與毛仙姑相提並論。毛仙姑自幼接受道教禮儀的薰陶，後立誓出家為尼，築庵於徂徠山，潛心修行，偶爾作詩。她於延祐二年十一月十九日（西元 1315 年 12 月 15 日）圓寂，臨終留下短詩一首：

混處修持三十年，
是非海裡了真緣，
如今撇下皮囊去，
拍塞靈空用自然。

　　她在當地享有極高的聲譽，時任泰安定軍節度使為其建了一座紀念碑，並刻上碑文。此後，這一山谷便被稱為「毛老谷」，或「娘娘谷」。

　　在地方史志中還記錄了周龍甲為林杭學的《泰山輯瑞集》所寫的極有見地的序言。

　　夫泰山古多循良之官，如陳俊忠勇、李固恩信、皇甫鎮靜、韓韶賑恤、申恬德威並行、韋安石政平操潔，此其彰明較著者也。顧著述不傳，千載而後，亦相與謂之曰能吏而已，孰有如果庵文章治行卓然不朽者乎？

　　這裡我們遇到一個大問題：做事和傳教哪個更為重要呢？大衛 [064] 在他那個時代做過許多大事，在他長眠以後，如果不是留下了《詩

---

[064]　大衛（David），基督教《聖經》中記載的古以色列國王。

篇》[065]，又會有誰去在意他呢？一個人畢生仁慈、樂於助人固然值得讚許，可是如果他沒有教義流傳後世，其影響會消失得多麼快啊！過去的成就不正是在文學作品中才得以永遠保存下來嗎？這一點我們可能會接受，即使我們可以對我們的朋友林國安的真實作品，即一部泰山的祥異集，一笑置之。

另一個收入《泰安志》，為人們所銘記的重要人物是「老盤腿」，人們也稱他為叩頭僧。大家都不知道他來自何方，但他總是安坐於泰安靈派侯廟[066]中。晚上他盤腿而坐，通宵不寐，白天則漫遊鬧市街頭，到處磕頭，告誡人們要追求美德。「我告誡好人們」是他的口頭禪。在耶路撒冷城存在的最後幾年裡，也出現過這麼一個瘋瘋癲癲的人，整日大步流星地走在大街上，嘴裡不停地喊著「苦呀！」。但泰安的這個叩頭僧是一個與眾不同的瘋子，如果有人跟他搭話，問他要告誡人們什麼，他就會這樣回答：

我參方五十年矣，蓋載內，胎生、卵生、濕生、化生，唯人為貴。具此靈性，便可立地成佛。莫能寶山歷盡，虛過一生。[067]

他預測到了自己的圓寂之日。

「我告誡好人們」，他大聲疾呼。就在人們參拜聖山的主要場所，這位僧人忠言逆耳，告誡善良的人們僅僅朝聖是發揮不了作用的。

我們在城牆上徘徊良久，從城樓上注視著小城，翻閱著地方志中有關的記錄。城市的中心是它的廟宇，其中岱廟尤為重要。我們不要把岱廟和明堂混淆起來，後者是天子祭奠祖先的太廟，而且位於十里之外的地方。

---

[065] 指《聖經・舊約》中的《詩篇》（Psalm）。
[066] 位於今岱廟西靈芝街南，始建於後晉天福六年（西元 941 年），元、清曾重修，今已無存。
[067] 見《新續高僧傳》。

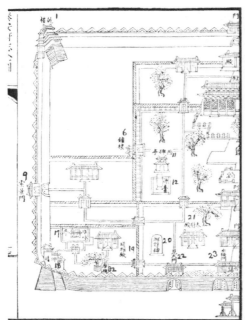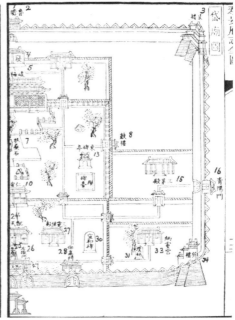

岱廟圖

圖中的地點名稱：1. 乾樓；2. 魯瞻門；3. 良樓；4. 寢殿；5. 峻極殿；6. 鐘樓；7. 扶桑石；8. 鼓樓；9. 索景門；10. 仁安門；11. 西碑亭；12. 碑臺；13. 東碑亭；14. 碑臺；15. 三茅殿；16. 清陽門；17. 瑄詠亭；18. 坤樓；19. 延禧殿；20. 祥符碑；21. 太尉殿；22. 見大門；23. 右掖門；24. 配天門；25. 岳廟門；26. 左掖門；27. 配天作鎮；28. 仰高門；29. 三靈候殿；30. 宣和碑；31. 漢柏；32. 唐槐；33. 炳靈宮；34. 翼樓。

《禮記》中是這樣說的：

昔者周公，朝諸侯於明堂之位。天子負斧依南鄉而立。三公，中階之前；北面東上，諸侯之位，阼階之東，西面北上，諸伯之國；西階之西，東面北上，諸子之國；門東，北面東上，諸男之國……[068]

這聽起來好像是在告訴我們泰山「大學」下屬五個「學院」的名稱！

此後，岱廟經歷了一次又一次的修復和重建。在我們面前有六道這一方面的御旨，其中的一道聖諭極為慷慨，對內務府下撥的用於岱廟修繕的銀兩不加限制。下面我們要完整地引述皇帝的一次巡遊過程，包括整個的祭祀儀式。只要看一條簡短的「聖諭」就足夠了。它是於乾隆

[068]　引文出自《禮記・明堂位》。

四十一年七月十一日頒布的，這一年正好是西元 1776 年。這道「聖諭」和發生在地球另一半球上的事件 [069] 形成很有趣的反差。

唯神奠位東藩，表雄左海。瞻巖作鎮，首隆五嶽之封；觸石為霖，廣沛崇朝之澤。宗長之靈威無外，巍峨之氣象彌尊。茲以兩金川小醜削平，大功底定。振郊臺之朱鷺，遠荷寵麻；分躔野於蒼龍，益滋鴻貺。謁岱既申夫典禮，告成再展夫明禋。薦此馨香，伏唯昭鑑。

人們往往會把注意力集中在有五個南門的岱廟上，那裡還有像鄉村集市一般的院落，裡面有許多出售小飾物、護身符、封禪圖、旅行手冊、巫術圖和碑匾摹拓品的攤點，以及西洋鏡和舞女的演出，但我們不該忘記，泰安還有其他許多非常有趣的地方。

洪章曾提醒讀者，岱廟和泰安城不過是泰山的附屬物，要欣賞泰山，正確的方法是繞山走一圈。在為汪氏《泰山志》[070] 題寫的序言中，他說：「洪厓子章嘗涉泰山之郊，顧瞻週迴，神爽飛越。及得《志》讀之，喟然嘆曰：大哉！巍巍乎其天下之具瞻，而兩間之巨鎮乎？」

他不知道怎樣才能表達出自己對於泰山之秀美和雄偉的讚美，正如唐代一位詩人 [071] 所言：

橫看成嶺側成峰，遠近高低各不同。
不識廬山真面目，只緣身在此山中。

因此，人們值得西行數裡，換一個角度去觀察東嶽泰山，實際上，森羅殿 [072] 的景觀也是令人難忘的。就這個地方本身來說，也是很值得一看的，義和團最早的組織，俗稱「拳團」，就是在這一地區持紅燈相聚、

---

[069] 西元 1776 年，美國爆發了反抗英國殖民統治的獨立戰爭。

[070] 很可能是指明代汪子卿所著《泰山志》。

[071] 應為宋代詩人蘇軾，下面這首詩是描繪廬山景色的作品《題西林壁》，與泰山無干。

[072] 似乎指的是泰山南麓蒿里山、社首山之間的蒿里山神祠，又名森羅殿，建立年代無考。元、明時期曾經重修，後被毀，現已無存。泰山南麓岱宗坊東的豐都廟（始建於明弘治十四年，清末廢，已無存）和蒿里山神祠同為泰山兩大地府神殿。

操練，由區區十個人逐步發展起來。義和團之所以能夠發展壯大，是因為團民們都相信透過念一些咒符，可以做到刀槍不入。在義和團失敗以後，他們即使在這裡也蒙受了恥辱。我向寺廟的住持打聽拳民因屠殺外國人而遭受什麼樣的懲罰，他便領我到森羅殿，去看那裡的許多塑像，魔鬼正在把炙熱的方形鐵帽子戴在受難者頭上。其原因就是他們失敗了，但義和團這類團體正是在這種迷信氣氛中產生的。

(3) 得天獨厚

人們最喜歡稱山東省的泰安地區為「得天獨厚」。我認為，這一頗有意義的稱號用來描述齊魯[073]大地可謂恰如其分。我們也曾認為「美國是上帝自己的國度」，所以這也促使我們去發現上述稱號有什麼根據。

是因其外部的風景而得名的嗎？

確實，這裡有許多美麗的景緻，可是攀登過落基山脈的人不會把天下第一的稱號送給泰山；聖・勞倫斯運河[074]環繞一千多個島嶼，去過那裡湖泊的人不會為微山湖所折服；密西西比河的大堤遠遠高出兩岸的地面，在那裡乘過船的人看到高出兩岸地面的黃河河道時會覺得不足為奇。

那麼是因為這片土地出產的東西嗎？

這裡的鹽礦比美國大草原上的鹽鹼地也好不了多少，但應該說這裡的確出產我們所沒有的東西。小麥我們都知道，蕎麥我們也不陌生；可這些東西到底是什麼呢？當然，這裡也產水稻，其中一種紅米品種有點新奇，但還不值得人們大驚小怪。這種羽毛般的草本植物是小米，人們

---

[073]　按照《貿易史》的說法，泰山南面的地區稱作魯，北面的地區稱作齊。——原注
[074]　聖・勞倫斯運河 (St. Lawrence) 位於加拿大境內，深水航道全長 3,769 公里，是世界最長的運河，船泊通航可從大西洋抵達五大湖水系。

已培育出黑白黃三個品種。它和另一種穀物有些相似，即黃色或黑色的
稷，因其不在我們的食譜上，在英語中找不到它的名稱。在所有的作物
中，有兩種最為我們注意，但它們最能打動我們的不是味覺，而是其他
感官。黃色的油菜花使得周圍的風景都亮麗起來，並且香氣襲人，方圓
九里之內都可以聞到這種宜人的氣息。蜀黍 [075] 是普通人的糧食，但這
種黑、白、紅三種顏色相間的作物或許對來這個地區定居的德國人來說
是有些吸引力的。可是芝麻的魔力又在哪裡呢？它使我們想起了充滿傳
奇色彩的時代，腦海裡又出現了阿里巴巴和卡西姆的形象，還有莫爾基
娜 [076] 用沸油對付強盜的故事。但中國的傳說不是比巴格達的傳說更有傳
奇色彩嗎？看看泰安的一個食譜：「取一些黑芝麻，煮沸九次，在陽光下
曝晒九次，然後研碎揉入麵粉中，做成餅，吃了以後，就會長生不老！
芝麻會開啟長壽之門！」

　　道教著作《福地誌》宣稱泰山上有許多靈芝和翡翠。《山海經》說：
「泰山上多玉，其下多金。」我們還應該提及《岱志》中的說法，「昔有者
今無，或昔無而今有。志唯載其所有耳」，反之亦然。我們的地形學只關
注實際存在的東西。

　　說完芝麻之後，似乎沒有必要再去提白菜、黑豆、紅皮馬鈴薯、綠
色黃瓜、雜色甜菜、甘薯、大豆、洋蔥、生薑、荷花、山藥和其他眾所
周知的蔬菜，包括番薯，或俗稱紅芋和白芋的洋芋。地瓜就更不用說
了。然而上述東西都不足以解釋為何這個地方被稱作「得天獨厚」。

　　這裡的水果也大都是常見的，其中桃子原產於本地，此外還有杏、
櫻桃、李子、梨、棗、栗子等。最珍奇的當數文官果 [077]，不知道是因為

---

[075]　應該指出「蜀黍」俗稱高粱，或高小米。有一種白色的品種稱作玉小米。—— 原注

[076]　這三人均為著名阿拉伯文學作品《一千零一夜》中「阿里巴巴和四十大盜」這一故事的主要人
　　　　物，卡西姆（Cassim）是阿里巴巴（Ali Baba）的哥哥，莫爾基娜（Morgiana）是卡西姆的使女。

[077]　文官果又名文冠果，為中國特產樹種，分布於中國東北及華北地區，是觀賞兼用的珍貴
　　　　樹種。

它的外殼很硬，還是因為在「文官」的殼破裂以後，會發現裡面有一個「武將」，或者是因為文官果是一個口感很甜的果物品種。

在《泰山志》中收錄的眾多神祕草藥中，有一種叫赤箭，即使颱風時，它也會昂首而立，在一片死寂中發出沙沙的聲音。這種藥草並不常見，但一旦人們發現它，就會用石頭結果它的生命。這就像是蛇在草叢中沙沙作響，一看見就應該殺死，而它那箭一般的毒牙也會被連根拔下來。可能它就是天麻，可以入藥，其幼芽被稱為赤箭。另一種奇異的草本植物可以治火氣重，通常稱作袪火，儘管它還有一個更高雅的名字——亮天。

最名貴的藥物是茯苓，由寄生在松樹上的菌類調製而成。據《博物誌》[078]記載，松樹源自石精，沙子進入岩石縫隙之中，由此而生長出松樹！3,000年以後，松樹又變回石頭！（參看美國的化石松林）茯苓的聲譽讓我聯想起薄荷，薄荷創造的奇蹟讓我吃驚，當我還是「揚子江上的洋基人」[079]時，就曾在雲南發現這一點。

茯苓，和平的萬靈藥！它是這樣調製而成的，先把松樹砍倒，鋸成五尺長的幾段，然後埋在聖山上。在這裡，它可以獲得以下兩種屬性之一：一方面，它可能會逃走。因此需要留神，別讓它逃走。茯苓就像一個騙子！但另一方面如果經過了36個月聖山神奇力量的轉化，它的顏色就會變白，隨後就可以挖出，按五尺長的原狀賣給藥材商，後者再將其切成薄片。這種藥材身上具有泰安這個平安之城的威力，因此它可以給病人帶來安寧。茯苓會帶來安寧！調製茯苓這種給人安寧的良藥還有另一種方法，不過所需的時間要更長一些。這需要讓松油滲入泰山上的聖土裡，經過聖山1,000年的提煉之後，便就形成了「茯」。至於這種調製

---

[078]　晉代張華著。
[079]　作者在關於中國的另一本書《揚子江上的美國人1903》中對此有詳細的描述。

方法，似乎從來沒有人目睹過，況且也不可能確定它的真實年齡。《博物誌》中說，茯苓是松樹脂埋藏在泥土中 1,000 年後形成的，再過 1,000 年就變成琥珀。目前在泰山上仍然有茯苓，但已經沒有琥珀。（注意，關於琥珀的這種說法還是相當準確的）

有一個著名的煉丹師名叫崔文子[080]，他「世好黃老」，能用泰山百藥來配製成「黃赤散丸」。當一場瘟疫在齊魯大地肆虐的時候，他奔波於各個市鎮之間，手持一面三角形紅幡，以藥救人。「病人喝了他的藥頃刻就得以康復」，《神仙鑑》稱獲救的人數多達一萬。「黃老之術」是很有意思的。「黃老」是黃帝和老子（《道德經》的作者）的簡稱，他倆被視為道教的鼻祖，名字經常一起出現，實際上，老子所生活的時代要比黃帝晚2,000 年。

生活在這一塊福地的生靈有哪些呢？是它們使得這裡有這樣一個令人驕傲的稱號嗎？很多小溪從岩石河床上嘩嘩流過，這些溪流中的魚聲名遠颺 —— 有銀白色的，有紅色的，還有黑色的；但許多打魚人會滿足於曾經垂釣過的池塘或其他的許多小河。更值得一提的要算那種能活 1,000 多年的白蝙蝠，它們以「巖汁」為生，但沒人真的見過這種白蝙蝠，無論是活的還是標本。至於貓頭鷹、野鴿、聲音像山僧一樣優美的八哥和讓捕食者感覺十分安全的紅色瓢蟲，似乎沒有多少特殊之處需要描述。關於用兩隻腳行走的野兔的故事，即兩隻前腿不會行走，而兩隻後腿一跳就是 20 尺的故事，似乎讓人聯想起澳洲的袋鼠。那幾乎可以肯定是跳鼠。當然，黃鼠適合在黃河盆地裡生活，白狼經常光顧泰山，但它們還算明智，懂得遠離人們擺放供品的地方。應該說，這裡的動物和植物一樣，都不足以使這個地方成為神的福地。

這樣，此地之所以得天獨厚，那肯定是因為這裡的人了。就《波斯

---

[080]　崔文子是漢代的泰山人，被道教尊為真人。

古經》[081] 的研究者而言，如果說一個農民「謹慎而勤奮地耕作要比重複
禱告一萬次獲得更多宗教上的功德」，這樣的說法似乎是完全可以接受
的。可我們不是在波斯，山不過是作為一個背景，莖塊、野花、風景和
鳥獸等只是附屬物，人在這個大舞臺上才是主角。作為一個本地人，孟
子曾經提醒我們注意另一個著名的本地人孔子說過的話：「里仁為美，擇
不處仁，焉得智？」[082] 這無疑是本地居民自己做出的解釋，誰會比他們
更了解這些呢？這裡的人非常質樸，他們的風俗很純粹，生活很節儉。
他們喜歡儒家的學說，接受兩個大學者孫復和石介 [083] 的處世態度，並且
看重節制和貞潔，魯地的民眾是「直人」。我被告知，四川省這個「天府
之國」主要歸功於李冰，他「受到了人民的真心愛戴」。收入了「至善之
人至理名言」的《心鑑》[084] 一書常常提到那些至少在這一福地生活過一
段時間的名人的箴言。[085]

　　這一福地是中國歷代許多偉人曾經長期或短期居住過的地方。兩位
大聖人，即孔子（西元前 551 ～西元前 479）和孟子（西元前 372 ～西元
前 289 年）都出生在此地。魯班，木工的祖師爺，也是生活在這裡。如果
說後世的皇帝有了天橋，而魯班，就像猶太人雅各 [086] 一樣，早就有了雲
梯，而且那是他本人發明的，還可以自動升降，最長可以通往木星！他
做工時極為儉省，身邊從來都不會出現廢木片。他留下的「不要浪費」這

[081]　《波斯古經》（Zendavesta）是一套完整的拜火教經文。
[082]　見《孟子》第七章，意為：「里巷中有仁愛的風俗，人們便認為這個里巷好。選擇住處時不知
　　　道選擇這樣的里巷，怎麼說能是聰明呢？」
[083]　二人是黃宗羲《宋元學案》中所指泰山學派的主要人物，他們在宋仁宗景祐年間在泰山開設
　　　書院，開此地書院教育之先河。
[084]　結合原文註釋，此書似指唐咎殷撰成於 9 世紀中的《食醫心鏡》，在其流傳的過程中，因避
　　　宋代帝諱，將書名的「鏡」改為「鑑」字。其內容論述各種療病的食物及醫方。
[085]　山藥是與英文中的「yam」相對應的一個奇特名稱。它最初是叫「山藥」，後來因為要避帝諱
　　　（唐太宗和宋英宗）而改稱「薯蕷」和「山藥」。──原注（文中內容不涉及山藥）
[086]　雅各（Jacob）在《聖經‧舊約》中是亞伯拉罕的孫子，以撒的次子，亦被認為是猶太人的祖
　　　先。雅各的梯子是指雅各在夢中見到的供天使從天上下來的天梯。

句值得稱道的格言，至今仍然受到人們的推崇。如果聽說這個地方發明了新東西，我們並不會感到奇怪。早在大將軍劉備的時代，諸葛亮（在《中國長城》一書中我們有過介紹）就生活在這塊福地，就是在這裡他製成了木牛流馬，用來為軍隊運送糧草。也就是說，生活必需品應該被視為是神聖的，使用時須小心保護。很可能燔柴這一原始的拜神方式也是從泰山開始的。

《山海經》一書給予了泰山應得的榮譽，聲稱泰山出產貞木。另一位哲學家指出山東人之所以喜歡禮和樂，是因為他們呼吸著這座聖山的寧靜氣息，泰山吸入陰氣，隨後撥出陽氣，這對人是有益的。至於齊地，那裡也有山脈存在，雖然高大，但並沒有任何特別的神聖場所，因而人們喜歡財富和具有愛國精神。

在敘述這座大山的情況時，還有一個人不該遺忘，那就是雪蓑先生。他的成就揭示了真正值得注意的特徵。他精通三項藝術 —— 音樂、詩歌和書法，在書法方面成就最大。有一天，他信步走進住在泰山上的李先生家花園裡，隨手拔起一棵有特殊氣味的韭蔥，試著當作毛筆，在墨中蘸了一下，寫出幾個大字。……另一天，他正在遊覽棋天觀（一座道觀）時，人們紛紛向他求字。他選了一處高崖石壁，把木頭綁在一起，做成梯子，攀到一個很顯眼的高處。他刷刷地寫了四個大字，下了梯子，把綁在一起的木頭解開，抬頭看了看，裝出一副吃驚的樣子，喊道：「漏掉了一個點，該怎麼添上呢？」他解下頭巾，像繩子一樣搓成一團，浸在墨中。隨後，他大喝一聲，將頭巾向石牆擲去，不偏不倚正好落在那個字的適當位置。上面寫的四個大字是：

玄之又玄。

直到此時，人們才開始把他視為奇人。從此以後，他和李先生告別隱居的生活，整天在山中尋覓各種藥草，配製藥劑。

在所謂的典籍中，可以發現有數不清的傳記和掌故都涉及魯國，在歐洲人知之甚少的編年史和地方史志中也是如此。我們是否再來看一個較新的例子？

一個村莊裡住著三兄弟，其中一個威望甚高，被大家尊稱為上神。另一個兄弟的兒子酷似父親，大家都叫他張氏，擅長格鬥，有一副好拳腳，使一把長矛。這時村裡出了一個惡人，如果誰冒犯了他，家裡的糧倉和房子就會被一把火燒掉。有一天他和張氏之間發生了衝突，被張氏用長矛刺傷。這個惡棍傷得不輕，有性命之憂。地方官接到報案後，下令進行調查，通知張氏帶著長矛出庭。在審問過程中，地方官問張氏是怎麼傷人的；張氏歷述這個人的惡行和引起這次打鬥的特殊緣由，在講到高潮時，張氏一邊口中說著「我就是這樣做的」，一邊將長矛刺向那個惡漢，惡漢當即斃命。地方官看到張氏這樣做顯然是為了讓大家免遭禍害，於是斷定惡徒罪有應得，下令將其埋葬了事。從此村中又恢復了太平。此地民風古樸，張氏就是以這種方式使一方得到安寧的。此後，受其他因素影響，他們全家人皈依基督教。村裡沒有再出什麼亂子，地方官也備感輕鬆。這個地方確實是「得天獨厚」。我們傾向於相信美國學者狄考文[087]的觀察：有確切的證據表明，山東省的人民身上有一種宗教素養，這在中國其他地方是找不到的。

④ 帝王的朝聖

在清朝的皇帝中，康熙帝和他的孫子乾隆帝是最有名的兩位，兩人都活過了「耳順之年」，在位時間都超過 60 年，有機會給自己的臣民留下印象。康熙於西元 1662 年登基。兩人都能夠實施強而有力的改革措

---

[087]　狄考文 (Calvin Wilson Mateer) 是美國北長老會傳教士，從西元 1863 年起便開始在山東登州傳教，創辦了登州文會館，即齊魯大學的前身。他曾為中國培養了眾多的人才，被公認為是一個著名的學者和教育家。

施，但值得注意的是，他們在改進印刷術方面都不成功，白白鑄造了金屬字模，而他們的臣民們仍抱著雕版印刷不放。這一失敗頗值得關注，它清楚地表明，無論是在國家管理方面，還是在日常生活中，中原人都不肯向異族統治者屈服。這兩位皇帝與泰安之間的關係說明了同樣一個事實，即外族皇帝不得不向歷史悠久的信仰妥協，離開紫禁城和皇家寺廟，到古老莊嚴的泰山去朝聖，還要聽從司儀的指令，按照當地古老的習俗，舉行傳統的祭拜儀式。熱衷於改革的人往往受到傳統重壓的擺布而陷於迷茫！這跟那些韃靼首領無法容忍任何妥協，採取鐵血政策，所到之處屍橫遍野的做法有多麼大的差別啊！他們怎麼也不肯屈從過去的傳統，哪怕不得不根除它。康熙帝和乾隆帝可以被看作兩個距今時間較近和很有代表性的君主，他們與泰安之間的淵源廣為人知，並且有詳細的歷史記載。這裡應該再說幾句，以便能更完整地認識康熙帝，正是他「使得這個帝國免於落到中國或西方某些宗教偏執狂手裡」。

他對於文學的贊助也是眾所周知的，正是他授意編寫了一部標準的《康熙字典》、一部作為詞彙索引的《佩文韻府》，以及一部堪稱百科全書的《圖書整合》。這在一定程度上應歸功於他曾接受過外國傳教士的指教，並且學到了「知識分類的優勢」。這裡我們千萬別忘了，在西方人的祖先尚未擺脫野蠻狀態的時候，中國人就已經懂得了「知識分類的優勢」。中國最早的詞典是西元前數百年編纂的。許慎偉大的《說文解字》是於西元 100 年左右出現的，它收入了 9,000 多字，此外還有唐、宋、元等朝代的許多百科全書都保存至今。這些百科全書大多是按類別編排的。康熙帝像孔子一樣注意收集各種資訊，他寫出了著名的《聖諭廣訓》，其譯文在《揚子江上的美國人 1903》一書中可以找到。但康熙帝更艱鉅的任務在於鞏固和壯大他在 14 歲時所繼承的帝國，他的王朝談不上有什麼古老的威望，因為他的父親是統治中國的第一位大清皇帝。

　　在北方，他需要對付一個新的民族和一種新的文明。俄國遠征軍從遙遠的莫斯科出發，穿過西伯利亞，他們在阿穆爾河上游建立城堡，聲稱對該地區享有主權；而以前那裡的人都是以客人的身分前來歸順，或返回故里，或在中國定居。俄國方面對康熙帝的力量不敢小視，因此彼得大帝謀求與北京的帝王建立外交關係，同意以阿穆爾河作為兩國邊界。可是康熙帝還是發起了反擊，沿著較南的緯度向西推進了很遠的距離，歷經艱難險阻，穿越戈壁灘，康熙帝相信是泰山之神保佑他躲過了劫難。此次行動也使得康熙帝的權力延伸到了西藏，中國內地的佛教徒和這一高原上的喇嘛之間存在著某種精神上的親緣關係。我們在提及下列事件時沒有按照其在歷史上的先後順序，但另一次遠征使出生於內地的將軍吳三桂及其手下富有愛國熱情的滇軍歸順了清政權。然後，由於陸地的幅員有限，他又把目光轉向了一個著名的海盜身上，先後五次派了六十艘艦船到南海恢復通商自由。在征服或約束了外敵以後，康熙帝這位偉大的帝王開始著手加強對域內的統治。在和平的藝術方面，他並非不願意向南歐的傳教士們學習，儘管他嚴厲地制止了他們對於大清帝國內政的介入，當一群傳教士訴諸一個外國人來進行有關中國風俗的意義和價值的裁決時，他斷然地鎮壓了他們。康熙帝牢牢掌握著自己國家的命運。他的統治看起來是公正的，並且對窮人也是有利的。他的後裔用慷慨、勇敢、仁慈和明智這樣的字眼來稱頌他。這就是我們要考察他和泰山之間特殊關係的一個皇帝。

　　康熙帝內心的想法如何，除了他本人之外很少有人知道。推測下面這些人的信仰將會是一件很有趣的事情，如達賴喇嘛、大烏理瑪[088]、哈里發[089]、布羅格拉姆主教[090]及俄國沙皇等。或許我們可以從對西方一位

[088]　烏理瑪（Ulema）是伊斯蘭教神學家，大烏理瑪（head Ulema）就是這些神學家中的首領或權威。
[089]　哈里發（Khalif）是伊斯蘭教國家政教領袖的尊稱。
[090]　布羅格拉姆主教（Bishop Blougram）是 19 世紀英國詩人白朗寧一首詩歌作品（「Bishop Blou-

偉大帝王的描述中選一些片段，並且發現這一描述對大多數統治者都適用，對康熙皇帝更是如此：

> 他們懂得並且重視宗教的作用，因為它與世俗政府是相關的。他們重視某些節日對大眾行為的教化作用。他們注意把占卜藝術作為制定政策的很方便的工具，還認為宗教是連繫社會成員的最堅實的紐帶，看重宗教對現世或未來生活的勸誡作用，認為作偽證的罪行肯定要受到復仇之神的懲罰。儘管他們相信宗教的一般作用，但是他們認為不同的敬神方式會達到同樣有益的目的。

遵循這一原則，康熙帝以一種極為莊嚴和別具一格的方式對泰山進行了朝聖，朝聖的隊伍浩浩蕩蕩地從位於北方的都城北京出發，去往泰安這個平安之城，後者是保護和擁有岱廟的省城，而岱廟又是和古老而久負盛名的東嶽泰山密切相關的寺廟。整個參拜過程是嚴格按照《禮記》中的條例來進行，並且作為聖諭頒布的，我們相信這些條例都得到了嚴格的執行。大概英國的君王到威斯敏斯特[091]去接受加冕的時候，也會有這樣的盛典。但中國人對帝王舉行的這種儀式更為重視，其根據是他們認為每隔五年就應該舉行一次此類的拜神活動。據記載，歷代統治者，不管是王公還是君主，國王還是皇帝，不論身居長安、杭州、南京、北京，還是一些小的都城，都會來朝聖。國界、都城和朝代都會有更替，但在任何情況下，泰山的祭祀活動一直是必不可少的。

西元 1684 年，神聖羅馬帝國[092]皇帝利奧波德[093]開始以維也納作為

---

gram's Apology」，西元 1855 年）中的主角，他在這首長詩中為自己的天主教信仰做了辯護。
[091]　威斯敏斯特（Westminster），英格蘭東南部大倫敦的一個市區，位於泰晤士河岸。它包括英國政府的主要官邸，尤其是沿著懷特霍爾街與唐寧街的官邸，以及如西敏寺和白金漢宮等有名的建築物。
[092]　神聖羅馬帝國（西元 962 ～ 1806 年）是一個鬆散的歐洲政治同盟，在 962 年由羅馬教宗加冕的奧托一世是其首位統治者。它一直延續到 1806 年，當時拿破崙逼迫弗朗西斯二世放棄了神聖羅馬帝國皇帝的頭銜。
[093]　利奧波德一世（Leopold I）是匈牙利國王（西元 1655 ～ 1705 年）、波希米亞國王（西元 1656 ～ 1705 年）和神聖羅馬帝國皇帝（西元 1658 ～ 1705 年）。在執政的大部分時間裡，他

帝國的首都，並且表現出不容忍異端邪說的傾向。這個時期的西班牙國王卡洛斯二世資質愚鈍。法國的路易十四正準備廢除南特敕令[094]。英國的查理二世是個祕密的天主教徒，很難想像他會進行朝聖。印度蒙兀兒帝國的皇帝奧朗則布[095]當時正處於征服德干高原的過程中。康熙帝就是在這一時期頒布了他的「聖諭」：

詔曰：

國祭。康熙二十三年九月十九日（西元 1684 年 10 月 27 日）。

帝王誕膺景命，統御萬邦。道重觀民，政先求莫。是以虞廷肆觀，肇舉省方，周室懷柔，式歌時邁，詩書具在，典制丕昭。朕仰荷天庥，纘承祖烈，撫茲兆庶，期底時雍，夙夜孜孜，懋求治理。以富以教，靡敢怠遑。猶慮部屋艱難，罔由上達。故於直隸郡縣周覽巡幸，勤施補助。更念山左等處，土宜俗尚，不加循省，曷克周知，矧歷逢甲子，世際昇平。聿圖泰運之恆新，在措黎生於豫大，乘時命駕，諮彼民依。但樂利只慰夫一方，而德澤未敷於九有，朕心歉焉。用是特昭公普，以宏仁庶，奏誠和之盛治。

江南、浙江、江西、湖廣省分，自用兵以來，供應繁苦，宜加恩恤。康熙二十四年所運漕糧，著免三分之一。自康熙十三年起，至二十二年，拖欠漕項錢糧，著自康熙二十三年起，每年帶徵一年，以免小民一時並徵之累。東巡經過地方，宜俱加恩恤，著將康熙二十四年應徵丁銀，盡行蠲免。泰山經過致祭，其四嶽四瀆等祀，應遣官致祭，察例舉行。凡官吏兵民人等有犯除十惡等罪不赦外（凡常赦所不原者，不在赦內）。其餘自康熙二十三年九月二十四日昧爽以前，死罪軍罪以下，

一直都在和土耳其及法國打仗，從而鞏固了自己在帝國中的權力和地位。

[094]　南特（Nantes）是法國西部一城市，其歷史可追溯到前羅馬時代。法國國王亨利四世於 1598 年在這裡頒布敕令，限制新教的胡格諾人（Huguenots）宗教和公民自由。由於這個南特敕令（Edict of Nantes）挑起了法國國內天主教徒與新教徒之間的矛盾，路易十四於 1685 年終於將其廢止。

[095]　奧朗則布（Aurangzeb）這位印度蒙兀兒帝國的皇帝（西元 1658 ～ 1707 年）在其統治時期扶持了印度的穆斯林勢力，並且擴充套件了疆土。

已發覺、未發覺、已結正、未結正，咸赦除之。有以赦前事告訐者，以其罪罪之。直隸各省修理文廟銀兩，照舊存留，以供整葺。直隸各省解費腳價銀兩，仍復存留，照額支給。祭祀行香習儀及祈晴、祈雨、鄉飲酒禮等項銀兩，仍復存留，以供支用。嶽鎮四瀆廟宇傾頹者，該地方官設法修葺，以昭誠敬。內外文武官員現應議處者，俱著寬免。內外文武大小各官，除各以現在品級已得封贈外，凡授職更新及改任者，著照新銜封贈。

各處孤貧口糧已復存留經管，地方務須從實給散，以贍窮獨。

於戲！時臻熙皞，彌隆寬恤之恩；

戶樂清寧，丕篤綿長之慶。

布告天下！

咸使聞知！

這是他宣布去泰山祭祀的大致程序，包括它會帶來好處的一個概括性諭令。現在我們不妨留神一下康熙帝在後來專門頒布的詔書中是如何對祭拜東嶽泰山的儀式做詳細補充的：

康熙二十三年（西元 1684 年）。

凡經過地方，各有加恩。

自親王以下，宗室覺羅、內大臣侍衛、內務府、武備院、上駟院、鑾儀衛各官及各旗護軍統領、前鋒統領等官，至各衙門扈從官及各執事人員，俱預行派出，節次隨行。

駕發京師日，鹵簿大駕，陳設如常儀，隨從、不隨從王以下文武各官，各跪送隨行如常。

所過鴻臚寺官先期傳知百里以內地方官，率本地鄉紳士民，迎於十里之外，本地鎮守滿漢官軍，整隊伍迎於十里之外，分文武東西，候駕至，跪、迎、送，如常儀。

十月壬寅至於岱宗。前期，太常寺用白紙糊版，黃紙鑲邊，墨書祝版，不書御名。太常寺官具補服捧送廟中，安設祝案上。……

那一次朝聖泰山及祭祀儀式為康熙帝的孫子乾隆帝留下了一個很好的先例，但我們在此已省略了大部分的祭祀過程。西元 1748 年和西元 1770 年，乾隆帝也兩次來泰山舉行國祭，現存的一些長長的詔書對祭祀儀式做了詳細的描述。這次祭祀活動與以前有所不同，主要是在廟宇一帶搭起了黃色帳篷，供皇帝在裡面安歇，而且儀式上增加了許多音樂和舞蹈，所有的頌歌名稱也都列了出來。

在為五年舉行一次的祭祀程序所制定的規則中，有兩條頗有人情味。在獻祭以後，皇帝要去看望年齡在百歲或百歲以上的老人。按規定，各地還要呈上蒐集到的民歌，並繳納所有貢物的樣品，將典型的時尚示範天下，這樣做是為了讓皇帝知道他頒布的有關敕令是否得到了貫徹。

乾隆三十五年，皇帝授意在岱廟東側立碑[096]，碑文摘要如下：

然自七十二家之說興，而昭姓考瑞，大號顯名，鋪陳極乎遷之書，相如之文，世世封土作石感，琢玉成牒，甚者以上山恐傷木石，以遇風雨為德未至，以舉火輒應為得行祕祠。蓋有柴望一變為封禪，由封禪再變為神仙，而汰侈益無等矣。我朝鑒於成憲，祗慎明禋。……

歲庚寅為朕六十慶辰，至辛卯，躬逢聖母八旬萬壽，於時九宇臚歡，百靈介祉。維岱大生，秉蒼精化醇之氣，用克推演鴻厘，綏祚我皇極。

而重閌湮閣，歲渝弗飭，靈成竭副焉。爰諏將擴而新之，其歲月詳嶽頂記中。以是廟太常宿縣之所，因為迎神送神歌，俾主者肄而落之。

雖然這些關於祭祀儀式的程序極為複雜，堪與英國的禧年[097]感恩節相媲美，但需要記住的是這裡所記錄的全部祭祀活動都只是在岱廟——

---

[096]　此碑立於乾隆三十五年（西元 1770 年），位於岱廟天貺殿偏東，原有亭，民國十八年為孫良成部所毀。

[097]　禧年（Jubilee），即五十年節，原指猶太教《聖經》中以色列人遵守的每 50 年一次的休息年，這一年中奴隸獲得釋放，抵押出去的土地歸還原主，土地休耕。

泰山腳下泰安城內的一座廟內進行的。我們很快就可以有機會看到皇帝們是如何登上盤山道，然後在山頂上的廟宇中進行祭拜的。這兩個祭祀程序有很大的差別，正如乘坐豪華馬車的維多利亞女王在聖保羅大教堂西門外聆聽教堂內的唱詩班和主教們引導著禮拜活動，與女王在西敏寺內坐在她自己的靠背椅上，或在寺內的聖壇前鞠躬，是兩種截然不同的狀態。

⑤ 泰山的縮影

金棨 [098] 先生的權威著作《泰山志》刊行已經有一個多世紀了，他在這裡「盜用」了一個早在西元 1550 年即已有人採用過的書名 [099]。金棨的這一著作長達二十卷，刊行後人們對它評價甚高，並於西元 1898 年又加以重新刊印。但我們在這裡還是引用原先的版本，我們這裡有書中最有趣部分的譯文。在關於泰山的「五大車書」中，它也許算得上最好的一本。憑藉書中複雜的「記述眼光」，我們可以在不保留丁尼生所謂「七零八碎」的情況下，來說明金棨的網撒得有多麼廣。

就像其他效忠的官員一樣，他的著作前面有《天章記》兩卷，即清朝皇帝的「聖諭」和詩文；《盛典記》一卷，記述皇帝們對於泰山非同尋常的祭拜；還有《圖考》一卷。該書的正文部分首先描述泰山的地勢情況，包括《岱志》、《支山志》、《川泉志》，然後是《祠廟志》、《秩祀志》、《封禪志》，接下來是描述泰安城漫長發展史的郡邑志，最後以《人物誌》結束。《金石志》出人意料地填寫了一個空白，這表明金棨在個人興趣方面頗像一個碑銘研究家。在《逸事記》即一些奇聞怪事的記載之後，全書以一卷敘錄結束。

---

[098]　作者在這裡對金棨的姓採用的是意譯 (Dr. Gold)。金棨，字戟門，安徽休寧人，乾隆五十九年任泰安知府，官聲甚好。

[099]　似乎是指明代汪子卿編撰，吳伯朋裁定，刊印於嘉靖三十四年（西元 1555 年）的《泰山志》，共四卷。

　　該書的三個前言分別寫於不同年分，我們由此可以判斷這一著作似乎傳播得很快。第一個前言的日期定得很精確：嘉慶六年（西元 1801 年）冬季最短的一天。該前言是主管帝國教育的翰林院祭酒阮元在其官邸所寫的。他之所以產生興趣是因為他於西元 1794 年被任命為山東學政使，在泰安舉行的考試結束後，他便登上泰山觀賞風景。

　　山經地誌，史家之書也，山莫大於泰山，史亦莫古於泰山。泰山之必當有志，重於天下山經地誌遠矣！……[100]

　　這位學政使曾親自登山觀賞風景，收集碑刻的拓片，希望能有博聞強記的學者寫出一部里程碑式的鉅著。此時金棨已被任命為泰安知府，在他的治下當地的犯罪率下降，官司減少，百姓安居樂業，風調雨順，五穀豐登。這樣他得以有閒暇找機會走遍泰山各處。他的同情心被喚醒，因為舊的《泰山志》已經不能夠反映泰山的實際情況，於是他決定自己為泰山作志。他以聶鈫[101]著、朱孝純[102]繪製地圖的《泰山道裡記》和《泰山金石考》兩書作藍本，並且參考了許多其他的權威著作。至於聶鈫，他是一個兢兢業業、埋頭苦幹的舊式文人，凡是跟泰山有關的東西，他都要進行仔細地考察。他辛勤工作 30 年，也未博得功名，在《泰山道裡記》的序言中，他稱自己「竭半生之精力，以考一山之跡」，在告訴讀者他將全書「提挈道裡為綱領，分之為五」之後，又說「自乙酉迄壬辰，四易稿而始定」。我們應該向這位了不起的古人脫帽致敬！金棨對聶氏本人及其著述極為推崇，在自己的書中頻繁地引用這部此前最具權威性的著作。金棨本人對於泰山的描寫可謂前無古人，他的文體恰到好處，正好展現了史學家著書所必備的三個要素——準確，完整，簡練，

---

[100]　見《泰山志》阮元序。

[101]　聶鈫，字劍光，生於康熙五十四年（西元 1715 年），卒於乾隆末年，清泰安窪里人。

[102]　朱孝純（西元 1735 ～ 1801 年），字子穎，東海郯人（今山東郯城西），工詩善畫，今存其作品《泰山圖志》和《泰山金石記》。

用一個字來評價：好！

七年後，山東督糧道孫星衍[103]官封大夫，他可謂是一個功成名就之人。在嘉慶五年中秋節之後的第五天，他為金棨的著作寫下了第二篇前言。他提供了珍貴的資訊，說關於五嶽並沒有很古老的方志；南嶽在唐代和宋代曾被兩次論及；明代《朔松》之類的著作中也曾對中嶽做過描述，但這些並非上乘之作。在他看來，現存最早對泰山做詳盡描述的是明代汪子卿的《泰山志》，是經官方審查後付梓的。接著他就對著書一事做了精彩的評論：

大抵前人志書徵引諸書，不載出典，又不能搜討碑碣佚文，僅據舊編增廣新聞。而泰安每一守至，輒改作志書，題詠滋繁，掌故刪落，是志乘之通病。

過去這種錯誤並不僅僅出現在中國。

金素中郡伯，以名人蒞任，下車即以儒術飾吏治。既臻政通人和，乃取舊志，徵實更新之。所載故跡，具有古書名目，是正舛誤。搜尋金石，增廣遺文軼事凡數十百條，間以己意為之考辨。時郡伯以賢能調守濟南，歷四載而書始成。

然後是作者最具典型性的反思：

世之為政者，莫不以理積案、整頓地方為己任，而視文學為不急之務。夫不知書，亦必不視案牘，案牘積則事多叢脞。不考古則不更事，不更事則不能通今，將謂之不學無術，尚得勤政耶？

一個獻身於研究古代經典的人就是這麼說的。但這可能會讓我們產生一個疑問，那就是 100 年前，英國的學者或官員是否願意把四年的工作餘暇全部用來撰寫關於某一郡縣、某一座山，或某一聖蹟的專著。

第三個稱頌這部鉅著的人是作者的繼任者魯藹吉知府。他是在嘉慶

---

[103]　孫星衍（西元 1753～1818 年），字伯淵，江蘇陽湖人，乾隆年間進士，著有《寰宇訪碑錄》。

十五年（西元 1810 年）十月的望日說下面這番話的。魯氏的序言寫於西元 1810 年 11 月 11 日。望日就是指陰曆月分的第十五日，因為這一天月亮和太陽相望。除對金棨出色的政績略做評論外，他還補充道：「此《泰山志》將和泰山並立於天下。」對金棨來說，能得到同僚如此高的評價著實不易。而金棨本人在辭官定居常州後，自己出資刊印此書，並請常州知府轉發泰安，移交岱廟道人收藏。他為此寫了一封信，進一步介紹了自己的寫作方法和刊印該書的經過，在常州知府轉給泰安知府的公文中引用了此信：

> 書作於乙卯，成於戊午。會赦府量移省會，未及鐫梨。及庚申罷郡侍養南歸，始就編纂，付諸剞劂。又以驚心風木，息影枌榆，數閱星霜，時懷鉛槧。自維衰朽，難效馳驅，而唯此方策，合貯名山，棄諸茅衡，恐淪醬瓿。茲特將《泰山志》輯成書二十卷，書板四百三十三片，貯為八箱，齎呈冰案，敢求鈞檄，移會泰安府，轉發泰安縣，飭岱廟住持道士具領收貯，以垂久遠，不勝厚幸。等由準此，擬合備文移送，為此合移。

顯然，金棨又回到了在江蘇的故園，因為當時官員都不能在本省任職。他「親老告養」的請求是真是假我們無從知道，按慣例，某人在得到自己的辭職請求會被接受的暗示時，為了保全面子往往會採取這種做法。常州知府在引用了金棨的信之後，繼續寫道：

> 貴府請煩查照，轉行泰安縣，將移至書籍板片飭交岱廟住持承領收貯，俾徵稽考，仍望賜覆施行，須至移者。

這一公文的日期是西元 1808 年，很顯然，在不到兩年的時間裡該書第三次被刊印，附上了上述最後一個序言。很顯然，常州知府也沒有忘記「竊書無罪」這句古話。

這裡暫且將作者及其贊助者放在一邊，我們可以來看一下該書本身

值得注意的一些地方。該書的寫作總綱包括一個書目，下面抽成傳統、經典、歷史、傳說、前人記錄及府、縣史志和方志等幾類。書中有出生於泰山本地的名人的傳記，但外來的人，如隱士、道長、和尚等都被歸入了附錄。作者對於碑刻和銘文給予最高程度的重視，下了很大力氣去蒐羅所有作品，並不遺餘力地做了拓片。作者剔除了那些不雅的內容，並且糾正了以往的謬誤。

在他所蒐集的這些作品中，逸聞無疑占很大比重。但在一座聖山上，必定會有人為一種神聖的精神所打動。因此，他關於善男信女和正直官吏的素材共分四類：隱居冥思的老人、喜歡思考而不懂俗務的文人、渴望長生不老的秀才，以及道士與和尚。關於女子的逸聞[104]不太容易看到，但這種忽視女人的偏見並非中國作品所特有，英國的《國家傳記辭典》（*Dictionary of National Biography*）中，婦女又占多大比例呢？

金棨的書中有一卷圖考，我們認為後來的地圖繪製員應該畫有更多的地圖，就像我們的祖先對這門藝術所感的興趣一樣，我們向人們詢問是否有其他的地圖。後來有人提供了兩套地圖集。其中一套是由一家很有聲望的機構出版，可以說是不錯的當地規劃圖總彙，清晰地標出了泰山的主要景點，並有文字對景點加以說明。但另一套地圖相當獨特，因為它從宗教角度繪製出了五嶽的地理狀況。這一類的東西西方也曾有過，但約翰·班揚[105]的圖表是諷喻性的，其內心的精神歷程是在一個想像的自然場景下發生的。而在這裡，五嶽是真正存在的，從神靈方面對它們進行探究，也就賦予它們宗教的力量，或者說幾乎是一種神奇的力量。誰若穿上一件畫有這麼一張地圖的衣服，就能夠活到 300 歲，而且它可抵禦所有的惡鬼；誰若在家裡掛一張這樣的地圖 —— 我們忘了說一個重要的前提條件 —— 應該是滿懷虔誠地在家裡供奉這樣一張圖的話，

---

[104]　參見關於中嶽的註釋。—— 原注

[105]　約翰·班揚（John Bunyan，西元 1628 ～ 1688 年）是英國傳教士和作家。

誰就會得到祝福和好運。

　　該書用一整卷的篇幅來討論這些具有魔力的地圖。看來五嶽中的每一座山都各有其神靈，在這裡被描繪的這些神靈形狀是前所未見的。這些經典的形象於萬曆頭虎[106]被刻劃在碧霞祠內大廳裡的一塊石碑上，這一時間比較接近蓋伊‧福克斯[107]實施黑色火藥陰謀的時間。這塊石碑告誡人們，虛幻的影象是不能瞎畫的，這些神靈的形象是獨一無二的真實畫像。

　　我們就用一篇散文體的賦來結束我們對於泰山方志文獻的評論，它揭示了人們是可以從神奇的真形地圖中得到祈福和保佑的。這篇賦的標題為〈五嶽真形圖歌〉：

　　五嶽足跡誰能遍，五嶽真形誰所見。
　　岱宗山下嶽祠東，鑴瑤刻玉窮鬼工。
　　紫泥拓就珊瑚色，高堂日射扶桑紅。
　　璇宮銀闕森髣髴，群仙玉女紛相從。
　　禹鼎沉淪多不若，山林佩此百神卻。
　　丹灶思尋勾漏沙，靈巖定採天臺藥。
　　陟嶽尋仙思漢武，茂陵寂寞一抔土。
　　倘許吾曹有仙骨，君現真形與君語。

---

[106]　萬曆頭虎即西元 1576 年。三虎（西元 1602 年）在時間上就跟蓋伊‧福克斯的黑色火藥陰謀很接近了。—— 原注
[107]　蓋伊‧福克斯（Guy Fawkes，西元 1570 ～ 1606 年）是英國臭名昭著的陰謀家，因參與黑色火藥陰謀而被處死，此陰謀計劃在西元 1605 年 11 月 5 日刺殺詹姆斯一世並使議會崩潰，以報復英國羅馬天主教的迫害。

第二章
攀登泰山的五個階段

① 從泰安城到岱宗坊

我們身處聖城泰安，抬頭仰望聖山泰山，開始考慮攀登此山的事情。城市和高山的名稱是否聽起來有些相似呢？這有點令人感到困惑。「泰」的意思是太極、極端和至高無上。我們是在一個偉大的城市裡，而這個城市就在一座偉大的山岳腳下。這座山是如此獨特和無與倫比，它所在的整個省都因之得名，即山東。甚至省分名稱中的第二個字也與聖山有關，「東」即東嶽的東。

岱宗這個更為古老的名稱常常用在詩歌當中，文人墨客們至今仍然對這個稱呼情有獨鍾。他們這樣做僅僅是為了炫耀自己的學問，以示自己與眾不同嗎？我看並非如此。他們欣賞的是籠罩在「岱宗」這個古老名稱上那個歷史和浪漫傳奇的光環。「文人說『岱宗』是因為它非常古老和高雅。」普通人意識不到這一點，他們不願用這個詞來稱呼神聖而莊嚴的泰山，就像艾倫比[108]手下的士兵不願用「摩利亞」（Moriah）這個詞來稱呼耶路撒冷那樣。學者們對「岱宗」這個詞的意思理解並不一致，而《風俗通義》[109]把「岱」解釋為子宮或初始，將「宗」解釋為第一。這個意思在英語中可以譯成「First Beginning」（元始）或「Mount Genesis」（創世

---

[108]　愛德蒙·艾倫比（Edmund Allenby，西元 1861～1936 年）是英國的陸軍元帥。在第一次世界大戰中，他作為英國遠征軍的總司令，於 1917 年 12 月 9 日攻占了耶路撒冷。

[109]　古代典籍，為東漢應劭所撰。

山）。它似乎暗示每年之初都是泰山上的樹液首先開始流動，樹枝開始萌芽。這一名稱是否還有更為野心勃勃的含義呢？

當中國秉承上天的旨意
於元始從黃海中崛起時，
泰山已是群山之首，眾神
齊聚於此，香客頂禮膜拜。

「元始」不由讓我們聯想起殘暴的秦始皇。或許他把這座山當成了自己的一個盟友，因而宣布自己是「始皇帝」。其實泰山上面就有這樣一塊醒目的刻石，上面寫著：

玄之又玄。

它讓我們聯想起古埃及的幾個神祕的象形文字：

「Ze ser Seserou.」（聖中之聖。）

我們來仔細觀察一下「岱」這個字的形狀。《五經註疏》中說它的意思是「代替」。這個像形文字實際上是由上下兩個字組成的，其組成部分的象形意義是一個人、一支梭鏢，還有一座山。一個人手持梭鏢站立在山上，我們會由此得出什麼結論呢？是指一個哨兵嗎？還是指一個「替天行道者」？無論這個字的象形意義是什麼，我們都知道它對於無數人來說具有一種特殊的神聖感，因為這裡寄託著來生。不管是朝聖者的人數，還是它給各地帶來的影響，均是難以估量的。想必幾千年來總共該有幾十億人曾經會聚在這座聖山的腳下。來自全國各地的朝聖者猶如一條條小溪彙整合滔滔黃河，在無形的河岸之間向上流淌，一直到達神聖的泰山頂峰，後者就像是天上的一個島嶼，他們在那裡祭拜上帝這一至高無上的天神。隨後，人流又向下湧去，回到山腳處，然後又抽成一條條涓涓細流，呈放射狀流向各地，帶著一種煥然一新的精神去滋潤各

地。「泰山給普天之下的人們帶來一種新氣象」——這絕不是一種無聊的吹噓。

我們效仿幾千年以來那無數的朝聖者，開始為登山做了適當的準備。

對於即將開始神聖之旅的人來說該做哪些方面的準備呢？因為攀登神聖的山就是一次神聖的朝拜過程。

遊客在泰安度過一夜大概不會覺得失望，或許即使在這樣一個聖城裡，也可像一個生性喜歡縱情聲色的官員那樣，招來舞女，飲酒作樂。另一方面，虔誠的朝聖者可以在這個夜晚淨化自己的心靈，並如巡撫朱克達（Chu Ko-ta）那樣默唸：「一大早，我就穿戴整齊，去岱廟祭拜。」他穿著朝服在岱廟敬神之後，精神為之一振，然後又登上通向聖山頂峰的階梯。至於我自己，我是在前一天晚上翻開了《聖經》，從《以賽亞書》第四十四章開始，上面寫的是：

> 上帝如是說：「我是首先的，也是末後的：除我之外再沒有真神。除我之外，豈有真神嗎？誠然沒有磐石；我不知道一個。」製造雕刻偶像的盡都虛空。他砍倒香柏樹，把一份燒在火中，把一份烤肉吃飽，並用剩下的作了一神，就是雕刻的偶像。他向這偶像俯伏叩拜，禱告說：「求你拯救我，因你是我的神！」他以灰為食，心中昏迷，使他偏斜，他不能自救，也不能說：「我右手中豈不是有虛謊嗎？」[110]

然後，我又想到古代的人們針對這同一個問題是怎麼回答如何做準備的。一個「詩篇」作者曾經問道：「誰將登上主的聖山，並站在主的聖地上呢？」對於這個問題，他受到啟迪之後的靈魂做出了回答：「他必須有一雙乾淨的手和一顆純潔的心：他的靈魂未曾追求過虛榮，並且從未發過偽誓。這樣的人才會得到主的保佑，並進而得到主的拯救。」我們記

---

[110]　譯文部分參照了中國基督教協會的《新舊約全書》（南京，1999 年）。

起了那個偉大的朝聖者，想起他是怎麼堅定不移地向耶路撒冷前進，結果最後一次進城之後，發現那裡的聖廟已經被褻瀆，而真心崇拜上帝的人並不受歡迎。自古以來，教士們都是如此盲目。

　　從聖城到登山盤路大約有三里的路程。從其他任何地方出發很可能要更遠，因為一個恪守舊習慣的道士輕易不會從北門出城。那樣會讓邪惡的幽靈或力量進入城門或附身，因而他總是走東門或西門，然後再轉身向北。但是在泰安，神聖的泰山就在城的北面，城北門的出口正好可以接受泰山播散出的祥瑞之氣。這樣朝聖者可以先穿過岱廟，然後再穿過名為岱宗坊的大門。如果奢侈一點，他還可以乘坐一種獨輪車，也稱手推車，直至一天門坊[111]，那裡建有一組廟宇，到了這裡就意味著朝聖者登山過程的開始。

神聖泰山上的尼姑們從美國佬的鏡頭中逃走

世界上最有名的一座牌坊
—— 泰山腳下的岱宗牌坊。蓋洛 攝

---

[111]　位於岱宗坊以北紅門宮前，建於明嘉靖年間。

　　朝聖的路線有很多。從大馬士革和開羅到麥加的朝聖路線（沒有朝聖過的穆斯林早就死光了）已為人們所熟知，就像古代從溫徹斯特到坎特伯雷的朝聖路線一樣。但在這裡，人們不必跋涉幾百里，只須向上攀登幾里的路程。這恰似從印度尼西亞的米納克希神廟出發，去攀登馬都拉 [112] 城上方的小山。如果我沒有記錯的話，那條路有裝頂棚，從山腳下的神廟向上望那條有頂棚路的景象是很壯觀的，但是隻有虔誠的教徒才可以攀登。而在這裡，通向極頂的道路是開放的，大門不會對任何人關閉，無論後者有什麼樣的國籍、膚色、宗教信仰和目的。山路就建在幾千年來不斷被人踐踏的石頭或不斷與草鞋或裸露的皮膚接觸已被磨光了的岩石上。山路最陡峭之處有 10 ～ 12 英尺寬的巨大臺階，都是由單塊的巨石構成。上了年紀的人或生性傲慢的人可以坐著轎子上山，遊客穿著皮鞋走臺階，而朝聖者則赤著雙腳，在聖地上行走，而更謙卑的人則跪著爬行。看著一個虔誠的香客從岱宗坊一路默默地走來，經過十八盤，來到暴烈的秦始皇所立的無字碑前，是一種奇妙的感覺。大概他心裡在想，自己吃多大的苦頭，就會得到多大的祝福。

　　可以說，乾隆皇帝在其執政的第 35 個年頭 [113]，也就是美國脫離英國，走上獨立發展道路的前六年，親自登上泰山這件事上做得是多麼的無私啊。因為乾隆雖然沒有下跪，沒有赤腳，也沒有穿著鞋子走盤路，但他讓別人用轎子抬著自己沿著險峻的山路前行，給了別人積德的好運氣，而且他還讓盡可能多的人分享他的恩典，每到一處，轎伕們都要輪換。一方面，他讓人在峽谷處搭上天橋，盡量讓路途輕鬆一些。這固然可能會使苦力們省些力氣，但同時卻會減少他們在精神方面所累積的德行。可能我們錯怪他了，他或許是想到建天橋就意味著需要一些做工者，這樣那些人就有了在天國累積財富的機會。至少，他的考慮是很周

---

[112]　馬都拉（Madura）是印尼爪哇東北部一島嶼。
[113]　即西元 1770 年。

全的,他讓轎伕穿著同樣的服裝,他肯定向懂得封禪的學者諮詢過,保證服裝從色彩到式樣都適合這樣的場合。

他乘著轎子來到白鶴泉邊,那裡有建起的行宮。隨後他又來到積雲閣,在那裡小憩片刻,是要祈禱嗎?在玉皇廟裡他坐了一會,其感受與坐在轎子中大不一樣。至於抬轎的人都做了些什麼,文獻上沒有記錄。在回馬嶺他有機會再次稍做停歇,檢視了那張神奇的真圖,並舉行了適當的儀式。在朝陽洞,壯觀的景色可盡收眼底,稍感疲憊的皇帝坐下盡情觀看。經石峪的石凳吸引人們再次停下休息,在這裡皇帝思考的並不是死亡,而是王國的興衰。至此登山的第一階段告一段落,這裡有修建的另一座行宮,名為雲軒。可能在這裡要用點便餐,吃的東西自然都產在山裡。第二階段的第一站是「更衣亭」,對此,官方的解釋顯然是人們要穿上朝聖所需的服裝,實際上是要換上厚一些的衣服,因為山上的風可能會寒冷刺骨,而皇上的貴體不會輕易挪動腳步,如果不小心就會著涼。下一段接力是要到達天柱峰後,人們又在那裡的座位上稍做休息。此後到達的一個地方名為昇仙坊,可能要在這裡過夜,因為下面要到達的就是日觀峰,大家都是在那裡觀看日出。到那個時辰,岱廟也要舉行晨祭。接下來要經過仰止亭,前面就是歌舞樓,山上的歌舞隊就在那裡迎候。隨後再盤旋而上,到達泰山極頂,在那裡可以看看摩崖碑,然後到梳洗院小坐。名單上也提到了愛身崖(又稱「捨身崖」 —— 譯者注)。登封臺附近建有另一行宮。在那裡皇帝大概要屈尊親自挪動腳步,登上十九級臺階之上的甘露泉。我們可以猜想,皇室行列的行動一定步履緩慢,極為威嚴。

皇帝登山的程序在很多方面是可以模仿的,當然沒有人來為我們修建天橋,我們也不可能指望有什麼行宮。毫無疑問,乾隆登山路線中所有停留之處都以風景和泉水見長。但我們了解普通遊客的登山經歷是明

智的。翻開《泰安志》，我們可以看到 350 年前的日記，記述的是兩個官員在假日沿盤路而上的登山過程。

　　今晚月明風清，你我去登泰山，觀賞聖山奇景。次日晨，我們並肩策馬出城。向北望去，泰山為煙霧纏繞。葉、傅二先生相陪，北行二里，到達白鶴泉，見泉水自巖縫汩汩湧出：乾旱時節水流即會變小。西面百步之處原有梳洗樓，現僅存廢墟；梳洗樓建於何時，無人知曉。向北二里處有王母池，泉湧汩汩，四季不竭，村民祈雨時即從池中取水。（這就是說人們將自己所需東西的樣品奉獻給上天！）

泰山回馬嶺牌樓。攝於 1919 年 5 月 24 日

　　北面五十步靠呂巖處有一仙人石像。宋王朝時此處曾有塔建起，而今青草叢生，僅存廢墟。到達山腳時，太陽突然從雲層中升起，其光芒直刺眼臉：景緻遠近是如此不同！群峰矗立。我們驚嘆於連綿的景色。李御史說：「我似乎該知足了。」（是不是沿陡峭的山路攀登讓他氣餒了呢？）

　　從山腳到回馬嶺有十餘里。在群山之間，山谷和岩石之中，湍急的溪水噴濺、奔流，形成壯觀的瀑布，閃爍著，消失在河流中。列隊騎

行，我們到達山脊腳下。山路坡度太大，車馬難行。我們換乘轎子，進
入密林，穿越岩石，險處有石階。我們到達宋真宗曾露宿過的御障巖。
草木叢前有一小溪，水流清澈，綠色的小魚在水面遊弋。一道人給我餅
子餵魚。但在我扔了一塊石子之後，魚兒都已游走。我們走在黃峴嶺，
昔日秦始皇曾在此處栽下五棵樹，它們枯死之後，後人重新植樹代之。
此處樹木皆有千年樹齡，枝幹捲曲，宛若意欲展翅飛去的青龍……

大盤路經過關帝廟。蓋洛 攝

　　我們到達南天門，遠遠望去，好似梯子懸於山坡。這是險要之處。
我們換上小轎子，向東攀行數裡……到達一處廟宇[114]。我們整理衣冠，
去拜山神之女：每年春天，人們從四面八方趕來；如果心不誠，即刻就
會遭到懲罰。我聽說過，知道這是真的。廟後有一刻於唐朝的石碑，字
有巴掌大，已為風雨所蝕。向東十餘步可見為秦始皇而刻的另一石碑，
看似方形，其實並非如此，碑高五尺。我颳去碑上苔蘚，看見二十二行
碑文，每行十二字，許多字已無法辨認。
　　西行幾步即是太平頂 —— 泰山最高處。這是一塊巨石，十尺見方，

[114]　即碧霞祠。

邊緣鋒利，顏色鮮豔。我們四人坐在岩石上，感到有些疲憊。我們中的兩人攀到頂上，景象美不勝收，山峰參天，山花爭豔，山崖翠綠，鳥獸啼鳴。可以指點無數山河，登泰山可以小天下。我們高興地四處走動，茫然不知在山上還是在天上。

從龍口泉下行四十步，沿著陡峭的小路，我們到達深谷上的懸崖。我伸頭望去，不由毛骨悚然。一道人告訴我們，獻身者即從此處跳崖，然後成仙。道人欺騙，害人性命，我們深以為恥；我們將告訴州官封閉此處道路……懸崖西面有五座山峰。太陽已經落山，我們只好停下。返回廟宇，先是飲酒，而後每人題兩首詩於牆上。樹林中有伐木人和牧童，宛如畫中之人。天色已晚，無法再遊六逸堂舊跡。[115]

由此可知，即使是其他人也喜歡騎馬或者坐轎。這個善良的官員對人們的迷信很是憤慨，認為這應歸咎於僧侶的教唆。從許多軼事可以看出人們是如何看待一些預兆的。當唐明皇駕臨山東，到東嶽封禪時，前面突然竄出一隻野兔，皇帝迅即放箭射殺。此時一個近臣高舉野兔從上面跑下，載歌載舞，「聖君力比天神，舉世罕見」。不就是射殺一隻野兔嗎！

漢武帝在山下碰到一個老人，頭頂上籠罩著一團白光，高達五尺，老人聲稱自己在 85 歲時即行將就木，有人建議他禁食五穀雜糧，靠嚼草根和喝水為生，睡覺時枕一種神奇的枕頭，這種枕頭由 32 種東西組成，以二十四當二十四氣，以八當八風，他因此而獲得再生。現在已經 180 歲了還可以日行 300 里。漢武帝賜他錢物然後繼續前行，途中又遇到了一個僧人，此人奉勸武帝不要在當日登山，否則腳會受傷。皇帝繼續前行，果然傷了左腳腳趾。儘管此事他沒有聲張，他還是為僧人建了一座廟。

---

[115]　因查不到原文，只能依據英文直接譯出。

泰山大盤路沿途景色之一。蓋洛 攝

　　我們此行在一定程度上就是為了驗證登山途中會體驗到多少恐懼、崇敬和迷信。

(2) 從岱宗坊到一天門

　　誰到了這個「通天街」[116] 的入口處會無動於衷呢？因為「去了泰山」就意味著死亡。就在此處，泰安城仰聖門以北 600 公尺遠的地方，穿著華麗盛裝的最傲慢的皇帝，滿腹狐疑的官員及其朋友們，赤著雙腳或只有一隻腳穿著鞋襪的虔誠朝聖者，帶著經緯儀、充滿好奇心的歐洲人，喜歡刨根問底、用相機拍攝外部景觀並且透過問卷了解香客情況的美國夫婦，所有這些人彙整合一條巨大的人流。有兩三條路在「大跨度」的岱宗坊交會。嚴格說來，進出的大門通常都是木製的，稱為牌樓；這些牌樓大都是為紀念某一事件而修建，就像英國的許多教堂為紀念在馬恩

---

[116]　通天街（Sacra Via），古羅馬最古老、最著名的街道。

河[117]和日德蘭半島[118]戰役中的死難者而建的停柩門一樣。同樣嚴格說來，牌坊都是用石頭搭建的，往往是為了紀念某一個人，就如君士坦丁凱旋門。但這些說法也有一些迴旋餘地。這座牌坊就是木製的，象徵著東嶽的森林，牌坊的名字中包含了泰山的古名，以作為泰山的正式入口。現在的岱宗坊是雍正八年即西元 1730 年重建的，但它不過是取代了毀於明代的一個更為古老的紀念性建築。

從岱宗坊的大字下經過，我們踏上了神奇的盤路，向山頂出發。我們立刻就體會到，它和巴特摩斯島[119]上的小路有些相似，後者是由一個富有的修道士所建，從海邊經過天啟洞通向巴特摩斯城中心。那裡也鋪了一條很顯眼的道路，有幾條岔路，但明白無誤的路標使人們一目了然，不必請嚮導帶路。在英國似乎只有從科羅維利港向上的一條道路與此有些類似，那裡也有斜坡和臺階，用石頭鋪砌而成，有的

泰山大盤路沿途景色之二。蓋洛 攝

地方還有欄杆。但是那條小路不過幾百碼長，而奇特的泰山大盤路卻蜿蜒向上達數英里。

---

[117]　馬恩河（Marne）是法國東北部的一條河流，這裡曾是第一次世界大戰（1914 ～ 1918）和第二次世界大戰（1944）的主要戰場。

[118]　日德蘭半島（Jutland）位於歐洲北部，由丹麥的大陸部分和德國北部組成。第一次世界大戰期間規模最大的海戰發生在 1916 年 5 月 31 日至 6 月 1 日，由英德兩國艦隊在離日德蘭半島西部海岸不遠的海面上展開。

[119]　參見本書作者所著的《一個叫作巴特摩斯的島嶼》（The Island Called patmos）一書。——原注

　　倘若真的相信當地的一些描述，我們登山的決心也許就會動搖，因為對登山里程和山高的測量記錄差異很大，對登山所需時間的不同說法也令人震驚。朱孝純在自己關於泰山的著作的序言中說，「它拔地八千尺，離天一尺半」（距天非常之近）。《乾坤志》證實泰山的高度為 40 里，康熙皇帝也接受了這種計算方法，並且很自然地補充說自己登山時走得非常慢。中國的「里」是一個不確定的計量單位。從理論上說，它相當於 360 步，或者說 1,800 尺，或 1,894.12 英尺。也就是說一里相當於 1 ／ 3 英里多一點。但實際上，「里」的差異很大，不僅在不同的省分是這樣，在各個小地方也是如此，要依當地情況而定。在山區，一里可能只相當於 1 ／ 5 或 1 ／ 6 英里，而在平原地帶，則可能是近 1 ／ 2 英里。事實上，人們往往是根據所需的時間來估算一段距離，而不是真的要經過測量，在約書亞[120]的時代和國家也是這樣。此外，「里」這個長度單位在不同的歷史時期是否有所變化顯然很難說。我想官方的度量衡應該不會變。

泰山大盤路沿途景色之三。蓋洛 攝

---

[120]　約書亞（Joshua）是《聖經・舊約》中希伯來人的領袖，繼摩西成為以色列人的領袖。

　　但是明朝的開國皇帝太祖拋開了這些數字，用修辭法來說明問題。因為泰山很高，故而得到人們尊崇。雲、霧，還有神祕的龍都會出來保佑大家，它給各地帶來雨水，還伴隨雷電，發源於泰山的河流灌溉很多地方的土地。高大蔥鬱的松樹呈現出五種顏色，猿猴啾啾作聲，白鶴棲息在此地，老鷹飛到山谷深處，而最強的風也爬不到山頂。這最後一點讓我們鬆了一口氣，因為有些山頂上風力很大，讓登山者很不舒服。然而我們一行中的一個人對這句話的理解是：倘若在登山過程中風本身都要被吹走的話，那麼她又會被風颳到哪裡去呢？

　　《魯頌》在稱頌泰山的巍峨時，用了最高級的形容詞：

泰山岩巖，魯邦所瞻。

——《詩經·魯頌·閟宮》

　　這裡得以重複的「巖」這個字突出了崇高的意味，意即泰山是巍峨莊嚴、高不可及的。

　　《博物誌》中在這方面有簡單的描述，認為泰山高達（或盤路長）四萬尺，方圓一千里。有三四部權威著作贊同泰山高度為四十里這種說法，有少數甚至稱其為四十八里又一千尺。說到這裡，應該提起的是，有好幾位道教作者都認為「三清」[121] 中的第三清，也就是人們所稱的「上清」，應該是拔地四十里。《漢官儀》[122] 提供了另一種表達更為準確的說法：「泰山的盤路逶迤而上，共計 50 盤。」所有這一切都提出了這樣一個有趣的問題：這裡的盤路是否象徵著道教的「道」，而這裡的幾個地帶和場所是否與道教徒修煉的地點相一致呢？因為他們的聖書不就是《道德經》嗎？讓一個大學究穿上一件能長生不老的道袍，有了這一保證以

---

[121]　道教相信存在太清、玉清、上清三境，作者在此用「上清」指代泰山。唐以後在此基礎上「三清」指原始天尊、靈寶天尊、道德天尊。
[122]　古代典籍，東漢應劭著。

後，再花足夠的時間去解決這個問題吧。同時我們還要重複一下那句中國的古話：「山不轉路轉。」

明朝萬曆年間，朝廷下令對長城和泰山重新進行測量和整修。西元 1600 年左右，時任總測量官及皇帝顧問的張五典，用自己設計的儀器對泰山進行了實地丈量，留下了測量紀錄，並且根據自己的測量結果繪製了一份地圖。明萬曆之前對泰山高度說法不一，但張五典提供了一個比較精確的數字。他的結論是泰山里程「實一十四里八十餘步」，高度為「三百六十八丈三尺四寸」。

石廟

張五典的測量方法如下：

用豎竿一，長一丈，刻以尺寸，竿端置一環；用橫竿一，長亦一丈，中置一環；兩端皆五尺，取其輕重相稱。以繩繫於橫竿之環，而又穿於豎竿之環，牽其繩之尾，則橫竿可上可下，而不失其平。

至此，他的目的似乎是要稱出這座山的重量，就如《梨俱吠陀》[123] 中閻摩的侍者那樣，又好像是在古埃及，有人把死者懸在房梁的中間，以

從石廟往下看大盤路

---

[123]　《梨俱吠陀》（*Rig-Veda*），印度宗教詩歌中最古老的文集。

稱出死者身體和靈魂的重量。

　　於是以豎竿所立之處，視橫竿所至之處，則五尺為一步矣，此以量其遠近也；每量一步，若在平地，則橫竿由端以至豎竿前後，俱著於地；若前高而後下，則橫竿前著於地，而後懸於空，視竿所懸處至地尺寸若干，此以量其高下也。又備一冊，每頁畫三百六十格，每量一步則填一格，平地則於格內填一平字。其高尺寸若干，亦於格內注之。填盡一頁，則足三百六十步，為一里。其高則累尺寸而計之不爽也。由山下至絕頂，凡量四千三百八十四步，而迂迴曲折皆在其中。高三百八十六丈九尺一寸，中除倒盤低十八丈五尺七寸抵高數外，實高三百六十八丈三尺四寸，折步七百三十六步六分八厘。平、高共積五千一百二十步有奇，實一十四里八十餘步。

　　如果更準確地採用我們的標準，把「一步」看作 5.07 英尺，我們便可以得出泰山盤路的水平長度為 22,230 英尺，或者 4.25 英里。其垂直高度為 3,735 英尺。但好笑的是，測量者把水平距離和垂直高度相加，好像這樣就可以得出經過的距離。假如他有幸讀過歐幾里得的著作，懂得《幾何原本》第一卷中的第 47 條定理，他就可能會估算出盤路的里程應該是大約 22,700 英尺。但是拋開這點數學知識，我們可能會問，300 年前，在歐洲是否有專門負責測量的部門，配有這樣一種簡單的裝備，去從事像丈量長城這樣大規模的行動呢？實際上，了解到英國測繪人員所用的 10 英尺長的橫桿（含有兩個神奇的五）是從張五典那裡借來的，確實讓人覺得非常有趣！

　　當知道上泰山只有 4.5 英里的距離要走，其平均坡度為 7.5 度時，我們至少可以打消疑慮。我們用威爾遜[124] 寫於本世紀的書中所做的描述來安慰自己，他對盤路的主要特點是這樣描寫的：

---

[124]　詹姆斯‧威爾遜（James Wilson）是美國陸軍軍官，1885 年作為修建鐵路的專家來到中國。他寫過有關中國的書。

　　盤路沿峽谷向上，但少有迂迴轉彎（？）之處，路面由未加工的花崗岩和斑岩鋪成。路上間有緩慢延伸的斜坡及連續的臺階，靠外一側有高18或20英寸[125]的石頭欄杆，險要處兩側均有。起初臺階路較短而斜坡較長，隨著高度增加，坡路越來越短，臺階路越來越多，最後幾乎連續不斷。有些路段幾乎是垂直向上的，因而這些地方的臺階陡峭，難以攀登。

　　如果再補充上其他情況，如道路寬12～20英尺，要經過峽谷的兩側，低處為冷杉、柏樹和紫杉遮掩，我們就算對有幸攀登泰山的路線形成了初步的概念。平心而論，盤路低處之所以坡度較緩，是因為修築時故意讓這裡有一些迂迴曲折的路段，這讓人聯想起在澳洲新南威爾士省修建從雪梨經過藍山的鐵路時所採用的驚人的工程技術。

　　將盤路修得曲折蜿蜒，是不是為了阻擋惡魔呢？惡魔行走速度非常快，不能急轉彎，如果高過欄杆的話很可能會衝出欄杆，墜入懸崖。對人來說，這樣的結果就是可以從容地登山，有閒暇欣賞精心鋪砌的盤路，可以看到有些地方是由整塊的巨石鋪成，而有的地方則是由不規則的石板巧妙地嵌合在一起。欄杆的構造也不僅是考慮實用。有些石柱下面是方形的，但頂部卻變成了圓形，其餘的則是圓柱，這些石柱是由雕刻過的石板連線在一起的，有時候石柱會很高，但多數情況下是要突出柱頂的雕飾，使整個欄杆更加美麗。除了這些人為的裝飾以外，用這種方式修建的道路還可以不斷給人帶來驚奇：這裡有美麗的遠景，那裡可以瞥見可愛的小山谷，遠處的高峰則更是一道秀麗的風景。如果大自然不能令你賞心悅目的話，那就可以去欣賞石刻、門廊和廟宇等藝術品。

大盤路上的一組橋

[125]　1 英寸 ≈ 0.0254 公尺

非常得體的是，在通向這陰陽界的路口曾經有過一座道神廟，經常有人去給道神獻祭。現存文獻中沒有記錄它究竟是道長還是修橋人在那裡修建的。這個地方如今已經算不上是一個景點，所以我沒有去尋找那個廟的具體地點。今天的中國人可能還會在瓷盤的柳樹圖案上畫上橋，然而，儘管這個國家的工程人員仍能達到張五典那樣的水準，甚至更高，但後人們在保存父輩遺產上所能做的也只是描畫它們而已。

在宗教方面也是這樣。很久以前，明朝萬曆八年，於慎行[126]在六月十九日的筆記中寫道：

> 蓋予家於岱山之下，嘗再從子充遊，其時率在暮秋。若在三、四月，五方士女，登祠元君，以數十萬，夜望山上篝燈，如聚螢萬斛，叫呼殷賑，鼎沸雷鳴，彌山振谷，僅得容足之地以上。而其時水泉多枯，木葉或脫，故山之奇麗珍瑰未露其十一二，露又為人眾所掩。意五、六月之間，水木方盛，必有瑰異之觀；而居常以憚暑不能出，即出，又無與偕，徒側身東望思焉。

或許歷代皇帝在選擇登山的時間上是比較明智的，他們總是在風景最美的季節前來，這樣乘著轎子上山時，不會因天熱而感到不適，無論有沒有行宮，在登山過程中都可以停下來 15 次或 20 次，或站或坐四處觀看，並且能夠欣賞到最好的景緻。我們登山的月分不同，但是也很重視這些提示，想盡量輕鬆愉快地登上泰山。為了做到這一點，我們甚至沒有去遊長生洞。

儘管鳳凰臺這個名稱很吸引人，但我們卻沒有能夠辨認出它所在的地方；大概這個臺是被來自各地的朝聖者每人一塊石頭給驕傲地搬回自己家去了，這塊不平常的石頭可以使他的家增加精神之美。鳳凰臺的確切地址已不易確定。但我們確實發現了西元前 65 年頒布的一道詔書，上

---

[126]　於慎行（西元 1545 ～ 1607 年），萬曆朝東閣大學士。

面列舉了修建鳳凰臺的理由。

乃者鳳凰集泰山、陳留，甘露降未央宮。朕未能章先帝休烈，協寧百姓，承天順地，調序四時，獲蒙嘉瑞，賜茲祉福，夙夜兢兢，靡有驕色，內省匪懈，永唯罔極。《書》不云乎？鳳凰來儀，庶尹允諧。其赦天下徒，賜勤事吏中二千石以下至六百石爵，自中郎吏至五大夫，佐史以上二級，民一級，女子百戶牛酒。加賜鰥寡孤獨、三老、孝弟力田帛。所振貸勿收。

一位輕蔑的評論者補充道：「漢朝收集靈草。」人們很自然地要問為何要由那些倒楣的大夫和主婦來承擔所有的田稅。倘若如此，百姓就不會再盼望「南來的客人」，即南來的鳳凰。或許是那些被激怒的父親達成共謀，彼此心照不宣，把這個鳳凰臺上的石頭一塊塊拆掉。第二種可能就是，或許我們所發現的詔書是被人竄改了的！

不僅鳳凰的幽靈縈繞在我們心頭，而且出乎意料的是，一頭白騾的幽靈又出現在我們這群人面前。就在距白鶴泉不遠處，我們看到一塊石碑上寫著一個「白」字。這種顏色可以同時表示純潔及善良鬼魂的其他一些特質：這頭特定的白騾贏得了這樣的名聲，並留下了一座石塚[127]，儘管我們並沒有看到。

唐明皇巡幸泰山時，按慣例，他並不打算步行登山。益州太守獻給皇帝陛下一頭騾子，這頭騾子毛髮乾淨，潔白如玉，奇偉異常。這個故事也是記載在《泰山志》第十九卷中的。皇帝騎在騾背上一點也沒有顛簸之感，非常舒服，不必擔心上下山的辛苦。儀式完成以後，皇帝騎著騾子下山。在山腳歇息之後，一個官員報來消息，稱騾子先是打嗝，隨後「無疾而終」。皇帝大為驚異，心中甚是遺憾，於是令人為白騾備棺和壘石為塚，並封其「白騾將軍」。

---

[127]　白騾塚現已無存，僅留石碑，在紅門東。

　　這個皇帝是否像《聖經·啟示錄》中的騎士，騎著馬來征服這個地方呢？也許我們的理解很粗淺，忽略了其中某些神祕的含義。很可能當今的許多人也不解其中真意，因為雖然人們仍在傳誦白騾的故事，白騾塚也有標記，但盤山路並沒有把它繞到裡邊，而且也沒有人專門為其建立一個廟宇。

　　有一個可以辨認出的地方是王母池，據說仙女們就在這裡洗澡，但我們沒有看到任何仙女。從有關文獻記錄中得知，皇帝登山獻祭時，都是在此處沐浴。西北方有王母塔，聳立於峽谷之上，該塔舊時俗稱為梳洗樓，下面的小溪稱為環鐲河，傳說天上的七位仙女就是下到這個地方，摘下了雲帽，在此梳洗。這聽起來有點像羅蕾萊[128]在萊茵河上梳頭唱歌的故事，一些浪漫的年輕人受到誘惑而丟了性命，但我們更願意相信此地當初肯定是朝聖者在踏上聖路前進行洗禮的地方。這種出行前的準備在各地的朝聖活動中都是很常見的。

　　從王母池向東經過50個各為五英尺寬的臺階便是呂公洞，相傳作為八仙之一的呂洞賓曾在此修煉。唐代詩人給它取了一個頗具吸引力的名字——長生洞，我們聽說這裡就是呂洞賓當初煉丹的地方。這樣的故事在哪裡都能聽到，因此我們沒有興趣離開盤路一步，去看煉丹的地方。宋代學者則稱此洞為「慈母洞」，洞中曾供有呂祖石像，肯定是一些感激慈母的人為表謝意而建。傳說呂洞賓曾在灣東崖題詩一首，一條神虯[129]讀了以後大為感動，很認真地點頭稱讚：「好詩。」呂洞賓從此跟虯交上了朋友。一天，他用毛筆點綴其頭，也就是說，他在虯的兩眼之間塗了一個點。呂洞賓的魔力超群，這條虯從此便獲得了新的力量，即刻展翅飛走了。從此以後，這個山坡便被稱為飛虯嶺。

---

[128]　羅蕾萊（Lorelei），德意志傳說中的女妖，其歌聲使水手們受誘惑而導致船毀人亡。
[129]　虯，古代傳說中有角的小龍。

　　我們沒有在此多消磨時間，吩咐轎伕盡量加快步伐，到達了一天門。

　　大家是否還記得帝王的封禪儀式，所謂「封」就是在泰山頂上築土為壇，以報天之功；「禪」就是在泰山下的小山上除土，以報地之功，兩者合起來就構成了完整的「封禪」典禮。因此攀登這座聖山的過程分為五個階段，每個階段都有一個天門做標誌，我們現在到達的就是「一天門」，而泰山本身就可被視為是通往天堂的一道門！

(3) 從一天門到中天門

　　這真是旅途中非同尋常的一段！我們抬頭望去，希望雙眼能望穿蒼穹，透過一道又一道的天門，飽覽無盡的遠景。但是在強烈的陽光下，大地洋溢著斑爛的色彩，使我們的眼睛無法穿透藍天的深度。中國的天文學家很重視天象，把與泰山相關的行星稱為太歲星，在西方它的名字是朱比特[130]，意即行星之王。在古老的《星經》中，泰山和太歲星之間的連繫便已經被奠定，「歲就是主人和主宰者，它給泰山帶來光明」。聽一聽人們對「歲」的行為所得的結論：歲有助於維持和平，並有利於婚姻美滿。它象徵著吉祥，如預示本月會財運亨通。當太歲星處於合適的方位時，它會給勞工和就業帶來有利的影響。世界各地都有這種觀星的習慣，似乎還贏得不少人的信任。我們沒有發現究竟為什麼太歲星跟地球上的泰山會有這樣的對應，也不知道在太歲星最明亮時會發生什麼事情。

　　古代占星術士必須計算出日食的時間，如果觀察不力，就有可能掉腦袋。這樣人們可以事先準備好樂器，對天演奏樂曲，以避免太陽被「天狗」吃掉。因此在泰山上，我們期望看到對其星神「歲」非常重視的

---

[130]　朱比特 (Jupiter) 在西方神話中是統治諸神、主宰一切的主神。以朱比特命名的行星是木星，即靠近太陽的第五顆行星，也是太陽系中最大的行星。

地方。我們在登山過程中正朝星空邁進，這一點使人感到非常振奮。

　　某些占星術知識也不是單純靠觀測得來的，還要靠天賦。有一座小山原先叫垂刀山，為了紀念下面這個事件，從此更名「通靈山」，故事是這樣的：

　　大中祥符元年六月己未，泰山西南垂刀山上，有紅紫雲氣漸成蓋，至地而散。其日，木工董祚於醴泉北見黃素帛曳林木上，有字不能識，言於皇城使王居正。居正見其上有御名，以告欽若。欽若具威儀奉導，至社首跪授，中使馳捧詣闕。

　　帝御崇政殿，趣召群臣，曰：朕五月丙子夜，復夢鄉者神人言，來月上旬，當賜天書於泰山，宜齋戒祇受。朕未敢宣露，唯密諭王欽若等，凡有祥異，即上聞。今得其奏，果與夢協。上天眷佑，唯懼不稱。

一天門與門樓的遠景。左面的紅門宮酷似碧霞祠的中殿，
孔子在攀登泰山前就是首先來到這裡的。蓋洛 攝

　　王旦等再拜稱賀，乃奉安於含芳園之正殿。帝齋戒，備法駕，詣殿拜受之。令陳堯叟啟封。其文曰：「汝崇孝奉吾，育民廣福。錫爾嘉瑞，黎庶咸知。祕守斯言，善解吾意。國祚延永，壽歷遐歲。」

讀訖，奉以升殿。於是，郡臣表上，尊號曰：崇文廣武儀天尊道寶應章感聖明仁孝皇帝。[131]

皇帝本人非常高興，特立碑紀念，這就是著名的陰字碑，由五塊石板組成，位於泰安附近，可以看出立碑日期為西元 1008 年 10 月 27 日，皇帝得到天書以後，在泰山上舉行祭祀活動，以示謝恩。

獲得如此巨大榮譽的天子是誰呢？他就是宋朝的真宗皇帝。皇帝曾厚贈道教天使，有趣的是，不知道發現天書一事是在皇帝厚贈之前還是之後。道教的天使本來就精於此道，他是否故意做出此等神祕之事，以取得皇帝的賞賜？！

探險者想知道這座聖山的山洞裡都藏了些什麼寶物。那些黃斧、青碑及其他一些珍貴的器物在其擁有者眼裡的價值也許要比市場價格高上一百萬倍……「當他們的靈魂被勾走時」，這些東西就能派上用場。這種在塵世間保存寶物，以備昇天之用的做法真是荒唐。《拾遺記》中說，「泰山之下，有靈寢和鳳巢」，既然這樣，也難怪武王曾建議在泰山下面挖一條隧道。地表之下的中國肯定有趣極了，值得大書特書。

我們就此向地面望去，看見眾多門廊簇擁著聳立於盤山路上的一道門坊。它建於清康熙年間，有碑文顯示修築時間。有如此多有趣的景點，讓人禁不住想揮毫潑墨。但僅僅因為有圓屋頂就把人壽保險公司的辦公樓當作聖保羅大教堂是很讓人惱怒的。我們正望著與紅門牌坊相鄰的一天門，那上面刻有以下字樣：

登高必自。

這裡密集的一道道牌坊讓我們聯想起中國沿海的沙門島，那裡長期作為安置罪犯的地方。被判到此地流放的人數沒有限制，而官糧只夠養

---

[131]　見《三朝符瑞志》。

活 300 人，其餘的人就會馬上被趕到大海之中，他們的生死全靠「海娘娘」的恩典。

後來一個叫馬默的文人被任命為定州太守。受過儒家倫理道德教育的他被這種非人的規定震驚了，他直接把這種殘酷的做法向皇上做了彙報。皇帝看了他的奏章以後，即刻下令永久廢止沙門作為罪犯的流放地，禁止淹死罪犯。

在皇帝恩准他的計畫，頒布聖旨以後，馬默小睡了一會兒，他夢見一人雙臂分別挾一男女童自天而下，並且對他說：「我自東嶽來，聖帝有命，奉天符馬默本無嗣，以移沙門島罪人事，上帝特命賜汝子。」[132] 言畢，天人隨即駕黃雲離去。當馬默醒來後，左右的人都說自己看見了黃雲！後來他家果然添了一男一女。

孔子的母親在泰山腳下求子，得到的結果就是山東的大聖人。

這是多麼了不起的結果呀！在當今世界上信徒最多的五本聖書中，除了《聖經》和《可蘭經》之外，就要數孔子的著作。有史以來追隨者最多的五個人物中孔子不是排在第五位嗎？緊靠一天門牌坊處是建於明朝的另一牌坊，上面刻有以下字樣：

孔子登臨處：
遊者經其下也。

看起來是在孔子故去之後很久，人們才開始紀念他登臨泰山的，不過這也沒有什麼值得大驚小怪的，因為從克里斯多福・哥倫布去世到哥倫布環島[133] 的建立也間隔了相當長的時間。此處有一組密集的廟宇吸引了我們的眼光，朝聖者在這裡可以選擇自己崇拜的神。在許多偏遠的村莊，廟裡會這樣寫著：「何必離家遠遊，去尋找遙遠的神祠呢？而泰山就

---

[132]　語出《古史苑》。
[133]　哥倫布環島（Columbus Circus）位於紐約市中央公園的西南角，那裡有哥倫布的塑像。

在你的家門口。」但在這座聖山上卻找不到這樣開導眾人的題字。一個用膝蓋辛苦地攀登那些神聖石階的朝聖者，內心一定要有堅定的信念，他會突然對迷信的那一套感到反感，並與其決裂。

那一套信仰體系說來也挺有趣。現在仍有人講起王老的故事，他住在泰山上，先是學習道教，然後致力於傳播道教。在眾多訪客中有一個不知姓名的老道，在和王老交談時突然把沸水澆在自己身上，並且說：「給我三桶酒，讓我浸在裡邊，這樣我就能夠康復。」王老答應了他的請求。老道在一個酒桶裡坐了三天。當他出來後，頭髮和鬍子都變黑了，皮膚和臉像孩子一樣鮮嫩。老道對主人說：「如果你喝這酒，就會成仙。」王老和家人都喝醉了，突然風起雲興，他們飄然而去。

現在山上的道觀中已沒有太多的道士。有一個道士不是坐在酒裡，而是風乾的，他已在玻璃匣子裡坐了 300 年 [134]。說起道士們的生活，無論是浸在酒裡的，還是風乾的，都有點不太正常。這些人似乎都加入了主張「無為」的團體。他們相信透過節衣縮食，最後就可以長生不老。那些缺衣少食而毫無辦法改變的人是否會有這樣的運氣呢？照此推定的話，歐洲該有許多男女老少可能會成仙。令人驚異的是幸福的概念竟然是以食為中心的。百萬富翁、不法商人、肉食加工商和豬玀都可以從中得到暫時的快樂；道士則顛倒了這個次序，注重自身的修行，透過盡可能減少在食物方面的支出來確保來世的幸福。不管哪種情況，嘴這一器

---

[134] 可能是指岱宗坊附近「仙人洞」中原先供奉的道士孫真清的屍身。據清代人宋思仁所撰《泰山述記》云，孫真清是直隸河間府阜城縣人，遊泰山後留居玉皇閣，修行 60 多年功成道就。康熙四十年即西元 1701 年冬天的某一日，孫道士忽然呼喚道徒說：「吾死停於閣內，三年開視，可埋則埋。」說完後就羽化昇仙了。十幾年以後，他的徒弟開啟棺柩一看，師父端莊如生，就專門修建了神龕供奉屍身。又傳，清代的乾隆皇帝南巡時來到泰山，恰逢孫道士羽化。當天官府有禁令：一月內不準辦喪葬。乾隆皇帝的行宮就建在玉皇閣的南邊，孫道士的徒弟萬般無奈，就把屍體掩埋在石灰坑中。皇帝離開行宮後，挖出來的屍體則儼然成了一個蠟人。他的徒弟感到非常神奇，認為與道家的屍解之說相符合，就把屍身披上華麗的服飾，頭顱進行了修整貼金，腿和腳都裸露著，端坐其中，所以稱之為「仙人洞」。從那時到民國期間，許多善男信女接踵而來，因此香火不絕。新中國成立後仙人洞坍塌了，1950 年又把他的屍身移到王母池的蓬萊閣裡，1964 年運往濟南，至今下落不明。

官都是和幸福緊密相關的。我不能確通道士的私心就比統治者要少多少。各自生活的本質都是一樣的，即為了保命而已。

那個風乾的道士是從哪裡得到那種想法的呢？這種做法好像起源於印度，連亞歷山大都發現那裡的人過著隱居的生活，赤身裸體地冥思苦想，他們屬於天衣派信徒 [135]。此前幾百年，這種思想即已開始流行，其內在的缺陷也已顯露出來，喬答摩 [136] 對這種觀念做了修正，此後開始出現行乞僧。後來到了 1 世紀，這一宗教開始超越印度本土，先後傳至中國和埃及。隱士、僧人和修道士在歐洲和在恆河流域的修行方式幾乎是一樣的。在中國其實也沒有太大的差異，只不過在修行時顯得更為理智一些。在中歐和中國都出現過對這種宗教的厭惡並且一度將其廢止。但是一直難以根除，往往都會死灰復燃。中國、德國、英國、法國和義大利可能都曾採取過強硬的措施，但是聖本尼狄克 [137] 在西歐實行大規模改革的 1,400 年之後，仍有 2,600 多名黑衣修士聚集在 100 多家修道院裡。在中國也曾有一個皇帝強令僧尼還俗，然而許多個世紀之後，全國各地仍然可以看到身穿黃袍的僧人。

他們的生活似乎是非常消極的，他們不食肉，也不從事耕織；他們既不結婚，也不為別人主持婚禮。在自我保護、營養、合群、性慾和宗教這五項人的本能上，他們不是去努力培養這些與生俱來且非常寶貴的傾向，而是致力於消除其中的兩項，並將第三項肢解得面目全非。他們是否有什麼可以為自己辯解，並且吸引一個虔誠的靈魂加入他們正在迅速衰落的行列呢？

---

[135]　天衣派信徒（Gymnosophist）是古代印度苦行教派中的一支，信徒們穿很少的衣服或者不穿衣服，專心於神祕主義的冥思苦想。

[136]　喬答摩（Gautama）是釋迦牟尼之俗姓。

[137]　本尼狄克（Benedict，約西元 480 ～ 550 年）是西方基督教隱修制度的創始人，曾創辦了義大利的卡西諾修道院。他為這個修道院所撰寫的修士守則後來被歐洲許多修道院所採納。作為四大隱修教派之一的創始人，本尼狄克也被教廷尊為聖徒。

他們接受了舊式的印度理想，摒棄所有的世俗享樂是這一理想的核心，包括對財產、婚姻生活和個人志向的放棄。普通的社交活動被禁止，然而他們自己還是結成了團體，中國還有許多僧院，儘管其數量在不斷地減少。僧院的主要任務是敬神，此外還要培養新的信徒，直到他們可以出道。那些和尚的光頭上都有九個用香火燒出來的圓點，作為他們立誓終生為僧的標誌。然而關鍵的問題還是工作。外界的人不明白為什麼幾百號人就跟寄生蟲那樣生活，過著飯來張口的日子，就像自己是地主或者國債券持有者似的。因為在人們眼裡，不勞而獲是可恥的。為了消除這種成見，一些寺院特地種植了茶葉，在一天門附近就種植了一些品種特別的茶葉，其包裝盒上標有這座聖山的名稱。

其實還應該增加一些追求，當我們對它做出盡可能高的評價時，也想到了一些流言蜚語，誰會說這是一種值得追求的理想呢？難道它不是在本質上就錯了嗎？上帝創造的一切都是為我們所用，而不是讓我們摒棄的。上帝創造我們人類時就分了男女，而違揹人生的最基本需求是不人道的。人的意志是不能隨便摧毀的，而是應該教育人們，使其意志跟上帝的意志相適應。

除了僧侶以外，我們還看見了許多乞丐，他們都「單純而質樸」，就像君士坦丁堡[138]的狗一樣，他們也有自己的勢力範圍。除了其他美德外，他們還有一個可愛的習慣，那就是手裡拿個盤子，坐在盤路的正中央，無疑他們指望別人為自己做廣告：「一個人帶了許多好東西去登山，回來的時候卻兩手空空，這是多麼令人遺憾，所以別讓任何一個人空手而歸。」

泰山的盤路上竟然有這麼多的乞丐，這是我們在世界上其他任何一條路上也沒有見過的場面。然而我們也從下面這則資訊中受益：「在一天門下，有一個供遊人休息的涼亭，還有一個靈泉。想坐滑竿上山的人

---

[138]　君士坦丁堡（Constantinople），土耳其西北部港口城市，即今伊斯坦堡（Istanbul）。

可以在那裡僱轎伕。」這種滑竿就像一個竹網，六英尺長，座位就像一張弓綁在兩根彎曲的竹竿上。滑竿由兩個轎伕抬著，他們在兩側平行地往前移動，這樣可以免除上下搖晃之苦。「上山慢一點，下山行如飛。」我們很舒服地坐在滑竿上，看見轎伕走在乞丐的兩邊，而我們則從他們的頭頂經過。乞丐們不僅有恆心，而且頗有創造力。他們發明了省力氣的裝置。他們並不是不分嚴寒酷暑，終日擺出很難受的姿勢向來人點頭哈腰，而是做了個稻草人，放在朝聖路上的策略要點上，誘使虔誠的人施捨。這些假乞丐使我們不由得聯想起真和尚所造成的不良影響，當老百姓對著泥菩薩祈禱時，他們實際上是遭到了掠奪，因為他們所尊崇的對象是「貪」，即象徵貪婪的那隻野獸。

盤路上眾多的乞丐之一

　　這一切都讓我們想起在漢武帝準備登山時，官員們先是跪在他面前，隨後又在路上散發梨、棗和錢。透過送禮物給別人，朝聖者是不是更有機會從神那裡得到禮物呢？乞丐這種為別人提供了施捨機會的行業

是否就是這樣出現的呢？

　　我們沒有光顧更衣亭，想必那是中國的文人和工匠們所感興趣的地方。但在看到閻王廟的牌坊[139]後我們感到很吃驚，我們原以為只有紐約才會有這樣的建築[140]。或許在翻譯這個字眼的時候可以更溫和一點，如譯成「鬼谷」（Ghost Valley），這樣就會讓我們聯想起四川這個遙遠省分的某個地方。事實上那個地方有兩條河流 —— 豐河和都河，一條小一些，另一條大一些，按照中國的習慣，兩條河交會之處的那個地點通常就以兩條河的名字拼湊起來來命名，於是就有了豐都這個地名。法國各地區的命名方式與此有些類似，如塞納 - 馬恩（Seine-Marne）[141]。那份驚訝消散以後，我們又坐回竹椅，繼續朝天國所在的方向前進，並沒有因為有鬼而感到不安。後來一個很有成就的學者證實我們最初的翻譯是正確的：豐都峪肯定就是指鬼谷，因為中國的陰間更像是希臘傳說中的地獄，而與正統基督教中對地獄的概念不同。

　　《泰山志》第六卷第 5 頁收入了元代李簡的一首詩：

> 石洞荒涼樹影孤，
> 州人相語是豐都。
> 古碑猶說韓擒虎，
> 為問於今尚有無。

　　這裡的鬼魂顯然都是很守規矩的，山神手下的一個文書證實了這一點，關於他的故事正好適合登山的這一階段。

泰安附近森羅廟內的山神

[139]　可能指岱宗坊東原有的豐都廟，明弘治年間建，祀豐都大帝，配以冥府十王，現已無存。

[140]　美國紐約城裡東河之上一條狹窄的河道，位於曼哈頓與長島之間，名為地獄門（hell gate）。

[141]　塞納河（Seine）和馬恩河（Marne）都是法國北部的河流。

　　六月，住在長州的符先生夢見東嶽大帝手下的大臣來訪，宣布他已被選拔為神仙，聖諭稍後便會釋出，這是正式通知他已獲得這份榮譽。幾天之後的又一個晚上，大臣再次來到他家，告知他的前任來訪，建議他出面迎接。符先生看見一個穿白袍的人坐在轎子裡，便揮手示意客人進門。就座以後，穿白袍的人說：「我已經被提升。天神知道你心地坦蕩，我特地推薦你去補我的缺，希望你不要辜負了天神的好意。」符先生謙虛地回答：「我目不識丁，怎麼能夠為官並且負責諸多事務呢？行行好，另選一個更有能耐的人吧。」但這位神官把為官的祕密和盤托出：「不要緊，我剛被舉薦時也是大字不識一個，做過一段時間的官以後就認得了。官府有許多小吏，什麼事情都由他們來做，只須管好他們就行。」

　　很顯然，中國陰間的做事方式與坦慕尼協會[142]並沒有天壤之別，權力的作用跟英國國防部差不多。白衣人把所有的官方卷宗都移交給他，同時還交給他一隻鷹和一隻狗。符先生自然要問這兩個動物有什麼用。得到的答案是它們的作用大極了，可以日行千里，察人善惡。這在我們講英語的人聽來很有些不雅，是不是鷹是好的而牛頭犬是壞的呢？抑或它們是一對組合？白衣官員臨走時釋出命令，讓眾小吏聽從符先生吩咐，隨後就告辭而去。符先生沐浴更衣，不久便無疾而終。

　　我們路過了數不清的景點，每一處都有名稱，而且都能引出一個故事。在一天門和二天門之間，也就是我們攀登泰山的第三階段，有 38 處重要的景觀！在其中一處，一位遊人發現一條溪流從一塊岩石上流過，水流變得很寬。他發現，由於哪一邊都有流水，所以只要自己坐在岩石上，水會順著他的衣服被吸上來，這就等於洗了一個冷水澡。聽說過毛細引力是如何被發現的吧！這個地方刻有三個大字[143]，各有水桶口那麼大小，萬恭將其刻進岩石裡三英寸深。這三個字的意思是把經書在太陽

---

[142]　坦慕尼協會（Tammany）是紐約市的一個民主黨下屬組織。

[143]　即「曝經石」。此題刻位於刻有《金剛經》的大石坪上，係明隆慶六年南昌萬恭題書。

下晒乾，但我們不知道經書是怎麼弄溼的，也不知道為什麼要把它們在這裡攤開晾晒。另一位遊人在石壁上這樣記錄：水簾的美麗讓他想起了音樂，他找來絃樂器，即興唱道：

> 夫是倚岱麓之壁也，
> 斯不亦高山乎？
> 夫是臨水簾之泉也，
> 斯不亦流水乎？
> 為子援琴而弦之，
> 邀泰山之神，
> 聆廣陵之散。

隨行的遊人們聽了以後非常興奮，就把此處命名為「高山流水之亭」。

在一本專門描寫五嶽的書中，要想提及泰山盤路上的諸多景點，並講述相關的傳奇故事（它們大都有事實做根據），而且不破壞各大名山在書中所占的比例，這完全是不可能的。但就像我們西方有些地方用梅迪辛哈特（巫術的帽子）[144] 這樣的詞語來命名地名一樣，值得注意的是，在到達距盤路的起點大約十里遠的回馬嶺之前，我們也見到了水肉流橋、天紳崖和鷹石澗等地名。此處往後，山勢陡峭，峰迴路轉，接下來是上百級的臺階路，馬至此不能攀登，遊人競相描述這一峽谷的恐怖。因此，這個地方就成為無數故事中的焦點，我們從中選擇兩個：一個是關於青樓女子的，另一個是關於兒子揹著母親上山的故事。

有一個人去登泰山，同行的有他的母親和一個行為放浪的青樓女子，一路上險象環生。在一個急轉彎處差點發生事故時，他趕緊去扶青樓女子的滑竿而沒有伸手保護母親。在幾處神廟燒香敬神以後，他們

---

[144] 梅迪辛哈特（Medicine Hat）是加拿大艾伯塔省東南部的一個城市，它也是天然氣田的一個中心。

開始下山。在一處隘路，一塊巨石鬆動，滾下來砸死了青樓女子的朋友。[145] 平陰縣人氏李欽幼年喪父，很孝順自己的母親，親自餵東西給母親吃。母親生病後，他為其買藥，並最終為了祈求神仙保佑，揹著母親去泰山進香。他身穿單衣，不顧寒冷刺骨，忘記了勞累，揹著母親上了陡峭的山坡，沿著「階梯」到達了回馬嶺，經過壺天閣，一步一步地來到了山頂。在燒香拜神之後，他又揹著母親下山回家。回家以後，他的母親夢見一個白衣人為她塗了藥膏，醒來以後，病就已經好了。「禍福從來就不會不請自來。」[146]

我們攀過了陡峭的臺階，經過了十峰嶺，又經過了九峰山，尋找青嵐嶺[147] 未果，在金星閣前也沒有停住腳步，過了步天橋、十二連盤和二虎廟以後，大家都鬆了一口氣，我們到達了中天門，這是此次登山中途歇腳的地方，在這裡，我們一邊吃午飯，一邊憧憬著前面的快活三里。

④ 從中天門到小天門

要是每隔幾碼遠就有一處風景吸引我們的目光，那該怎麼辦呢？我們是否要像一個熱切的環球旅行者那樣，在牛津城裡亂走一氣，手裡翻著默里編寫的旅行指南，迫不及待地想驗證一下它的犬齒是否長歪了[148]：博德林的照相機是否還可以用來拍照，[149] 伊西斯女神[150] 是否仍

---

[145]　載於《泰山述記》。

[146]　載於《泰安府志》。

[147]　原文為「blue points」，疑指泰山景點青嵐嶺，但實際上，該景點與上述兩者相距較遠。

[148]　比喻，意為「書中的描寫是否正確」。

[149]　牛津城的中心有兩個圖書館：博德林圖書館是牛津大學的總圖書館，它的東南面是一個大學生圖書館，那是一個圓柱形的古老建築，稱作「拉德克里夫圖書館」（Radcliffe Camera）。由於「Camera」也有「照相機」這另一個意思，所以新來者往往對把圖書館稱作「照相機」感到疑惑不解。

[150]　伊西斯（Isis）是神話中主司生育和繁殖的埃及女神。有一條穿越牛津城的小河便以這個名字命名。它是泰晤士河的一條支流，沿途風景優美，在這條河裡撐平底船遊覽是牛津大學生們最喜歡的一種消遣。

然受到崇拜，大湯姆鍾是否還是在每天晚上 9 點敲響 101 下？ [151] 不，我們做好決定，把從岱宗牌坊到山頂的無字碑之間公認為比較重要的 146 處景點名單仔細地研究了一下。每一處景點都有其碑銘、景觀和相關的歷史傳說。

位於泰山二虎廟附近的中天門。M.E. 傳教使團 攝

　　在這一路段上可供我們選擇的景點很多，有虎阜石、攔住山（它誘惑帶有原罪心理的人爬過山谷口的那堆岩石）、三蹬崖（那裡的碑刻告訴我們明人徐用檢祈雨並立即得到應驗的故事 [152]）和御帳坪（據說是皇帝在登山舉行隆重祭祀儀式前的停留之處）。但我們的行程突然出現了一個變化，讓我們都鬆了一口氣。到了快活三里，又名快活谷，轎伕們的臉上都露出了笑容，「這一段路又寬又平整，到處都是野生的花草和樹木；低矮的茅屋和竹棚就像是荒野中的一個小村莊；這一帶沒有什麼景觀、特別之處和高聳的山峰。只有遠處的五大夫松石坊算得上一幅美麗的圖畫」。

---

[151]　這是牛津大學基督教堂學院的一個古老傳統。在中世紀，牛津大學的學生跟當地的居民有很深的矛盾，經常在晚上喝醉酒之後鬥毆打架。為了保護學生的安全，該學院規定在晚上就寢的時間，敲響學院鐘樓上的大鐘，召喚本院的學生回來休息。過時以後，學院就會關上大門。之所以要敲 101 下，是因為當時的學院有 101 名學生。

[152]　原碑刻在雲步橋稍北盤路一側，今已磨滅。

在得知五大夫松石坊跟我們的老朋友秦始皇[153]密切相關的資訊之後，我們的興趣馬上就來了。世界上有些人似乎是無處不在的：伊莉莎白女王似乎曾經下榻過英格蘭的許多莊園，而蘇格蘭的瑪麗女王曾經被囚禁在一座又一座的城堡裡。拿破崙曾在從莫斯科到馬德里的大片土地上，以及從波羅的海琥珀到紅海珊瑚的廣闊海域上都留下過痕跡。對於羅馬皇帝哈德良來說，有許多遺址都和他的名字連在一起，如埃及的龐貝[154]墓、耶路撒冷的愛利亞加比多連[155]、蒂沃利[156]方圓8英里的別墅、羅馬的聖安吉洛城堡；還有多瑙河和萊茵河之間，以及泰恩河[157]和索爾威灣[158]之間的城牆要塞，哈德良長城至今還在引起人們的興趣。但早在哈德良之前300年，秦始皇便已經取得霸業，在遼闊的國土上掌握了霸權，建立起一個統一的國家，改革了教育制度，並在北方邊界上建起長城，以保衛國土。在以前的一次旅行中，我們對於長城及其修建者產生了興趣[159]，現在我們又遇到了這位偉大政治家的另一處腳印，眼前的小松林裡充滿了關於他的故事。還有什麼東西能更值得我們關注呢？

這片樹林要比始皇帝的年代還要古老，那時這裡曾是神仙的家園。後來這裡來了一個命運很可憐的年輕人。他父親是一個鑄劍的工匠，當時位於北方的韓王令其為自己鑄一把寶劍。由於他的父親費時過長，沒能在預定的時間內完成，結果被韓王處死。小聶政是在數週之後才出生的，隨著年齡的增長，他開始懷疑自己為什麼沒有父親。得知事情真相

---

[153]　蓋洛此前在考察長城（1907年）和寫作《中國長城》（1909年）一書時，對於秦始皇進行過深入的研究。

[154]　龐貝（Pompey）是古羅馬將軍和政治領導人。他和凱薩和克拉蘇一起組成了三人寡頭統治（西元前60～西元前50年），但後來被凱薩擊敗並在埃及被謀殺。

[155]　愛利亞加比多連（Aelia Capitolina）是古羅馬人於135年在耶路撒冷的廢墟上所建成的城市。

[156]　蒂沃利（Tivoli, or Tibur）是義大利中部的一個城市，位於羅馬東北偏東方向。蒂沃利現有幾個古代羅馬別墅的遺址，同樣也以其瀑布出名。

[157]　泰恩河，英格蘭北部的一條河，流程約129公里，向東流入北海。

[158]　索爾威灣，在英國蘇格蘭西南岸與英格蘭西北岸之間。

[159]　參見作者所著的另一本書《中國長城》。——原注

以後，他獨自來到這片樹林裡尋求安慰和勸告。在樹林裡聶政邂逅一位神仙，神仙答應教他學琴。聶政在那裡一待就是七年，琴技日漸嫻熟。當他最終覺得自己已經學成以後，他用木炭把自己裡裡外外塗黑，又吞了一些下去，以掩飾自己的聲音。然後，他確信韓王不會認出他就是被處死的那個工匠的兒子。他效仿父親為自己鑄了一把匕首，藏在琴中。隨後他就動身，像布隆代爾[160]那樣來到了宮廷。然而，儘管山間的音樂在遠距離之外仍保持了它的魔力，可是似乎其他某個環節還是出了紕漏，聶政最終沒能為父親復仇。這個故事流傳下來，記錄在古代的史志中。

我們必須記住，中國並非一直是一個統一的國家，但黃河流域是中華文明的搖籃，或許山東是文明程度最好和最高的地方。當時小國林立，不時會有一個強人起來統治它們。歐洲中部也曾經歷過對小國的兼併，先後處於查理曼大帝[161]、亨利一世[162]、巴巴羅薩[163]、查理五世、哈布斯堡王朝[164]和霍亨索倫王室[165]的統治之下。當時間到了西元前255年以後，在原先名義上屬於周朝統治的遼闊地區，諸侯國中一個強國——秦國的國王剝奪了周的宗主國地位，結束了其號稱近900年的統治。後來他的孫子繼承了霸業，在他手中，使秦從原先的一個小國成為一個統一的大帝國。但他為政極為謹慎，在統治國家25年之後，才宣布

---

[160]　布隆代爾 (Blondel de Nesle) 是 12 世紀末法國北部的一位早期抒情詩人，經常在宮廷彈琴吟詩。

[161]　查理曼大帝 (Charlemagne) 是法蘭克國王 (西元 768 ～ 814 年)，而且是羅馬滅亡後西歐第一個帝國的創始人。

[162]　亨利一世 (Henry the Fowler，西元 876 ～ 936 年) 是西元 919 ～ 936 年期間在位的德意志國王，雖未加冕神聖羅馬帝國皇帝，但後人稱其為亨利一世。

[163]　巴巴羅薩 (Barbarossa) 是神聖羅馬帝國皇帝，西元 1155 ～ 1190 年在位。

[164]　哈布斯堡 (Hapsburg) 是一個德意志皇室家族，其成員曾於中世紀後期到 20 世紀這一段時期內分別在歐洲各國任統治者，在西班牙國王查理五世統治期間達到其鼎盛時期。

[165]　霍亨索倫 (Hohenzollern) 是自西元 1415 年起控制布蘭登堡的皇族，西元 1525 年以後開始控制普魯士。在弗裡德里希一世 (西元 1701 ～ 1713 年在位) 期間，該家族所占有的國土統稱為普魯士王國，從西元 1871 ～ 1918 年，這個皇族的國王統治了德意志帝國。

稱帝，成為中國歷史上的始皇帝。對原先一個小國的統治者來說，勢力迅速膨脹並且壓倒原先勢均力敵的對手，逼迫原先名義上的盟主退位，總是有一定風險的。儘管其他國家和後世的人們對此人評價甚高，但同時代的人對他的看法卻非常令人沮喪，如下所示[166]：

始皇[167]既霸，會諸侯與葵丘，而欲封禪。

管仲曰：「古者封泰山禪梁父者七十二家，而夷吾所記者十有二焉。……昔無懷氏封泰山，禪云云；……周成王封泰山，禪社首：皆受命然後得封禪。」

始皇曰：「寡人北伐山戎，過孤竹；西伐大夏，涉流沙，束馬懸車，上卑耳之山；南伐至召嶺，登熊耳山以望江、漢。兵車之會三，而乘車之會六，九合諸侯，一匡天下，諸侯莫違我。……」於是管仲睹始皇不可窮以辭，因設之以事，曰：「古之封禪，鄗上之黍，北里之禾，所以為盛；江淮之間，一茅三脊，所以為藉也。東海致比目之魚，西海致比翼之鳥，然後物有不召而自至者十有五焉。今鳳凰麒麟不來，嘉穀不生，而蓬蒿藜莠茂，鴟梟數至，而欲封禪，毋乃不可乎？」始皇乃止。

另一個傳說顯示了儒生階層對這位偉人懷有深深的敵意：

始皇二十八年，登封泰山，至半，忽大風雨雷電。路旁有五松樹，蔭翳數畝，乃封為五大夫。聞松上有人言曰：無道德、無仁、無禮而得天下，妄受帝命，何以封？左右咸聞，始皇不樂而歸。[168]

然而另一處記錄則持相反的態度，《封禪書》中是這樣解釋的：

即帝位三年，東巡郡縣，祠騶驛山，頌秦偉業。於是徵從齊魯之儒生博士七十人，至乎泰山下。諸儒生或議曰：「古者封禪為蒲車，惡傷上

---

[166]　此處引文出自《史記》卷二十八《封禪書》，本是描述管仲勸阻齊桓公封禪，與秦始皇無干，本書作者卻有意或無意張冠李戴，把此事加在秦始皇頭上。本書其他地方也有諸多與史實不符之處，但譯者盡量保持原作面貌。

[167]　應為「桓公」，下文同。

[168]　出自《獨異志》。

之土石草木；掃地而祭，席用葅稭，言其易遵也。」始皇聞此議各乖異，難施用，由此而絀儒生。而遂除車道，上自泰山陽至顛，立石頌秦始皇帝德，明其得封也。從陰道下，禪於梁父。

此處記錄只關注儀式本身，省略了對當地的描寫。對於發生在松樹下的事情有互相矛盾的描述，但可以肯定的是，封禪隊伍在登山途中遇到暴風雨，不得已到松樹下面躲避。而那些被剝奪參加封禪儀式權利的儒生則對出現的不祥之兆感到鼓舞。

下面的故事我們是從《泰山志》第六卷第 13 頁了解到的。登山途中，皇帝遇到五位為保衛國家而立下功勞的人，對他們進行了封賞。這件事似乎也使得儒生們憤憤不平，他們堅信筆桿子要比刀槍更有威力。這裡我們又記起好像還有另一位皇帝無論如何也難以調和文武兩大陣營之間矛盾的事。外交官問：「你們所說的北京是什麼意思？」一個武將回答：「我們用這個詞稱呼那些不打仗的人。」外交官馬上就頂了回去：「啊，就像我們用『有教養』這個詞來稱呼所有的非軍事人員一樣……」[169]

由於當時始皇帝受到過一群儒生的攻訐，後者就用這件事情來詆毀皇帝的名聲。秦始皇在處理此事時顯得很機敏，他從為其遮雨的樹中選出最高的五棵，以受到獎賞的五位將軍的名字來命名，一併稱它們為「五大夫松」[170]。

在費力地讀完了一些史書、方志和相關的註釋之後，可以發現這是一種相當嚴厲的責難。這個話題在《泰山志》中記述頗多，因此我們在這裡也用了相當多的篇幅來討論這個話題，而古代關於土地神是一棵松樹的說法使得這一問題更加複雜化了！如果聯想起發生在泰山上的這一事件使得整個中國的教育體制發生了變化，導致「焚書」和 480 名儒生被坑

---

[169]　「北京」(Peking) 和「有教養」(civil) 這兩個詞都是雙關語；前者暗指「哈巴狗」(Pekingese)，後者暗指「平民」(civilian) 和「文官」(civil servant)。

[170]　「五大夫松」原指一棵，後訛為五棵。

殺，讀者想必該會理解為何本書在這方面要費如此多的口舌。

這裡我們從《東齊紀事》中摘錄了一個註釋，值得注意：

秦始皇下泰山，風雨暴至。休大樹下，因封其樹為五大夫。初不言
其為何樹也，後漢應劭作《漢官儀》，始言為松。蓋松在泰山小天門，
至劭時猶存，故知其為松也。五大夫，蓋秦爵第九級，如曹參賜爵七大
夫，遷為五大夫，是也。後人不解，遂謂松之封大夫者五。[171]

西方也有類似情況，比方說，巴斯騎士和巴斯城[172]之間有什麼關
係，為什麼最低階爵士[173]的妻子稱為「夫人」，金羊毛騎士與薩洛尼卡的
詹森之間究竟有什麼關係，這些事情是容易解釋清楚的嗎？

儘管在秦始皇時代或許真的有五棵松樹，但今天恐怕沒有人願意去找
到它們，其實這並不是辦不到的事情。我們倒是希望那個地方永遠有五棵
常青的松樹，正好可以印證東嶽是青色的，也正好和五行中的木相符合。

顯然這裡的破壞很嚴重。秦統一之前 900 年，在章宗在位時，這一
帶山上的林木極為茂密，成為強盜藏身之處，就像羅賓漢時代的雪伍德
森林[174]。承暉奉命到此地剿匪，盜賊開始退縮，但有一些盜賊仍然固守
在密林深處，按察司徵召數千人砍倒樹木搗毀匪巢。承暉如此回答：

泰山五嶽之宗，故曰岱宗。王者受命，封禪告代，國家雖不行此
事，而亦不可赭也。天下之山亦多矣，豈可盡赭哉？議遂寢。[175]

我們順便看看立於嘉慶七年八月（西元 1802 年）[176]的石碑。碑文稱

[171]　出自許觀《東齊紀事》。
[172]　巴斯（Bath）是英格蘭西南部的一座市鎮，在布里斯托爾港的東南面，以喬治王朝的建築和溫泉而著名。
[173]　「Knight bachelor」在英國指最低階的爵位。
[174]　雪伍德森林（Sherwood Forest），以前英國中部一皇家園林，是傳說中羅賓漢（Robin Hood）和他的追隨者行俠仗義的地方。
[175]　出自《金史》。
[176]　立碑時間似乎應為嘉慶二年（西元 1797 年），泰安知府金棨撰文並書丹，立於紅門宮下約 20 公尺處路西。

讚山東布政使康基田在泰山植松樹 22,000 棵。碑文要點如下：

　　泰山，天下之大觀，非獨魯所瞻也。然古幹參天，森陰夾道者，唯
對松山為最。……榮守泰安之二年，太原康公子承天命陳臬二東，吏畏
民懷，政不牢而咸集。丙辰三月按部至郡，齋速登山，為民祈福。時榮
方募民植柏千章於盤道旁，公見之欣然曰：「是所以培護山靈者，不可以
不遍。」遂捐俸入為倡，增植萬株，使泰安尉張廷模董其役。未幾，而公
晉秩維藩。洎丁巳春，……載禮岱宗，則前之列植者，柯葉鬱然，顧之
益喜，覆命募植萬株，蓋通前所植，凡得二萬餘株矣。秋七月，公奉有
巡撫江蘇之命，瀕行屬榮紀其事。在昔，《甘棠》之詩曰：「召伯所芨。」
又曰：「召伯所憩。」一踐歷止息之處，猶令人愛慕之如是……自今伊始，
都人士女與四方賓客之來此邦者，瞻巖巖之象，望蔥蔥之氣，相與低
迴，留之不能去，固知近不異於古所云也。……榮不文，揣公之意深且
美，不可不傳於人。兼告夫後之守是邦者，俾勿剪勿伐以無忘。……
　　岱宗坊至紅門種柏兩千一百八十六株
　　東西眼光殿種柏一千株
　　紅門至萬仙樓種柏四千五百十六株
　　萬仙樓至茶棚種柏一千六百株
　　茶棚至斗姥宮種柏四千八十六株
　　……

　　我們禁不住也要美言幾句。希望這樣的督撫能多多地出現！

　　300 年前，一場暴風雨給這裡造成了巨大的破壞。原先朝陽洞北有
一棵古松頗有君子傲然不倚之勢，名「處士松」，又有人稱之「獨立大
夫」，這讓一個文人非常生氣，不明白一個東西為什麼要有這麼多的名
字。引起爭論的這棵大樹於西元 1603 年被颳倒了。這是萬曆三十一年的
夏天，一塊巨石從上面滾落，這樣大風就颳倒了處士松，這塊巨石便是
飛來石。

最後提到的這種事情再常見不過了，不幸的是，英國浸禮會傳教士仲君安[177]就是在這樣一次意外中喪命的，當時他正在做翻譯工作。然而，有時候泰山上的石頭也知道該如何揚善懲惡，我們在前面提到的那個青樓女子情人的故事就是這樣的。

一個武秀才的品行不端。每當他遇到好占便宜的人，他總是勸他們去搗亂。他經常撒謊，吹牛，滿腦子只想著怎麼讓自己的腰包鼓起來。對於損害別人的財產和給人家帶來損失，他從不在乎。因此大家都討厭他；連道路都給他白眼。

他跟別人一起去登泰山敬神。在一個危險的路段，一塊大石頭從一百丈高的懸崖上落下，聲若雷鳴。前後的人都安然無恙，轎伕也毫髮未損。大石頭恰恰把他完全壓爛，他身體的油脂濺滿了那塊從懸崖滾落的巨石。他被壓得粉身碎骨，家人只撿到了他的一個手指頭。

當坐在小天門（即「誠意坊」）休息的時候，我們用閱讀地方志來作為消遣，細讀了第六卷第 13 頁上的一首詩：

> 黑龍潭中蛇母出，霜鱗剝落腥雲溼。
> 毿毿長鬣十兩針，挺挺直骨三千尺。
> 神靈呵護元氣鍾，驅霆戰雨搖蒼空。
> 堅剛節操振今古，濫爵肯受秦王封。
> 波濤滿地陰風起，萬籟颼颼成律呂。
> 材堪柱國苦弗試，肅然遺棄空山裡。
> 青青顏色無秋冬，吞冰吐雪經磨礱。
> 工師一日如相逢，終當獻入蓬萊宮。[178]

然而，將這首詩歌翻譯成英語，簡直就像「挾泰山以超北海」[179] 一樣困難。

---

[177]　仲君安（Alfred Jones）是西元 1876 年來華傳教的，他死於 1905 年。
[178]　姚奎《五大夫松詩》。
[179]　這無疑是墨子下面這句名言的變體：「挾泰山以跳河池。」—— 原注

⑤ 從小天門至南天門

我們已經攀登到了雲霧繚繞的地帶，用約翰·濟慈的話來說，就是走進了大自然的觀象臺。

雨中登泰山，只見山谷為雲彩所籠罩，成為白茫茫的一片。白雲似飛絮，烏雲則與樹木融為一體，松樹似乎是烏雲身上長出的枝丫。每當有風吹過，它們便搖晃起來，好似龍王抖動鬍鬚，要把眼前的人吞下去。

這種經歷是任何一個登山者都會遇到的，無論是在瑞士、挪威、蘇格蘭，還是在美國，都是一樣。失望的遊人一次又一次地這樣描述，就像王世禎在第五個馬年的正月六日所寫的那樣：

余自戊午、己未間，有事於泰山者三，而其稍可紀者第二遊也。其初遊為正月晦，自清源謁臺返，與海道宋丈大武偕，夜浴於使院，三鼓起，啟堂之北扉而望，若曳匹練者，自山址上至絕頂，又似聚螢數萬斛囊中，光熠耀不定，問之，乃以茲時士女禮元君，燈魚貫而上者也，其頌祝亦隱隱可聽云。以黎明入山，即陰晦，浮雲出沒晉際，十步外不辨物，第覺輿人之後趾高，而余前僂而已！即絕頂亦無所睹見，且寒甚。宋丈迫欲返，還憩豐都宮，趣觴舉者數，而後膚不粟也，甚悔之。[180]

相隔幾百年的另一個遊人又做了如下的評論：

嘗臘月衝雪登嶽，至御帳，雲煙模糊。至十八盤，天宇開霽，俯矚山腰，猶有雲靄。及下山，大雪如故。冬春之交，諸崖谷出煙霧，寒甚，初尚可指數，頃則靉靆蒙覆，盡失山形。少霽，谿壑林木及樓閣簷牙凝結冰花，珠絡粉綴如畫。嘗於春時晨，觀山半雲布平密，絢爛一色，宛然倒看天宇。四月以後，山多蒸溼不可居。五六月亦寒，衣必綿，臥必炕，早暮如深秋。夏時暴雨，山半風激雲湧，雷聲電光，皆出

---

[180]　出自王世禎《遊泰山記》。

其下，隱約見麓地，白波沆瀁如海，頃忽雲升嶽巔，則上下皆雨。人飲諸崖水多瀉，唯瑤池、白鶴、水簾、五花、玉女數泉甘美，元君祠東崖一竅，泉滴如珠，晝夜出一斛許，其味尤佳。[181]

　　穿「綿」這種雙層單衣的想法聽起來確實不錯，但是一種神奇的帽子更適合這個地方。山下有人專門從事這種編織行業，他們從遍山的野草中選取合適的葉子，如荷葉等。這種材料編成的蓆子在冬天肯定讓人暖和一些。可能它們在夏天還可以吸熱。另一類材料，即暖草，其製作方法就不同了，必須將它們搓在一起，直至草莖中的纖維出來為止——這種做法是在《拾遺筆記》一書中記載的。

　　山泉隨處可見，即使在這樣高的地方也是如此，但人們警告說喝從懸崖上流下的水會導致腹痛。據說只有五處泉水適於飲用，其中王母池的水尤為清澈甘冽，無與倫比。這裡的水來自東崖的石縫，水滴狀似珍珠，徹夜不停。但口渴的遊人還須來得早，因為一夜到天亮，所存下的水不過 9 品脫。[182]

　　很奇怪，這麼多的雲，這麼多的雨，有時候這裡還會出現乾旱。這樣的乾旱非同尋常，所以山上有專門祈雨的地方。過了聖水橋，再經過夢仙龕，我們到達了龍門牌坊，在雞鳴峰側翼下，就是新盤口。過去人們都是蜂擁到舊盤口處祈雨，因為這個地方過於狹小，有些人被擠下了懸崖。後來火池被挖開，修建了新盤口，現在人們就方便多了。但我們相信，如果還能找得到的話，肯定會有一些懷舊的人到舊盤口去，畢竟那裡有幾百年的歷史淵源。

　　漢武以元封元年登封泰山，二年，久旱不雨。公孫卿曰：黃帝時封則天旱，乾封三年。言三歲不雨，暴所封之土令乾也。帝乃下詔曰：天

---

[181]　此段文字出自高海《泰山勝覽》，高氏為嘉靖時人，與王世禎大體同時。作者言「相隔幾百年」似乎有誤。

[182]　品脫（pint）是英美的容量單位，英制 1 品脫等於 0.568 升，美制 1 品脫等於 0.473 升。

旱，意乾封乎？乾封之名始此。[183]

很自然，主要問題還在另一方面。我們驚奇地發現，泰山的盤路，包括它的坡道、防護牆、直道和臺階都修繕得很好，而它不可避免地會遭受猛烈的暴風雨的襲擊。由於泰山是一座龍山，所以經常要依靠陣雨和傾盆大雨，所以當我們聽說雨下起來以後經常不能及時停下來的事情時，根本就不足為奇。

200 年以前，皇帝頒布過這樣一道詔書：

康熙五十六年六月初六日，泰山大水，盤路傾圮，命江南學臣林之浚、江西學臣魚鷺翔修理。

這樣的工作竟然交給了兩位學政！這兩個方面之間的密切連繫就是，它們涉及了錢的事情，有某些環節必須打通。

在思考東西方之間根本的共同點時，我們必然要跨越一條似乎並沒有什麼特別之處的橋梁。只有在事後我們才會認識到我們已經穿越了天空。生活中精彩的時刻總是這樣出乎意料地降臨到我們身上！藐視上天算得上是一種經歷，而穿越天空更是一種非同尋常的經歷。懊惱之餘，我們決定放棄攀登鷹羽峰、飛龍巖和翔鳳嶺[184]；因為誰也不能保證我們能在上面遇到龍或孔雀。但我們在昇仙坊[185]附近停留了一會兒，因為這個地方的含義是人可以變成神仙。但沒有題刻可以告訴我們這樣做的祕方。我們聽說張鍊師[186]在幾碼之外的草地上建了個草棚，周圍都是紫色的蘑菇，可以想像，隨意吃這些神祕的東西肯定會有助於成仙。我們

---

[183]　出自《泰山紀勝》。

[184]　十八盤新盤口北聳立兩座山，東為飛龍巖，西為翔鳳嶺。

[185]　位於南天門緊十八盤的下端。

[186]　張鍊師名張景巖。《泰安府志》有如下記載：「（張）隱居泰山，結茅為庵。以庵上有明月嶂，曾產靈芝，號曰採芝。東郡趙鼎臣，政和七年夏四月登岱。至十八盤絕頂，與友坐月下，席地而飲。俄聞窗窣有人行聲。趙心動曰：山中暮夜，安得此聲耶？有頃至，延坐問之，則張景巖也。年五十餘，鬚鬢如漆，語言純直，無方士虛誕氣。酒數行，探懷出茯苓、松葉佐酒。茯苓出地未久。歌道曲數闋。酒盡，穿東嶺而去。」

還聽說有一個君王曾在一個月夜徹夜坐在地上，為奇妙的聲音而著迷；但在這大白天恐怕不能指望聽見這天籟之音。這一切都說明十八盤似乎很有名。實際上，這一帶的三個十八盤在古代即有記錄：緊十八，慢十八，不緊不慢又十八。道邊有鐵鏈幫助朝聖者攀登最後一段陡峭而危險的臺階路。

通往南天門的陡峭山路

走到這裡，我們禁不住發出感嘆，十八盤的建築者確實匠心獨具。《漢書》有《環路》一文記載下了膽小的遊人當時既恐懼又興奮的心情。

俛視溪谷，碌碌不可見丈尺。遂至天門之下。仰視天門，窔遼如從穴中視天。直上七里，賴其羊腸逶迤，名曰環道，往往絙索可得而登也。兩從者扶挾，前人相牽，後人見前人履底，前人見後人頂，如畫重累人矣，所謂磨胸石，捫天之難也。初上此道，行十餘步一休，稍疲，咽唇燋，五六步一休。牒牒據頓，地不避溼暗，前有燥地，目視而兩足不隨。早食上，晡後至天門。[187]

---

[187]　此文引自《後漢書》注，不是出於《漢書》。作者有誤。

　　大概現在盤路的狀況應該比當初好了一些，就像新盤口和舊盤口之間的區別一樣。現在有了精心鋪設的那種曲折迂迴的坡路，埃及人所使用的是斜面。古代巴比倫之金字形神塔和墨西哥的金字塔神廟（艾爾南‧科特斯[188]的士兵們就是在那裡把抵抗者都推了下來）是否也採用了中國人的技術呢？坐在當地人的滑竿上盪來盪去地登山是一種愉快的記憶；但那些當地人至少不是這裡寺廟的信徒和積極捍衛者，事實上，他們都是回民，即我們所渴望見到的那種對於偶像崇拜的堅定反對者。

　　很奇怪，為何能欣賞到如此壯觀景色的人能不為上帝的傑作所打動，反而去拙劣地模仿。當然，崇拜的本能就是人們在對於山峰、深谷、隨風搖擺的樹、飛翔的雲彩，以及陡峭的懸崖進行思考時所引發的。但是，人們為什麼不在摩崖石刻上引用一位堪與華茲華斯媲美的中國經典詩人的名作，來把思緒引向上帝呢？

> 在狹小石縫間的每一處轉彎，
> 迎面搏擊的清風顯得迷亂而絕望；
> 那急流彷彿來自清澈的藍天
> 而岩石就在我們的耳邊咆哮；
> 這一切彷彿出自同一個頭腦，就像
> 同一張臉的特徵，同一棵樹的花瓣，
> 同一本偉大《啟示錄》中的字眼，
> 具有永恆來世的模式和印記，
> 有首尾和中間，但卻沒有終點[189]

　　但這裡並不像別處那樣，靠路邊的簡易小祠堂來吸引香客，而是每隔幾公尺遠就會有一個華麗的寺廟，許多奇形怪狀的菩薩塑像給人們的

---

[188] 艾爾南‧科特斯（Hernán Cortéz，西元 1485～1547 年）是著名的西班牙殖民者，他在 16 世紀征服了墨西哥和祕魯。
[189] 威廉‧華茲華斯（William Wordsworth），「辛普朗山隘」（「The Simplon Pass」），西元 1799 年。羅塞蒂編輯的《華茲華斯詩歌全集》，第 114 頁。——原注

心靈帶來凌辱。120 年以前，有人記錄了這裡十六家敬神的尼姑庵，十六家具有同樣目的的寺院，十家道教宮觀，十六家廟宇，三家為稱作半仙的人而立的神祠，十六家祭祖的祠堂，一座供奉著諸多神靈的高塔，十六家敬奉主神的主要寺廟，此外林林總總還有很多。

　　人們為什麼要用泥巴來塑造神鬼的形象呢？因為兩者都會吸引人們的注意力並且會受到某種形式的崇拜。兩者的功效在各方面不是都很明顯嗎？的確，有些人懷疑魔鬼的存在，愛默生[190] 就是其中一個。但是卡萊爾[191] 帶著他走遍了英國所有可怕的地方，去酒店，還領他到下院，每到一處總是問同一個問題：「現在你相信魔鬼的存在了嗎？」每到一座這樣的高山，周圍的一切都會讓你相信神的存在，但各處的門簾、笛子、鐃鈸、鍾、銅鑼、旗幟、條幅、香和泥菩薩像等則沖淡了對神性的感覺。毫無疑問，如果你停下來打聽的話，會被告知這些器物各有各的作用。算盤，一個木框帶著細繩和珠子，在店鋪和帳房裡是常用的工具，但如果把它當打字機或收銀機來用，就會顯得很滑稽，這意味著什麼呢？這可以提醒朝聖者，你所做的一切，不管是善還是惡，神都會分門別類記得一清二楚。但朝聖者這樣真的會得到好處嗎？是不是這個念頭可以讓他鎮定下來，或者說他每天用來騙人的工具只會給他帶來愉快的回憶，讓他回想起他從一個粗心的顧客那裡占了便宜呢？

南天門附近的盤路。
在石階的底部是一個回民的滑竿。

---

[190]　拉爾夫·愛默生（Ralph Emerson，西元 1803 ～ 1882 年）是美國作家、哲學家和美國超驗主義思想的中心人物。

[191]　湯瑪斯·卡萊爾（Thomas Carlyle，西元 1795 ～ 1881 年）是英國歷史學家和散文作家。

　　所有這些物品擺在那裡，主要是為了吸引朝聖者，讓他們掏出口袋裡的錢。在大直溝上的遊人們會在這裡看到一個算命先生帶著他的兔子，那裡又是一個賣卡片的貨攤，還有一個船伕在急於帶他到其他地方去，這會讓他心煩意亂，因為這樣他就不能獨自去靜靜地觀察大自然的奇觀。但至少這些令人討厭的傢伙在為火山神建造寺廟，在破壞玄武岩的形狀，把它們變成供人頂禮膜拜的凶神惡煞時，並沒有讓人們付出很高的代價。在泰山有許多敲詐勒索的現象，但都打著宗教的旗號。當漢代的皇帝於 1 世紀聽說出現了新神，派遣使團西行取經時，他們並沒有去幼發拉底河一帶，在那裡可以遇到基督教的傳教士，而是一時糊塗，往南去了印度，就這樣犯了一個災難性的錯誤。雖然佛像能給人帶來難以言喻的平靜，並且能使人感到安寧，但佛教在中國的發展卻產生了完全不同的模式。在一般情況下，中國普通的菩薩形象面目可憎，形態醜陋，既窒息人們的想像力，又令藝術家們感到失望。在菩薩的形象中可以找到眾多的魔鬼特徵。當然，還是一位古羅馬作者說得好：「神並不是由工匠或雕塑家造出來的，而是由崇拜者造出來的。」

三天門，俗稱南天門。
天街從這裡一直延伸到碧霞祠。蓋洛 攝

115

也不是每一位遊人都會屈服於這些誘惑。實際上，有些人似乎不夾帶絲毫的情感和宗教感，就像那位著名的聖人那樣：

孔子登東山而小魯，登泰山而小天下，所登愈高，所見愈大，天下之理固是如此。雖然，孔子豈但登泰山而後知天下之小哉？[192]

這個地方是神聖的。但泥菩薩像、石像和銅像卻損害了這種神聖感，這是多麼令人遺憾的事情啊！為什麼不堅持武夷（Wu Yih）破除偶像的做法呢？據說他把一排排用木頭和泥做的菩薩像聚集到一個地方，讓人把它們排成打仗的陣勢，然後命令屬下與其交手。在毀掉了這些菩薩之後，他致力於恢復人們的士氣，敦促大家不要相信這些出自人工的偶像。人要比偶像更加偉大。

但好像還是有些因素吸引許多人這樣去做。文人可能會滿足於孔子乾巴巴的說教，到泰山來只是為遊山玩水，好像這些地方本身值得一看。但卑微的苦力在精神上有一種渴望，正如白朗寧[193]所說：「我想奔向上帝。」他多年的積蓄終於使他得以完成漫長的朝聖之旅，並且可以在聖山上撫慰自己乾渴的靈魂。但願他很快就會發現，僅有這些廟宇和偶像是遠遠不夠的。來聽一下下面這位篤信上帝的西方人所表達的理想：

我作為朝聖者來到了聖山，
手裡並沒有拿著一炷焚香，
也無金銀冥紙，鮮豔而虛偽，
那朝聖者特有的普通供品。
寂靜首先降臨了茫茫大地，
還有內省所帶來的恐懼感；
我信任天父的慈愛和威嚴，

---

[192]　引自《泰山志》卷十九《逸事記》。
[193]　羅伯特‧白朗寧（Robert Browning，西元 1812 ～ 1889 年）是 19 世紀維多利亞時代的英國詩人。

為自己深重的罪孽而發抖。
我能帶來什麼祭祀的供品,
以獻給聖山頂的威嚴上帝?
他所要求的是「心中的焚香」,
並謙卑地遵循他神聖的意志。
太陽墜落於西方的雲彩之中,
黑夜的斗篷快速地降臨大地。
上帝的聲音乘清風穿透寂靜,
探究心靈的上帝賦予我神力。

第三章
岱頂的五個部分

① 岱頂

　　過了南天門，我們就最終到達集中了主要景點的山頂平臺，那裡的一些主要景觀會令遊人傾倒。有人宣稱，在泰山極頂可以看到一萬里之外的地方，據信孔子看見了一個遙遠城市裡的一匹白馬。然而我們的目光滿足於眼前所能看清楚的近處美景。由無數令人筋疲力盡的臺階所組成的盤路纏繞在山坡上，就像是一條蠕動的蟒蛇，而遍布寺廟的泰安城則安詳地依偎在泰山腳下。山頂遠端的景色 ── 只有登上最高處才能看到，可以說是美妙絕倫。變化多端的色彩和波浪般起伏的群山，讓我們不由得想起了美國亞利桑那州的大峽谷。走在盤路上時，我們的注意力在大自然的美景、巧妙的建築藝術和人工景點之間游移；到了山頂的平臺上以後，無疑是一種宗教感首先湧用心頭。這裡是聖地中的聖地。在聖保羅大教堂，觀光者首先會在一樓信步欣賞塑像；然後會花六便士到地下室去瞻仰那些英國民族英雄的靈柩，接著到樓上圖書館去看一看珍貴的文學寶藏；然後再到走廊裡試試音響效果，低語幾句毫無意義的傻話；隨後他會再花上幾先令吃力地爬到樓頂，爬進球形的塔樓；然而，在所有的景觀之上傲然挺立的則是十字架。在泰山上也是這樣，遊人經過三天門（南天門），進入天街，最後到達舉行祭祀大典的地點時，心情馬上就平靜了下來。

　　登山雖然辛苦，但好在沒有一處大門是關閉的，遊人不會為此感到

掃興。當英國上議院的首席引導員黑杖侍衛走進下院，通知說國王要召見他們時，他總是當面砰地把門關上。遊人到東耶路撒冷參觀時，按照正常的朝聖程序，從洞穴到建築物，再從建築物到花園，他都要走進一個門洞，這個門洞故意建得很低，誰都難以自如地直立著進去，許多人需要雙膝跪下。那裡有一個古老的謬論，認為透過讓肢體做出某種姿勢，便可以使人的靈魂具有可塑性，透過舉行某些儀式，可以給人灌輸上帝的恩惠，或者在極少數情況下，剝奪上帝的恩惠；透過讓狗搖尾乞憐，人會變得有一個好心情！

神聖泰山的岱頂。千秋萬代的人都懷著崇敬的心情仰望過這個山頂。蓋洛 攝

　　岱頂門坊的建築師沒有受到這種錯誤思想的支配，他沒有透過一些伎倆讓有些人在進門時感到屈辱，讓另一些人感到憤怒，而是把門建得高大寬敞，讓遊人進入時真正具有人的尊嚴，可以和夥伴並肩而行，沒有崗哨盤查，也沒有門房來收費。

　　或許，在身體姿勢方面我們也有一些可說之處。跪在皇帝面前叩頭的人，以頭撞地，清楚地表明他在皇帝面前感覺自己只是一介塵土，但

人在上帝面前表明自己的虛弱並不是多麼恥辱的事情。穆斯林跪在禱告的墊子上，和尚跪在聖壇面前，這種表達感情的方式正好印證了他們的智力水準。他們做到了所能做的一切，坦白了自己的信仰。就在這座山的山坡和山頂上，每天都有成百上千的人釋放自己的內心需求，以他們最虔誠的方式來此地朝聖。假如我們具有同樣的信仰和熱愛，假如受過更多教育的我們願意幫助向那些滿懷渴望的靈魂傳授知識的人，那該有多好啊。

我們就停留在古代舉行盛大祭天儀式的這一場所，沉浸在山頂平臺所特有的氣氛之中。當初，為了普天之下所有人的利益，統治者在這裡主持祈禱儀式，以求「九州歸順，萬民同心」。這種活動得到了廣泛的認可。我們上面已經提到過秦始皇是如何組織當時就已經算是古老的祭祀儀式，並以此來表明他已繼承至高無上的權力。我們也已經說過，當初儒生是怎麼譏笑他的。即使在 2,100 多年以前的那個時代，帝王就有非到此處敬神不可的傳統。在近代，以來自北方的滿清貴族為例，看看他們是如何以同樣的方式來證明自己的皇族有資格君臨天下，如何宣稱自己代表著天下百姓的利益。克倫威爾 [194] 可算是 17 世紀英國最強大的統治者，但在他拒絕王位和那個純金王冠之後，學究們便說他的掌權只不過是叛逆，他的所有追隨者都應受到懲罰。威廉三世即位後，詆毀他的人稱，威廉知道自己不算真正的國王，所以不敢清算國王的罪惡，以及他的權威不足以使腐化墮落者望風而逃，就像君權神授的國王所能夠做到的那樣。只不過偶爾才出現一個拿破崙式的人物，勇於不理睬蘭斯 [195] 及那裡的傳統儀式，自己策劃新的儀式，並另選一個地點，讓一個教宗

[194]　奧利弗‧克倫威爾 (Oliver Cromwell，西元 1599 ～ 1658)，英國軍人、政治家和宗教領袖，他在英國內戰時 (西元 1642 ～ 1649 年) 率領國會軍隊取得了勝利並要求處死查理一世。作為英格蘭的護國公 (西元 1653 ～ 1658 年)，他實際上實行獨裁統治。
[195]　蘭斯 (Reims) 是法國東南部一城市，位於巴黎東北偏東。作為羅馬高盧的最重要城市之一，它長期是法國國王的加冕場所。

出席加冕典禮——雖然只是充當看客，但教宗的在場便等於承認了加冕皇帝的合法性。康熙皇帝急於附和被征服臣民的一些成見，蓄意迎合他們，就像諾曼底的威廉在西敏寺所做的那樣。因此在康熙五十二年（西元1713年）五月二十五日，皇帝派遣吏部侍郎孫柱獻祭於東嶽泰山之神。

> 唯神名著岱宗，位尊喬嶽，發生庶類，膏澤東維。朕纘受鴻圖，撫臨區宇，殫思上理，夙夜勤求，唯日孜孜，不惶暇逸。茲御極五十餘年，適當六旬初屆。所幸四方寧謐，百姓久和，稼穡歲登，風雨時若。維庶徵之協應，爰群祠之備虔。特遣專官，式循舊典，冀益贊雍熙之運，尚永貽仁壽之麻。俯鑑精誠，永垂歆格。

別忘了，康熙不過是一個侵入中原的外族人，為中國人所鄙視，就像當初希臘人瞧不起馬其頓人一樣，但他急切地想嫁接到中國的傳統中去。

現在我們再回到由漢人統治中國的時代，看一看明朝的情況。從關於明朝一段短短120年內的記錄中，我們可以發現皇帝有三四次派人來此參加祈禱和讚美泰山的活動。拿洪武皇帝作一個例子再合適不過了，他是這一皇族的創始人，曾坦白地暗示自己參與了推翻蒙古統治者的起義。他自己曾出家為僧，但又覺得那個時代既需要祈禱又需要實際行動，他最終使這個國家擺脫了外族的統治。隔了一代人以後，趙宗壽率眾叛亂，皇帝只得派兵出發龍州。但皇帝並非完全仰仗武力，在派兵前往是非之地的同時，他也求助於天神。他是透過別人去泰山祭祀的，這是頗值得注意的。儘管他曾經也是僧人，他卻選派道士樂本然和國子監監生王濟作為使者，另外，他並非吩咐二人直接求告天神，而是訴諸泰山之神，讓泰山之神代為轉告。

泰山最高處的御亭，即根據諭旨修建的碧霞祠。
照片為王教授 [Professor L.S.C.Wang] 所贈

昔元末兵爭，傷生者眾。予荷皇天眷命，嶽鎮海瀆山川效靈，諸將
用命，偃兵息民，今三十年矣。兵燹之餘，民方安定。邇來西南戍守諸
將，不能昭布仁威，但知肥己虐人，致令諸夷苗民，困窘而奮，怒攻屯
戍，致傷戍守善民者。予非敢用兵，由是不得已，指揮諸將，帥兵進
討。然山川險遠，彼方草木茂盛，煙嵐雲霧蓊鬱之氣，吞吐呼吸，則人
多疾疫。此行人眾，各辭祖父母、父母、妻子，涉險遠以靖邊夷，以安
中夏。萬冀神靈轉達上帝，賜清涼之氣，以消煙嵐，早定諸夷，速歸營
壘，得奉祖父母、父母，眷屬團圓，是其禱也。

洪武皇帝的禱告頗有成效，戰事也很順利。兩年後，洪武皇帝死
去，權力傳於家人。此後不久，他的兒子永樂接掌政權，但他不是在父
親定都的南京登基，而是遷都北京，那是過去蒙古人統治中國時的都
城。他也派使者去了泰山。

前面幾篇引文內容都是指派合適的官員以恰當的方式去向泰山之
神傳達敬意，下達指令的分別是三位著名的皇帝 —— 康熙、洪武和永
樂。下文則出自武宗正德 [196] 的硃筆，釋出的時間是正德六年（西元 1511

---

[196]　明武宗朱厚照，西元 1506 ～ 1521 年在位，年號正德。

年）。皇帝派山東布政使徐永告祭泰山：

正德六年，遣山東等處承宣布政使司右參議徐永告曰：去歲以來，寧夏作孽，命官致討，逆黨就擒，內變肅清，中外底定，非承洪佑，曷克臻茲！因循至今，未申告謝。屬者，四方多事，水旱相仍，餓殍載途，人民困苦，盜賊嘯聚，剿捕未平。循省咎由，實深兢惕。伏望神慈昭鑑，幽贊化機，災沴潛消，休祥葉應，佑中國家，永庇生民。謹告。

在這裡皇帝是向泰山神求助，當後者未出手相助時便苦苦懇求，而在得到佑助以後則表示謝恩。

在所有這些例子中，我們可以看到泰山神沒有受到足夠的重視。這幾位皇帝都沒有親自造訪泰山，他們都是派遣使者或顧問去代行祭祀。

②　無字碑和文人

在中國的偉人中，有兩位很引人注意：一位是著書的孔子，另一位是焚書的秦始皇。秦始皇尚武，孔夫子修心。秦始皇的筆跡刻在石上，孔子的則寫在竹簡上。秦始皇靠外在力量一統天下，孔子則以內心理想影響全國。秦始皇在泰山上留下自己的痕跡，因此為外國人所知，孔子則為此後幾千年奠定了中國的教育理念。在泰山這個中國宗教的心臟，歷代人對於秦始皇和孔子這兩人的記憶是透過兩個形成鮮明對比的建築結構而保存下來的。在緊靠古代祭天的聖壇，也就是在通向東嶽極頂的臺階下，有一塊「青白色」的石碑，上面沒有刻字，沒有圖畫，沒有淺浮雕，也沒有高凸浮雕，完全是一片空白，這就是無字碑，即秦始皇的紀念碑。不遠處有孔廟，其構造與我們先前描述的廟宇大致相同，孔子的直系傳人一直在這裡主持祭祀。

這裡廟宇絕不罕見，石碑更是不可勝數。「泰山共有碑刻一千八百餘處。」此時在我面前的就有 11 塊石碑，碑文早則刻於西元 56 年，晚則刻

於西元1770年，內容各不相同。誰會沒有聽說過摩押[197]石碑、西羅亞[198]銘文、巴比倫圓柱形石碑、克麗奧佩脫拉[199]方尖碑、比西斯頓摩崖石刻，以及其他許多古代的碑刻呢？但如果一塊石碑不是用此山所產石材，而是預先制好，派人不辭辛苦地沿著羊腸小道運到山上，立於萬眾矚目之處，且其歷史線索和目的均不可考，那就真有點奇特了。如果有人提出這樣一個觀點，認為碑上原有刻字，後來一些儒生因為痛恨秦始皇焚毀古代書籍，為圖報復，鑿掉了所有的字，這種說法是否令人吃驚呢？當然這種可能性也是不能完全排除的。實際上，出於對立碑人的敵意，損壞石碑，更改或抹掉碑文的例子並不罕見。雅典的帕特農神廟就不用說了，埃及的多處方尖碑都出現過這種情況，其實我們還知道在中國，不，就是在泰山，也有非常類似的例子。金棨，《泰山志》的作者，在書中說他從一家佛教寺廟的記錄中得到了一些資料，下面的銘文即摘自一塊殘碑：

此山前面有石龕，龕有石像，從彌勒佛並侍衛菩薩至神尊獸等，記九驅。唐初有童兒名善子，十歲已下，自相魏間來於此山捨身，決求無上至真之理，（缺一字）啟首（缺兩字），四體遂墮，未及半虛，五雲封之西去，其音樂（缺兩字），天風錯（缺兩字），畢寺緇白，無不瞻聽。乃鑿此山成龕，立像旌之，曰「證明功德」。暨乎會昌五年，會去佛（缺一字），天下大同，凡有額寺五千餘所，蘭若三萬餘所，麗名僧尼廿六萬七百餘人，所奉驅除，略無遺子，唯此龕佛像儼（缺一字），微有（缺一字）殘。大中五年奉旨，許於舊蹤再啟精舍，寺主僧聞於州縣，起立此寺。

其他記錄都是殘缺不全的，但即使從上述記錄中，也可以看出碑文曾被蓄意破壞。另一個例子或許是所謂的「亡母碑」，此碑的一些銘文在乾隆二年被鑿去。有記錄說「此碑從未被推倒過」。

---

[197] 摩押（Moabite）是位於死海東部的一個古代王國。

[198] 西羅亞（Siloam）是指耶路撒冷城外的一個水池。

[199] 克麗奧佩脫拉（Cleopatra）是埃及女王（西元前51～西元前49年，和西元前48～西元前30年），因其美貌及魅力而聞名。

　　問題就出在這裡。這樣的石碑可以輕而易舉被推倒，並進而遭到破壞；毀壞者只須隨意鑿掉幾個字，這樣就能損害宗教改革者的宗教興趣。鑿掉字的事情真的發生過。對秦碑來說，是不是所有的字都被一一鑿掉，留下一塊無字碑呢？

　　還有一種可能性，那就是焚書坑儒的秦始皇未完成題字就去世了，石碑沒有完工就運到這裡立了起來。學者們對這兩個問題產生了爭議，但並沒有得出結論，因為這兩種說法都是無法驗證的。除了一個人表示懷疑外，大家好像都一致認為該石碑的式樣跟那些被確認的秦朝石碑十分相像。可能還有一點需要補充，該碑通體無字，對後世的一些人來說是一個誘惑，他們試圖補上碑文：現在碑上就有一個醒目的「神」字。要是這塊石碑傳達的唯一資訊就是這麼一個字，那是多麼適當啊！

　　我們並不想為此事得出一個結論，但我們的看法是，秦王原打算把這塊石碑作為自己的墓碑，或者說是墓碑之一。我們知道在西方曾有人這麼做，在中國，這樣的事情更是不勝列舉。送人一副好棺材當生日禮物絕不是什麼稀奇事。我們不假思索就可以記起押沙龍[200]的故事，儘管他在死後被拋進森林的坑裡，身上只蓋了一堆石頭，但他其實早就為自己備好了一塊漂亮的墓碑。當然，我們對於遠在別處的秦始皇陵的真實情況也有所了解[201]，但有時候一個人死後未必能葬在自己生前所中意的地方，可能會不得不採取其他的方案。在英國，許多人都會設想自己身後能在西敏寺有一塊長眠之地，但最終往往遭到拒絕。秦始皇或許突發奇想，打算死後葬在泰山，就像羅茲[202]死後葬在馬託普一樣。此外，

[200]　押沙龍（Absalom）是《聖經》中的一個人物，即大衛王的第三子，後因背叛其父被殺。

[201]　見蓋洛《中國長城》中的「秦始皇陵」一章。有些對秦始皇持敵視態度的學者認為此碑不是秦王所立，而是漢武帝於西元前 110 年立的。其主要論據見於《泰覽》一書：(1) 秦朝獨石碑立於現在的碧霞祠原址，而無字碑在玉皇廟附近；(2) 該碑碑面十分光滑，除了一個「神」字外，沒有刻寫或塗抹的痕跡。──原注

[202]　塞西爾‧羅茲（Cecil Rhodes，西元 1853 ～ 1902 年）是英國資本家和殖民者，他於西元 1890 年成為開普殖民地的首相，後來又協助殖民化了現為辛巴威的那塊領土。

一個人死後只能葬在一個地方，但可能在其他許多地方都有碑銘以示紀念。

秦始皇大概設想過為自己和朝臣在泰山上建造華麗的陵墓和紀念碑。果真如此的話，這一願望是多麼愚蠢啊！那樣的話，除了紀念碑上的碑文能達到使他的名字永為人們銘記這一目的外，它所起的作用肯定趕不上這塊無字碑。試想，千百年來，圍繞無字碑展開了一場場暴風驟雨般的爭論，使他的名字一次次被重新記入史冊，與石碑比起來，這些記錄更加不可磨滅。在此我們想起了幾年前曾為許多美國少年所傳誦的詩句：

> 獨自一人我漫步海邊，
> 一隻貝殼握在手間，
> 我俯身將名字記在海灘，
> 還有這一年，這一日。
> 我離開此地後繼續向前，
> 回頭望去，我目光游移，
> 一個大浪又高又急，
> 沖走了我剛寫下的字。
> 可是對於能數清沙子數量，
> 並把海水捧在手裡的上帝，
> 我知道有一個永久的印記，
> 會跟我的名字銘刻在一起。

這裡我們不由得懷疑 2,000 年來的壞天氣是否足可以抹掉題字。但在看了獨石碑以後，我們打消了這種懷疑，沒有任何跡象說明天氣的影響會和古代題刻的消失有關。當然，時光確實一直在鑿去所有的碑文，時間的確在不停地把所有的石碑變成無字碑。

秦始皇的無字碑，
也許是世界上被人觸控最多的一塊石碑。
位於玉皇頂腳下

玉皇頂院子裡，
圍在八角石欄杆中的是真正的泰山頂。
蓋洛 攝

　　秦始皇建此碑比許多人想像得要聰明。如果碑上刻字的話，可能不會
比其他石碑更引人注意。但一個碩大、空白的碑面 —— 這會讓人駐足，令
人驚奇。我們對無字碑已經說得太多了，沒有顧及聖山極頂的其他石碑。

　　同時，無字碑的表面還保留了一個字：「神」。對於使徒保羅來說，
這是多麼好的文字啊，他可以站在雅典的泰山上，大膽地對那些有文化
素養的聽眾說，他之所以來，是要介紹他們從不認識，卻在懵懂中崇拜
過的神。對於一個傳教士來說，這又是多麼好的文字啊，他可以站在山
東省的雅典衛城上，面向對神一無所知的孔子廟堂，對所有辛辛苦苦沿
盤路上山的朝聖者說，他可以向他們介紹一個耶穌基督，後者能給所有
因負擔沉重而疲憊不堪的人帶來安寧！

　　詆毀秦始皇的人在關鍵的歷史時刻一定想廢掉此碑，而且所有的文官
都曾受過嚴格的儒家思想的教育，他們利用手中的權力來這麼做是不足為
奇的。一位山東巡撫討厭這塊滋生迷信和懷疑的石碑，命人將它移走。但

人們正要這麼做時，突然電閃雷鳴，下起暴雨來，彷彿此舉惹惱了天神。
巡撫本人雖然不相信迷信，但還是就此罷休。「正是在封禪泰山，慶祝自
己征服天下的時候，頗為看淡倫理道德（如果他有的話）的始皇帝首次對
於七十名儒生的干擾感到惱怒，後者試圖按照古代聖賢的先例來制定法
律。」[203] 奇怪的是，在那些受過教育的遊人筆記中，經常會提到他們「觸
控了無字碑」。令人詫異的是，古代的習俗居然會有那麼大的力量，明明
知道這樣做是徹頭徹尾的迷信，但這些儒家弟子仍然照做不誤。

　　孔子和泰山，這是一個多麼奇妙的結合啊！人們肯定急切地想知道
這位聖賢跟家門口的這座聖山之間有哪些淵源，還有孔子跟他所熟知的
泰山歷史之間有什麼關係。孔子的門徒無疑肯定問過他許多關於舜帝時
期禪讓的事情。我們在下面摘錄了孔子的幾句話，顯示孔子對於泰山的
魅力一定是有感覺的：

　　子曰：智者樂水，仁者樂山；智者動，仁者靜；智者樂，仁者壽。

　　在這裡，我們又想起了金棨，他的《泰山志》有一個很出色的附錄，
最後引用了眾所周知的名言：

　　棨少時讀《孟子》，至孔子登泰山而小天下，心目中即時時懸一泰山
之象，思一登之而不得。迨壯歲遊京師，官光祿，佐郡閩海，來往齊魯
間，屢於馬首瞻視，皆以郵程促迫，未獲一登。歲甲寅，奉天子命，擢
守泰安，治近岱嶽。

　　原來這位大聖人真的登過泰山，並且為天下變小這一景象所打動；
這樣的感受在任何高處都會碰到，只不過泰山是他的家鄉魯國的最高
峰。他對泰山本身又怎麼看呢？恐怕找不到明確的答案，然而這正是孔
子處理許多問題的方式。有把握的事情他就說，而且說得很好。但對於
宗教，他幾乎閉口不談，在別人問起時就宣告自己一無所知，不過他在

[203]　引自莊延齡（E.H.Parker）所著的《中國宗教研究》，第 166 頁。——原注

有一個場合還是曾經說過：「敬鬼神而遠之。」因此我們可以理解為什麼孔子對宗教色彩很濃的泰山通常是保持緘默，並且在緘默中帶有鄙視，因為孔子向來不言怪異之事。我們記得《論語》第三卷中說到這樣一件事情，孔子看到一個貴族要去祭祀泰山，便對一個門徒說：「女弗能救與？」儘管所居之處離泰山很近，但孔子卻很少去登泰山，這就好比一個人對百老匯耳熟能詳，卻從未跨進過三一教堂[204]的門檻。然而卻有很多傳說把孔子和泰山連繫起來。

在泰山腳下，孔子及其門徒遇見一個婦人在啼哭。孔子讓子路前去打聽。子路問：「你哭得如此傷心，彷彿有雙重的悲哀。」婦人泣不成聲地回答：「是的，以前我的公爹被老虎吃掉了，現在我的丈夫又死於老虎之口。」孔子聽了以後上前問道：「那你為什麼不離開此地？」婦人回答：「這裡沒有苛政。」聖人聽了以後感慨萬千，對弟子們說：「你們可要記住呀，苛政比猛虎還要可怕啊。」古代還有一個與此相關的諺語：「東山的老虎吃人，西山的老虎也吃人。」

在上面關於老虎的著名寓言中，其教訓是關於外部社會的。而下面的故事則更深入一步，涉及了人的本性。孔子遇到一位從高山上下來的隱士，[205]此人以鹿皮為衣，並用草繩系之，一邊隨意彈著七絃琴，一邊唱著歌。聖人上前問道：「先生，是什麼事情讓你這麼高興呢？」而孔子本人認為人在世上有五種幸福。隱士的回答是：「我有很多值得高興的事情：天生萬物，人最為貴，而我是一個人，這是第一樂事；男尊女卑，而我是男人，這是第二樂事；有些人未能活著出世，並見到日月，有些人沒能活到為母親送終，而我已經活了90歲，這是第三樂事。大多數人過的都是窮日子。我和大夥一樣。我只想像一般人一樣過一輩子。還能有什麼不稱心的呢？」聖人點頭稱讚：「你說得很對，知足常樂嘛。」

[204]　三一教堂（Trinity Church）是紐約市百老匯路上的一個著名大教堂。
[205]　這位隱士名叫榮啟期。

在去世前五年，孔子回到山東故里以後，忍受了巨大的悲痛，聖人終於有機會去實踐「知足常樂」了。過世的前幾天，他又想到了泰山，這樣對人說道：

太（泰）山壞乎！梁柱摧乎！哲人萎乎！

他的死訊傳開後，眾人紛紛哀嘆，「泰山崩塌了」。

這些可靠而又具有代表性的故事說明了山東賢人的平均水準之高。實際上，孟子認為泰山在山東大大小小的山中，雖然論高度是鶴立雞群，但所有的山都是屬於同一種類型的；同樣，聖人與普通人相比也是如此。「自從人類出現至今，還從未曾有過像孔子這樣的完人。」如果說對他的教義沒有什麼可抱怨的話，應該說中間有些空白令人失望。孔子的風格跟波普[206]一樣平實，但不似德萊頓[207]那樣激昂。在泰山極頂的平臺上有為他而建的廟可謂實至名歸，不過他的碑與秦始皇的無字碑不同，上面有題字。但讓我們感到高興的是，我們也有同樣崇高的教義，而其中的幻像是孔子所未曾見識過的。我們發現我們的導師有時候保持沉默，但那是我們不能夠理解，並不是因為他無知。他的話簡明易懂，而且深奧，啟迪他人。孔子至多能告訴我們關於在塵世生活的道理，而基督則告訴我們在塵世該如何生活，以便天國的大門為自己而敞開。孔子只知道「小天下」，而基督則會補充說，在聖父的天堂裡有著許許多多的瓊樓玉宇。

③ 碧霞元君

我聽說過一個疾病女神的故事，尤其跟天花有關。這種疾病對於漢族人就像腮腺炎對美國人一樣，孩子或早或晚都不能避免。所以人們祈

---

[206]　亞歷山大・波普（Alexander Pope，西元 1688 ～ 1744 年），英國詩人。

[207]　約翰・德萊頓（John Dryden，西元 1631 ～ 1700 年），英國作家和桂冠詩人（西元 1668 年以後），是英王復辟時期文學界的傑出人物。

禱的時候，不是說希望不得這種病，而是希望別太嚴重。這就是我們接種疫苗的原則：及時的一針可以頂日後的九針，很嚴重的疾病只需輕微的一點疼痛即可減輕。因此母親們來禱告時都會說，「天花奶奶，讓我的孩子生得輕一點吧」。

對於其他疾病來說，還有一種斜板，朝聖者的手在上面滑過一次，病情就會減輕一分。

這裡還有一座眼光娘娘廟。儘管這裡的盲人不似埃及那麼普遍，但也是到處都可以看見盲人在乞討，所以上天自然會為他們指派一位仙女來治這個病。眼光娘娘非常專注，結果在前額上長出了第三隻眼睛，這大概是一種返祖性，因為過去人就曾有過這麼一隻眼睛 —— 這是解剖學家告訴我們的，只不過因為需要骨骼的保護，後來它就完全縮排腦殼裡面，被稱為腦垂體。現在女神又讓它從裡面長出來，在她的前額上閃耀著光芒，意在鼓勵人們向她求得光明！

其他女神也都各司其職，有的掌管桑蠶，有的負責送子。在送子娘娘的殿堂前可以看到心懷感激之情的母親為還願而供奉的祭品，她們還帶來了自己兒子的模型，穿戴很整齊。但所有這些娘娘在這裡都只是配角，因為泰山頂上的主廟是碧霞祠，供奉的主神是「天仙玉女碧霞元君」，又名「泰山娘娘」、「泰山老奶奶」或「碧霞仙子」。她還有其他名號，但這些便足以說明她的身分了。

泰山頂上碧霞祠內的鼓樓廟

　　毫無疑問，在黃河和黃海之間的廣大地區，碧霞娘娘受到特別的重視。她的生日被定在四月十八日，在這個日子還需很久才到來之前，就可以看到來泰山朝聖的人川流不息，直到五月十日這一天，登山者達到了驚人的數目。眾人皆知，皇帝此時會派遣一個滿族侍衛官代他前來祭拜泰山，屆時一切都會準備停當，只等使者到達後舉行隆重的祭祀。但這個日子只是民眾的節日，民國時期是這樣，清朝時期也是如此，根本不考慮官方是否會同意。人們都打扮一新，帶上雞、酒，以及家裡所能拿出的其他好東西。他們也不會忘記帶上香和紙錢。凌晨 3 點，人們認為這是元君娘娘生日的開始，以銅鑼為號。此後的 12 個小時之內，鑼鼓聲、鐘聲、鞭炮聲不絕於耳，以便喚醒碧霞娘娘，讓她高興。人們紛紛焚燒紙錢，幾乎都找不到燒香的地方。唸經聲此起彼伏，大家爭先恐後，或吟誦標準的禱文，或即興創造新作。人們幾乎不提罪孽，而是不斷請求得到元君的賜福和各種保護，以免遭妖魔和水災的危害。無論貧富，都是如此。更有許多婦女跪在那裡，對玉女磕頭。

碧霞祠內的正殿。蓋洛 攝

　　那麼，這位在泰山占支配地位的碧霞元君究竟是什麼樣的人物呢？我們所發現的最早的答案是 3,000 年前的。周文王在位時，有資訊說姜太公掌管的地區一年內滴雨未下。一天晚上，文王夢見一個美麗的女子來告訴他說：

一位版畫家筆下的碧霞元君。此拓片的原名為「泰山天仙聖母圖。她的隱居生活，修身養性和成仙」

　　「我是東海邊泰山神的女兒，嫁給了西海龍王。我要返回東海，但地方官姜太公擋住去路。他是一個很有德行的人，我不敢借狂風暴雨回家。」

　　文王醒來後，派人招回善良的姜太公，此後，從西邊刮來的狂風暴雨持續了三天，泰山女神得以回鄉探望父親。隨後，文王封姜太公為大司馬。

　　泰山神違背女兒的意願，把她嫁給了地中海的海神——或許是波塞頓[208]——但她對他厭倦了，就像其他許多少婦一樣，想回父母家。這可以讓我們對有關愛琴海文化[209]的問題有一個新的認識。最近幾年，我們已

一位山神在暗中幫助碧霞元君。拓片

經認識到，距今約 1,200 年以前，在黎凡特[210]一帶出現了燦爛的文明，那裡的宮殿和城市的建築在某些方面非常先進，如此先進的排水設施在

---

[208]　波塞頓（Poseidon）是希臘神話中掌管海洋、地震及馬匹的主神。

[209]　愛琴海文化即指興盛於愛琴海（Aegean Sea）一帶的文化，如克裡特等地的青銅器時代文化等。

[210]　黎凡特（Levant）是指第一次世界大戰之前地中海東部自土耳其至埃及地區諸國。

歐美直到 19 世紀才為人們所掌握。後來這一文明突然終結，此地又重新進入野蠻狀態。按照我們的主觀臆測，可能是這個帝國突遭某種海難襲擊；也可能是強大的海盜突襲克利特島和彌諾斯文化的其他中心，徹底毀滅了這一文明的核心。但依據《泰山志》第十九卷的記載，我們可以提出完全不同的另一種猜想。這是中國第一次努力把其先進文化傳播給西方的蠻夷。另一位女神在耶路撒冷也遇到了同樣的麻煩，那個地方的牧師要麼把供品吃掉，要麼自己占有供品，挪作他用。所以，僅僅六年以後，下一任皇帝在沒有驚擾百姓的情況下僅用了 60 天時間重建碧霞祠。現仍有一處碑刻記述了該祠的盛景：銅瓦，桂柱，松梁，深紫色鑲板，上面有雕飾，並且還有鑲嵌了金銀珠寶的橡木，紫色的掛簾等。可是這一切都毀於一場大火，只剩下了 18 件可憐的文物！

碧霞元君：一隻猴子為她送來
有長生不老功效的仙桃。拓片

碧霞元君面對眼前的老虎面無懼色。
此拓片的原名為「泰山天仙聖母圖。
她的隱居生活，修身養性和成仙」

在這裡，我們至少可以看到一位數百年來一直得到人們熱切愛戴和崇拜的女神。人們把她和青色連繫在一起，這是新鮮草木的顏色，而泰山的聖物就是樹木。因此，這裡有生命之樹，有無窮的創造力，它是萬物之母。

因此，嘉慶皇帝在位時，望子心切的皇后就曾求助於這座神殿。她在嘉慶十一年送來了給碧霞元君的特殊請願書：

皇帝臨御海宇，十有二載，皇儲未建，國本尚虛，百臣萬民，無不仰望。茲特遣官敬詣祠下，祇陳醮禮，潔修禋祀，仰祈神貺，默運化機，俾子孫發育，早錫元良，實宗社無疆之慶，無任懇悃之至。謹告。

這裡紀念物甚多。最受歡迎的物品之一，同時也很適合女神廟這一場所的，是泰山仙人鏡。

天仙昭鑑。

上面的題字值得記住，而重複下面的禱文也是很有意義的：

上太山，見仙人，食玉英，飲澧泉，駕蛟龍，乘浮雲。
白虎引兮直上天，受上命，壽萬年，宜官秩，保子孫。

人心從根本上說是一樣的，所有人最純潔的欲望也是相通的。但是一旦窺視心境，會發現每個人距這一願景還很遠，也會讓一個人滿懷渴望地求助於某位仙女或神仙，後者才能真正使祈願變成現實。

(4) 捨身崖！摔碎金碗

山頂上的碧霞祠算得上人類最高智慧的結晶。從58處最重要的景觀中，如果要挑選上帝最傑出的作品，我們認為應該首推一個高聳的懸崖。由於人類的智慧在這個地方的長期誤用，它也被賦予一個凶險的名字 —— 捨身崖。在這座聖山上，人們所崇拜的主神碧霞元君是生命女神，人們到此山朝聖的主要目的也是為了長壽，而這個懸崖的名字本身卻意味著提前結束生命。中國的倫理規範會允許它有存在空間嗎？不。是不是人們以宗教的名義來到這裡，用自己的生命來獻祭呢？西方的倫理規範中有這樣一種意識，正如羅伯特‧布萊爾（Robert Blair）在一首詩

《墳墓》(*The Grave*) 中所描寫的那樣：

> 責任要求我們靜候上帝召喚，
> 沒有上天許可不敢擅自動彈，
> 如哨兵注定要保持同一姿勢，
> 隨時等待被解脫的那一時刻。

但在亞洲的最東部，人們的思維方式完全不同。我們不必去考慮日本武士擁有自戕的特權，其實這和德國的習慣如出一轍。在德國，如果一個軍官辱沒軍人榮譽，他的同事會遞給他一把左輪手槍。在日本，有兩種情況會使一個人主動告別這個世界：一種是社會性的，一種是私人性的。假如一個日本人無法讓上司意識到他們正在考慮的行動是錯誤的，作為抗議的最後一招，他不是軟弱無力地在一份報告上簽字，而是會惹人注目和從容不迫地自殺，這樣大眾就不得不注意當權者正在做的事情。另外，如果一個年輕人覺得斷送了自己的前程，尤其是考試沒有考好，選擇自殺是常有的事。這樣的行為是現代人的一種自私的行為，不能與愛國者的自我犧牲相提並論。

岱頂上的寺廟群。前面是碧霞祠，後面左邊那個立體的磚石建築是大熊臺。此照片購自泰安府

　　那麼自殺這種行為是從哪裡來的呢？其實這個名稱本身直指中國。只是在中國，人們不會因為考試分數這樣微不足道的事情採取此種行動；在中國典型的例子是，婦女們目睹歐洲士兵的禽獸行徑後投井自盡，以生命為代價保全名節。日本人的一種新方式與此類似：大學大學生爬到柱子、懸崖或火山上，縱身跳下。我們不是立刻就在泰山的捨身崖上看到這樣的例子了嗎？如果說中國人對自殺的看法來自曾經持續對中國產生過影響的日本的話，那麼中國人應該會把自殺看作最高的奉獻，就像寡婦殉夫一樣。最引人注意的是，在五嶽，即中國的五座聖山中，大多都可以發現一處「捨身崖」，即一個適合這一目的並且便於將其名字宣揚出去的懸崖。

　　我們已經提到過呂坤[211]在第一次登泰山的時候，是如何被引導走上一段40級臺階的險路，到了懸崖邊上，他又是如何抵制住誘惑，回來以後如何痛恨僧人因宣傳迷信而引導人們做出愚蠢的事情。他是一個有世俗頭腦的榜樣，沒有受到環境和僧人說教的影響，本能地採取了截然不同的態度，並且以官方名義採取行動，制止罪惡現象的滋生和蔓延。

　　一些沒有宗教信仰的人發現並且反對某種在宗教名義下發生的罪惡現象，想來這是一件令人悲哀的事情。但在這裡的泰山上面，直到現在捨身崖還是岱頂58處宗教場所之一。幸運的是，就像善良的呂氏所希望的那樣，國家進行了一些介入。明萬曆年間巡撫何起鳴在崖側築起圍牆，防止人們跳下去，以遏制自殺現象的蔓延，這就像福州的一個水池邊上註明「不得在此溺死女孩」，也像是紐約中央公園的水庫周圍為防止自殺而設的柵欄。巡撫何起鳴做得更好，他不僅給人提供身體上的保護，透過法律對企圖自殺者進行勸阻，而且採取一些很細緻的措施，從情感上對人進行引導。有一個被人書面或口頭上稱為「捨身崖」的地方是件危險的事情，語言對我們影響之大超出我們的想像。於是何起鳴便

[211]　蓋洛所用的人名（Yui）難以查尋，但明代呂坤的《回車巖記》中卻有相似的記載。

137

將此處更名為「愛身崖」，消除了對自殺的暗示，從而給人一種積極的聯想。這些措施後來得以延續，在此摘錄林之浚《圍牆記略》片段為證：

> 日觀之東有崖焉，陡絕萬仞，望而目眩，心掉者久之，俗名為捨身崖。村鄙小民其計窮無可復之者，往往寸心糜爛，欲以幸來生福利。其始也不知創自何人，後遂沿以成習，歲或一二見。州佐守張君怵然傷之，丁酉冬，君奉檄監嶽頂稅，未匝月，以捨身告者凡三人。君益慘惻不自安，因築垣以阻其徑。其長餘三百尺，高十有五尺，募山之踐更者守之。有徘徊垣下及逾垣而跳者，則詰其所由來，為之寬譬而遣之。自是閱五歲，不聞有捨身者，君慮垣日久，寖以頹毀，守者亦因以懈怠，後之人不能繼其志也，請餘為文，勒諸石以垂不朽。

因此，當遊人如今來到這個特定地點時，不會再有人要他為守護的僧人繳納為了自殺而付的最後一筆錢。他會看到兩處碑刻，一首頌文，一首歌詞，可以讓他對宗教進行更好的思考。

研究如何阻止自殺的方法和手段是一件非常有意思的事情，即使在這座山上，冒險精神也促使我們思考石碑上所刻的頌詩和歌詞，這樣的石刻是功德無量的，它們矗立在那裡，就像是一個路標，引導人們打消走上絕路的念頭。

懸崖上的張位歌

〔明〕張位

> 養老送終若無託，大是不孝滅天理。
> 或有無聊祈後身，更望蓮花佛會人。
> 富貴多憂樂是苦，見身清淨便登真。
> 萬仞身輕一鳥落，骨肉為泥魂渺漠。
> 女愧成名清風崖，男非喪魄天祿閣。
> 東嶽蒼蒼德好生，誰哉作俑誣神明。
> 乘雲託世轉相誑，千秋萬祀坑愚民。

我今作歌勸來者，神人夢授語非假。

泰山鴻毛宜自思，珍重此身莫輕舍。

通往捨身崖的路。蓋洛 攝

　　最後我們會注意到，由於反對自殺的潮流已定，我們從古代也能找出同樣的宗教先例。勾魂就是泰山神的職責，《泰山志》第十九卷中的一個故事說，如果沒有得到召喚，誰也不能來，來了也不會受到歡迎。什麼時候把誰招來都是嚴格按照生死簿的，有一次，泰山神手下文書就犯了一個錯誤，沒到時間就把一個人招了過來：

　　漢獻帝建安中，南陽賈偶，字文合，得病而亡。時有吏，將詣泰山司命，閱簿，謂吏曰：當召某郡文合，何以召此人？可速遣之。時日暮，遂至郭外樹下宿，見一年少女獨行，文合問曰：子類衣冠，何乃徒步？姓字為誰？女曰：某，三河人，父見為弋陽令，昨被召來，今卻得還，遇日暮，懼獲瓜田李下之譏，望君之容，必是賢者，是以停留，依憑左右，天明各去。文合卒已再宿，停喪將殮，視其面有色，捫心下，稍溫，少頃，卻蘇。後文合欲驗其實，遂至弋陽，修刺謁令，因問曰：君女寧卒而卻蘇耶？具說女子姿質、服色、言語本末。令入問女，所言皆同。方大驚嘆，竟以此女配文合焉。[212]

---

[212]　這個故事最早見於《搜神記》，亦收入《泰山志》卷十九中。

從那以後，泰山神再也沒有同時招來過兩個靈魂，儘管過錯是在文書身上 —— 或許他會因此被解職，對那些不請自到的輕生者他該怎麼辦呢？不能讓一個「捨身崖」辱沒聖山的名聲；於是「捨身崖」變成了「愛身崖」。

⑤ 午夜在岱頂

岱頂風景可圈可點之處太多，我們不好一一道來。這裡有天街；這裡還有五花崖上的試心石，那裡只能容一個人爬上去，兩塊巨石「鉤」在一起，容易搖晃，只有心誠的人才可以安全爬過，如果一個人心不誠，石頭就會搖晃讓其跌入谷底。這裡還有日觀峰，曾有無數人在此目睹太陽的兩個紅色大圓盤「互相吃掉對方」。到這裡的人都不會錯過孔子廟，就在離碧霞祠不遠處；而從碧霞祠向北更高處有玉皇廟。這裡也有「極頂石」，代表著此地是泰山最高處，它還有兩個名字：「巔石」和「太平頂」。曾有一座廟[213]建在極頂石上，有一次一位虔誠的官員在此祭拜，據說他發現神仙瞪著眼睛，開口說話，命令他把廟清空，一點點地把它拆掉，然後小心地把土清掃乾淨，只剩下岩石本身，恢復其原本的素樸面貌。

香客們從聖山上下來時看到的情景。他們的目光越過南嶽街的村莊，
看到岱廟高大的正殿，以及遠處的赤山。此照片底片由凱勒博士提供

---

[213]　即太清宮，又名玉皇觀，今名玉皇廟。

　　幸運的是，關於這位大學者萬恭的正史紀傳得以保存了下來。

　　隆慶王申春，黃河泛溢，輸道梗湮，天子憂皇，命恭若日：「汝其治水。」逾夏河成，灌輸悉盡，天子懌豫，命恭若日：「汝其東禋[214]。」於是臣恭以八月禋泰山，報成績也。余乃歷巉巖，逾險絕，撫秦碑，登日觀。已乃陟山巔，謁天宮，忽緇衣蹁躚，目瞪足踐招余曰：「是泰山巔石也。」余異之，視其上室如錮也，視其下砌如砥也，而惡知夫泰山之巔？又惡知夫泰山之巔之石？余喟然嘆曰：「夫泰山擅四嶽之尊，而茲巔石又擅泰山之尊，乃從而屋之，又從而夷之，又從而踐而履之，今尊貴不揚發，靈異不表見，余過也，余過也！」亟命濟倅（濟南府知府的屬官）王之綱撤太清宮（即玉皇殿），徙於後方，命之曰：「第掘地而出巔，毋刓方，毋毀圓，毋斫天成，返泰山之真已矣。」倅乃撤土，巔出之。巔石博十有一尺，厚十四尺有奇，聳三尺，戴活石焉。東博二尺五寸，厚一尺三寸；西博一尺八寸，長八尺又五寸。夫約泰山而束之，巔已奇甚矣，又摩頂而戴之石，斯上界之絕頂，青帝之玄冠也。余倚活石覽觀萬里，俯仰八荒。遠視則扶桑之日曈其東，崑崙之風吹其西；近睗則秦碑若正笏，叢石如群圭，而齊魯諸阜，圓者似金，直者似木，曲者似水，銳者似火，方者似土，枕青楊之降闕，俯元君之幽谷，而六極之大觀備矣。彼巔石不表見幾千萬年矣，今出之，始返泰山之真而全其尊。後來覽觀者，尚毋刓、毋毀、毋斫天成，務萬世令返其真而全其尊，以毋得罪於泰山之神，其緇衣蹁躚意乎！緇衣余問何許人，何所受之告余？默而不答。噫！我知之矣，蓋緇衣受之碧霞，碧霞受之太君，太君受之上清，上清受之元始，元始受之寥冥之祖。

　　我們不打算再去描述那些室內進行的儀式，而是專注於為五嶽所獨有的罕見的祭祀活動，尤其是那些只在某一特定歷史時期才在泰山上舉行的祭祀活動。為簡略起見，我們來讀一下大約 1,900 年前的一段紀

---

[214]　東禋，指祭祀東方的泰山。禋，泛指祭祀。

錄，那時光武帝在位，而彼拉多[215]此時正是羅馬帝國的第五任朱迪亞[216]總督。

當時光武帝正面臨著重新安定天下的任務。他對於自己的宗教義務極為關注，認為自己有愧於赤眉軍（大都是泰安人），也有愧於泰山神。

我們不妨設想一下他的祭祀大典的程序。山頂燈火輝煌，火光映照出人們的身影，皇帝身著龍袍走出行宮，隨後是行進中無聲的動作，接下來，怪異的祈禱聲在子夜時分寂靜的夜空中迴響，到了即將天亮的四更時分，在 15 個地方同時以紅牛祭祀泰山。有關「封禪」的記載可能對我們有所幫助。

光武帝三十年（西元 54 年）二月，眾臣紛紛奏議皇帝封禪泰山。

自古受命而帝，治世之隆，必有封禪，以高成功焉。《樂動聲儀》曰：「以《雅》治人，《風》成於《頌》。」有周之盛，成康之間，郊配封禪，皆可見也。《書》曰「歲二月，東巡狩，至於岱宗，柴」，則封禪之意也。臣伏見陛下受中興之命，平海內之亂，修復祖宗，撫存萬姓，天下曠然，咸蒙更生，恩德雲行，惠澤雨施，黎元安寧，夷狄慕義。《詩》云：「受天之祜，四方來賀。」今攝提之歲，蒼龍甲寅，德在東宮。宜及嘉時，遵唐帝之典，繼孝武之業，以二月東巡狩，封於岱宗，明中興，勒功勳，復祖統，報天神，禪梁父，祀地只，傳祚子孫，萬世之基也。[217]

當時皇帝拒絕了這個建議。但是——

三十二年正月，上齋，夜讀《河圖會昌符》，曰「赤劉之九，會命岱宗。不慎克用，何益於承。誠善用之，奸偽不萌」。感此文，乃詔松等復案索《河洛》讖文言九世封禪事者。松等列奏，乃許焉。[218]

---

[215]　彼拉多（Pontius Pilate）是《聖經》中用十字架釘死耶穌的古代羅馬總督。

[216]　朱迪亞（Judea）指古代巴勒斯坦南部地區，包括今天以色列南部及約旦西南部。

[217]　出自《後漢書・張純傳》。

[218]　出自《後漢書・祭祀》，下同。

在兩年的時間內，皇帝令人找來九代以來帝王封禪的記錄，這樣關於封禪儀式的完整材料擺到了他的面前。皇帝最終同意舉行封禪，並開始進行必要的準備工作。

二十二日辛卯晨，燎祭天於泰山下南方，群神皆從，用樂如南郊。諸王、王者後二公、孔子後褒成君，皆助祭位事也。事畢，將升封。……至食時，御輦升山，日中後到山上更衣……

皇帝代表了普天之下所有的臣民，他和手下的大臣們一樣，都相信非血祭不能消除罪孽……但下面的引文是對當時祭祀過程的真實記載：

卯時十五刻，太常命宰特牲[219]……

卯時四刻，御史召群臣更衣，並在朝南的祭壇上豎起上帝的神主牌。

卯時三刻，群臣身著禮袍，畢位升壇……領下屬將牛血灌滿酒樽和玉碗……並灑在地上，以淨化場地……

皇帝穿上龍衣……走出行宮，在祭壇上施禮……並喝下祈福的酒……

將盛牛血的玉碗奉獻給上帝，然後祈禱！

多麼莊嚴肅穆的場景！

在儀式行將結束時，皇帝需要親手把玉牒和玉牌密封，親眼看到將它們放入聖壇中並且加上蓋子，然後以五寸玉璽密封。

事畢，皇帝命人將所刻石碑立於上帝的神主牌旁邊，乃複道下。

皇帝此行是為慶祝天下太平，向泰山神謝恩，並且在為眾多前人所尊崇的神聖泰山上以全體臣民的名義向上帝祈禱。

中國的統治者按照他們所掌握的知識所做的一切，都是受百姓所託，也是為了百姓的福祉，但實際上，他們是受神的命令而為天下人做

---

[219]　古代用一牛一豬祭祀。

這些事情的。

現在需要在這個地方傳播的知識是：所有的廟宇都應該像紫衣廟那樣被拆掉，如此隆重的封禪儀式只此一次足矣，所有的神像都應該從人們的視野中消失，一切朝聖活動都應該停止，遍布許多村莊的石刻的內容應該記在心裡。

無論是泰山還是耶路撒冷都不需要人們前去拜神。只要你真心崇拜和熱愛上帝，在哪裡都是可以達到目的的。

第二部分　赤色的南嶽衡山

衡
山

及今齒壯力健，即不能汙漫其於九垓，亦當遍遊寰中諸名勝，遊目騁懷，以極平生之願。

—— 張居正《遊南嶽記》

第一章
朝聖

「從上一次對南嶽的記錄到現在已經有 90 多年了。上一次記載的那些字跡已經變得模糊和看不清了。其中有一半以上已經完全消失了。」西元 1752 年，湖南衡州府的知府舒成龍如此冥思道。當時喬治‧華盛頓（George Washington）還只是維農山莊的繼承人，班傑明‧富蘭克林（Benjamin Franklin）還在擔心《窮理查年鑑》（*Poor Richard's Almanack*）的出版是否有損於他作為賓夕法尼亞州州議會新成員的身分。舒成龍自然知道西元 1662 年之後的中國知識界取得了長足的進步，當時聖祖康熙皇帝繼位，亟須一位新的地方志學者。大學者高楮維馬上意識到施展抱負的機會到了，就承擔起了這一責任。他編輯和潤色了大約八卷書，才覺得自己在這件事情上盡到了本分。這套方志後來又由高楮維這位衡山縣的前任縣令重編，並由現任縣令黃康以及黃愈夫修訂，最後由第二篇「序言」的作者況憫貧於西元 1753 年正式刊行。

高楮維至少還有前輩們所蒐集的素材作為指南來進行這項研究；而與他相比，一個西方人要做這件事就困難多了，因為後者找不到任何關於這座聖山的西文書，也沒有任何用西文寫的手稿！我們所做的工作是具有開創性的，用一句時髦的話來說，我們將紅色的南嶽介紹給英語世界的讀者。

朝聖者的拜香歌曲調如下：

　　這就是旅行者一走進這個南部聖山的範圍之內,馬上就會縈繞在他
們耳邊的簡樸旋律。早在瓦格納使那種跟某人、某地或某事有關的主題
曲在歐洲家喻戶曉之前,南嶽就已經有了這樣的曲調。古代的基督徒有
他們的朝聖曲,然而,即使他們是從猶太人那裡繼承得來的詞和曲,這
些朝聖曲也是南嶽廟宇之中宗教儀式的一部分。

　　猶太人有成系列的上行之詩[220],似乎是挑選來放在一起作為合適的
一套歌曲,以便在從加利利[221]去耶路撒冷的朝聖路上唱的。他們是不是
曾經從遠在東亞的某些中國同胞那裡得到了指點?至少任何去過湖南省
的人都會知道朝聖歌本是什麼東西。毋庸置疑,隨著時光的消逝,這些
歌本會有所擴充和修改,可是,正如現代的聖誕歌曲會包含一些古老的
曲調,或像大學生歌曲裡會把古今曲調混合在一起,如今去南嶽朝聖途
中所唱的拜香歌也包含了一些很古老的曲調。讓我們來看一下《新譜謁
嶽神調》這部歌本。

　　歌本的第一部分是一些讚歌,這些歌很適合於那些在旅途中翹首以
盼到達南嶽界後去寺廟燒香拜佛,然後就沿著神道開始進行被認可的一
輪宗教儀式的人。

　　　我懷著極其虔誠的心情
　　　來到慈悲而神聖的南嶽。
　　　九龍山上可見各路神仙

---

[220]　上行之詩(Songs of Ascents),又叫登階之詩、上殿之詩,是主教導人如何提升自己修養水
　　　準的。例如《聖經‧舊約‧詩篇》。
[221]　巴勒斯坦的最北部,以色列的古王國,是基督教徒的中心。

齊聚在世人尊崇的神山。
一路思念爹娘養育之情，
他們的恩惠我難以報答，
所以我決心來朝拜燒香。
雪山頂上住著南嶽真神，
雪山頂上顯示著神力，
在白茫茫的峰頂山脊上，
他顯示出了超凡的威嚴。
平陽飛馳中他翻身下馬，
神聖的南嶽神端坐中央，
璟、武二將分立在兩旁，
還有神龕中的王母老君。
一拜天上的太陽和月亮；
二拜陰間的十個閻羅王；
三拜至尊皇帝萬壽無疆！
四拜威力無邊四大天王；
五拜君臨諸神玉皇大帝；
六拜南海慈悲觀音菩薩。[222]

　　然後那些排比句就這樣一直延續下去，稱頌她的孩子是如何孕育，又是如何生下來的，她如何照看他，有什麼恩惠降臨到了這些朝聖者的父母身上，直到歌本幾乎直接變成了祈求父母健康長壽的禱告。奇怪的是，所有民族唱的民歌都十分相似，在一些未被汙染的英格蘭鄉村裡，農夫們仍時不時地圍火而坐，嚴肅地輪流哼起一些老歌。就拿這些朝香歌來比作上行之詩，再看看他們進了主廟宇以後為南嶽焚香時唱的拜香歌，我們看看前幾行：

　　南嶽，光輝燦爛的上天之神！

---

[222]　因難以查到拜香歌的歌詞原文，所以只能盡量按英譯文譯出。下同。

請保佑這個國家，
給人民帶來和平，
至尊至偉的南嶽真神！

當他們慢慢地爬上了神道，在每座神殿前都燒香立誓以後，快樂的人群覺得以前的罪孽都得到了赦免，就在他們大步跨下山來時，吟唱聲響徹了整個蒼穹：

我心裡充滿了平靜和滿足。

但無論是來的時候，拜神時，或是回去時，也無論所唱的是什麼歌詞，全都是那種古老神聖的吟誦調，就連外來的拜訪者都會發現它深深地刻入了他們的記憶，那簡單而質樸的旋律會隨時將他們從精神上帶回到中國的南嶽。

許多次的朝聖並不滿足於不斷地重複一個簡單的句子，也會在下山的路上吟唱下面的詩節，愉快地走完到家的路程：

我已在神龕前燒完了手中的香，
苦惱的心現在恢復了平靜。
回家的路上我無須再抱怨
上山時的勞累和艱辛，
但願我能忘掉一路上的僕僕風塵，
以及崎嶇小路上的苦苦攀登。
南方的那片祥雲真像是天意，
滋潤世間萬物的大恩大德
真可謂是法力無邊！
我身揣著霞光回家，
要使全家都充滿歡樂。
天尊真神，懇請你贖罪，
請讓我茅塞頓開，大徹大悟。

　　朝香歌本的第二部分的開始部分在一個小標題下面告訴我們，按照古老的風俗，皇帝會在每年陰曆的五月來南嶽進行祭祀，但是這一風俗早已經被廢棄。然後是針對那些已經來朝拜過南嶽的人的實用性指南，每次祭拜儀式都包括兩遍，每遍五次燒香拜神的過程。每一次燒香拜神都有其特殊的意義；有求父母健康的，有求名的（中國人很注重「面子」），有求官的，還有求財的。家庭的觀念貫穿於整個儀式的始末，因為其中一項儀式就是祈願自己的兒子可以像西瓜裡邊的籽一樣多，而且整個儀式的高潮是對父母表達尊崇，祈求得到他們的恩惠。

　　朝香歌本的第三部分裡邊有一條外來的註釋，似乎是曾經刊印過的一個佛教的版本，最後該版本的內容被新增進了朝香歌本；想像一下吧，一本羅馬的日課書裡邊新增進了聖公會用的公禱文。因為我們發現在歌本中重複了很多先前就有的東西，只是用詞有一些輕微的變化，可是在朝拜方式方面卻變化很大。這第三部分假定朝聖客是先沿著外圍，然後再到中間部分來朝拜；而正統的朝香路線卻是恰如其分地把位於南嶽中心的廟宇作為整個朝拜過程的中間部分。

　　朝香歌本所規定的朝拜儀式對朝聖者提出了這樣的要求：每人必須親自抄一段祈禱文，或者由某人代他來抄也行，並用抄有祈禱文的那張紙包上一捆冥錢（既不是支票，也不是現金，而是硬幣的紙仿製品），將這些獻給廟裡供奉的神，在這個神面前跪下，然後將祈禱文和紙錢全都燒掉。

　　祈禱文的樣式如下：

　　信人某某，蒙荷神恩，今受父某某、母某某所託，特備香錁，敬獻神前，乞保平安。某年某月某日。某人敬叩。

　　這多像是在愛爾蘭或者魁北克眾多朝聖商攤裡賣的宗教儀式書啊！此外，在一輪朝拜開始時，或是早在開始之前，朝聖者都會穿上一種圍

兜，上面印著四個字：「南嶽進香。」在日本，去巍峨的富士山頂朝拜的人也身著白外套，手握長手杖，揹著行囊，戴著金絲藤戒指，手搖小鈴，口裡念著「六根清淨」。這個祈禱文就是為了淨化被認為是罪惡六種來源的六種感官。富士山山腳下一個基督教教堂裡一位很有才華的牧師曾告訴我，所謂六種感官就是指眼、鼻、耳、舌、身、心。

這讓美國人想起華特・雷利爵士對於朝聖客的描述：

給我一個安靜的扇貝殼，
可供支撐的信仰法杖，
快樂指南與不朽聖餐
拯救靈魂的一瓶清水，
朝聖外衣和希望保證，
我便開始我的朝聖旅程。

但中國的香客並不需要如此複雜的裝備，也不需要每一件物品都要得到賜福；圍兜是他唯一的朝聖外衣，這個圍兜在任何一個商店裡都能買到，並不需要履行任何儀式，當然，它也可能是家人親手縫製的。

那麼為什麼每年 8 月人們會蜂擁而至南嶽呢？確實有大人物葬在這裡，但香客們來此不是為了懷古，或憑弔聖愛德華或喬治・華盛頓的功績（後者在美國人心目中是最重要的）。他們的墳墓有很多人會經過，但肯定不是吸引香客們來的原因，而且事實上很少有人會瞥它們一眼。我們有亞瑟王和大神[223]的傳奇，而這些朝香者來並不是為了尋覓圓桌騎士，也不是來唱海華沙之歌[224]。這裡也有一些碑石，比如著名的禹王碑。但是你雖然也許能夠讀到如何到岣嶁峰上 —— 根據《水經注》，這曾是衡山的別名 —— 去找那塊碑的說明，然而從那個說明的語氣中人們得到的印象是，該碑可找可不找。而且實際上，香客們對於這塊遠古的

[223]　大神（Great Manitou）是北美印第安人土著的自然神。
[224]　海華沙是美國詩人亨利・朗費羅（Henry Longfellow）的長詩〈海華沙之歌〉的主角。

151

洪水碑也沒有興趣，儘管它是大禹所立，以紀念他退卻洪水和保衛帝國的功勞。香客到南嶽來都有特定的目的。就像人們去波普雷的聖安妮聖母大教堂[225]或盧爾德[226]去尋找健康，或去里約熱內盧是為了祈求旅途順利，去南嶽的香客是因為孝順而去祭祖和為父母祈福，為家庭求財，或求破鏡重圓，或求傳宗接代，總之，什麼都求。

數千年來，無數的人來過這裡祈禱。現在還是如此，也許將來仍會這樣，不是來這裡，就是去別的地方。正如威廉·詹姆斯[227]教授所說：「在科學啟蒙的時代，我們聽到過大量關於禱告效驗的討論；可以找到很多理由告訴我們不應該去禱告，而同時也有很多理由告訴我們應該去禱告。但是在所有的討論中，幾乎沒人提到我們為什麼每天要禱告，道理很簡單──我們忍不住要祈禱。事情也許是，雖然科學告訴人們不要去禱告，但人們仍然會一直禱告下去，直至世界的終結。」

對於地質學家、文物學者、歷史學家和藝術家來說，從北到南綿延20英里的山脈具有許多可以讓他們感興趣的東西，然而吸引香客的只有一座高峰，從神街到峰頂的路上零落地散布著幾座神殿。這種目的的直接性使得上山進香跟單純的遊覽觀光不是一回事。香客們會想：「這一件事就足夠了。」因為「百善孝為先」。從山腳下往上的進香之路有4,000英尺長，一路上的牌坊和廟宇分布得稀稀落落，有某些地方必須停下來，完成一定的儀式後才能繼續上路。然而即使如此，上山和下山的過程加起來也很少會超過一天，即13個小時以上的時間。

奇怪的是，南（衡山）北（恆山）兩嶽雖然書寫形式完全不同，但讀音聽起來幾乎完全一樣，為避免混亂，衡山就通常稱作南嶽。《山志》雲：

[225]　聖安妮聖母大教堂（Basilique Sainte-Anne-de-Beaupré）位於加拿大的魁北克。
[226]　盧爾德（Lourdes）是法國的一個城市。
[227]　威廉·詹姆斯（William James，西元1842～1910年），美國心理學家，和約翰·杜威一起倡導實用主義哲學。

南嶽衡山位於湖南省衡州府衡山縣。主峰距離衡山縣城三十里，衡州府九十里，長沙的佛院二百七十里，湖廣總督府一千一百七十里，北京四千 二十六里。

我們還可以更確切一點地說，衡山位於洞庭湖正南110英里的湖區內，湘江上游；或者廣州幾乎正北300英里，廣州至漢口的鐵道幹線正西邊。它的位置還被描述為占據了八卦中的一卦，即離。[228] 根據中國的神話，這神祕的八卦最早是長在一隻大海龜的背上的。「這樣一來，南嶽這座聖山的確切位置就可以找到了」，一位話音柔和的中國學者曾這樣狡點地評論道。

南嶽街一個舒適的角落
—— 古老的圓拱橋及其欄杆

東川門。
南嶽廟美麗的庭院內東溪的門。
蓋洛 攝

我們旅途的第一程是乘坐火輪船，這艘輪船有一個好聽的名字，叫作「新問候」（New Greeting）。由於船上有香客，我們就將他們分作了幾個類型。其中有一種可稱為忌口香客，這種香客離家時，他家的房屋上貼著紅紅綠綠的紙片，表示當家中一人去南嶽進香時，全家都會跟著沾光，他們發誓在進香的日子裡，只食水果和水，去進香的那個人飲食也一樣。

---

[228]　根據中國傳統的哲學和神話，八卦是富有象徵意義的一套符號系統。它們分別是：乾、坤、坎、離、震、艮、巽、兌。

　　另一種是五步香客，這些人並非如舞蹈愛好者所想像的那種舞蹈家，但是他們五步一跪，一般來講，每個五步香客旁邊都有一群人陪著，這些陪著的人也因此而會部分地享受到那個跪地的人修來的福分。這一種香客裡也有不同的做法，有人喜歡走七步才跪一下，另一些更為嚴格的香客則每三步一跪。我們也聽說，有些人跟印度的香客一樣，在進香路上是一步一跪的。博學的沃倫博士在給我的信中寫道：「這些香客在去南嶽的路上跪拜的次數 —— 無論是三步一跪、五步一跪，還是七步一跪（請注意都是奇數，從未聽說有哪個香客是選擇小偶數的）並不是因為教規裡有這樣的規定，而只是香客們自己的興致所致。」

　　因為河床太淺了，我們只好在湘潭登岸。這裡的長老會傳教士高伯蘭 [229] 先生給了我們很多有用的資訊，很客氣地幫助我們僱到了下一個旅程所需要的轎子，他不遺餘力地向那些虔誠追尋上帝的人指出了真正的拯救之路。即使在這片並不神聖的鄉間也沒有什麼牲畜 —— 至少我們沒有看到，只有頭上長角的水牛，這頭水牛似乎更信任我們，而非那些挑著我們行李的苦力。夜晚將至，我們來到了洪記全盛客棧。如果這個名稱指的是空氣、塵土和臭蟲，那可真是名副其實，我們決定在大廳的桌子上鋪開舖蓋，並掛上蚊帳，而不是在正式的臥室裡做臭蟲們的犧牲品。從此時起，我們開始理解每個香客在進香途中總是隨身攜帶五根燃香的意義所在，當然也聞到了焚香的味道，雖然按照表面的說法，這樣做是為了敬拜屬火的聖山。

　　次日早晨，我們就進入了遍布細軟竹子的山區，注意力也從那些香客身上轉到了別處，雖然看到了兩個尼姑，她們的剃光的頭上面有九點疤痕，那是在她們成為尼姑的儀式上面由文火和香頭弄出來的，不久又看到了三個通道教的女香客坐在滑竿上面，用香菸代替香火。一位中國

---

[229]　高伯蘭（A. R. Kepler，西元 1879 ～ 1942 年）是隸屬於美國北長老會的傳教士，1901 年來華傳教。

紳士評價道：「女香客吸菸就意味著，她們會做比吸菸更壞的事情。」最後我們轉入了南嶽街，或神街，那天剩下的時光裡我們就去遊覽和收集資訊了。

第二章
南嶽腳下的神街

　　我們拜訪了一個道觀的道長，結果受到熱情的款待，使我們受寵若驚，因為道長親自做了我們的導遊。想像一下，如果由都靈[230] 大主教本人領我們參觀教堂裡所有的神龕，包括神聖的耶穌裹屍衣，那該是多大的榮耀！這位當地的名士告訴我們在南嶽廟的庭院內共有四個道觀、八個佛寺。清朝的末代皇帝登基時，曾在此宰牛為祭，因當時「暴雨驟降」，參加者寥寥無幾。民國以來，這裡就沒有做過大的犧牲儀式了，香客也越來越少。有一些私人的祭祀，多數是燒香和燒冥錢。除固定資助外，道士與和尚們的收入主要來自當地商人的捐助。廟裡在賣好多的紀念品，但經過功德箱時，我們並沒有往裡面丟錢。試想讓美國南方的一個牧師來包裝一盒盒的波士頓茶葉，這合適嗎？

　　在南嶽廟前的丹陛上雕刻著一條漢白玉的蟠龍，有時可以看見香客們拿著真的銅錢在那上面擦來擦去。但是和尚道士們得不到這些錢，因為它們是要拿回家掛在孩子們身上，以用來祛病消災的。另外一些香客會來帶走由和尚道士們磕頭為他們求來的竹籤，竹籤上主要是祈求結婚生子的禱詞。這些寫有生子禱詞的竹籤和冥錢一起放在菩薩前邊的一口甕裡面，在香客跪拜的同時全部燒掉。燒後的灰燼如果飄到了甕的外面，就說明祈禱將會靈驗，而關於此事的一紙證明就意味著將會提升這段婚姻的狀態。我們看到一些人在偷偷地往甕裡投錢，以求能讓灰落到

---

[230]　義大利西北部城市，其教堂為大主教所在地，並以藏有耶穌裹屍衣而聞名。

甕的外面！還有一些人帶來一些布片，讓那些和尚道士在上面畫符，以用於祛病消災。

通往神聖南嶽衡山腳下的南嶽街上的牌坊。蓋洛 攝

　　這裡的祭品都是用火燒掉的，該做法尤其適合於這座以火為特徵的聖山。土地神對於香客們似乎也很垂青，早在元朝時，南嶽廟的前殿和後殿就被燒掉了。明朝時候重修後又遭火災，因土地神開恩而全部燒毀。順治帝也頗得土地神的寵幸，在他即位的第五年，南嶽廟又發生了第三次大火災。此後，這裡不斷地進行重建、修繕和裝飾。若是末代皇帝當政時，這裡的祭祀不是光燒死一頭牛，而是將整座廟宇都燒光的話，說不定他現在還當著皇帝呢。

　　顯然這片地方很危險，因為火神的威力太大。幸好在這個省分裡水源富足，足以遏止衡山火神的影響。正如古代典籍所云：

　　衡山之性曰火，其質曰燥，其勢若盛，則萬物暴而多毀。然左右之澤，延至彭蠡洞庭，若蓄長江之水以調之，火必不能暴。自虞舜至今，覽萬千造化之力，莫匹於水。故以水克火，以柔制暴，天之至道也。

這讓《聖經》的讀者們想到了水與火的先知以利亞[231]隻身雲遊乞討的故事。

甚至在我們還沒有認真研究大禹洪水碑，以及它在南嶽的位置這個題目之前，我們就已經覺得奇怪：這樣一塊碑又怎麼會在這座獻給「火」的山上豎立起來並留存到現在。但是魯寅曾經說過：「點燃水中火。」又道：「火為心中紅。」這些話中暗藏玄機，我們無法理解其中的奧祕。可不管怎麼說，在其他地方的水火混合可以引發巨大的爆炸和引來各種的災難。幸好在這裡是衡山的神奇力量統攝一切。

然而，這讓人想到那個阿特拉斯山脈[232]的女巫，她 ——

用奇妙的巫術將火與雪
糅合在一起，用液態的愛
鍛造出令人厭惡的龐然大物……

我們在南嶽了解到了一個極其神聖的數字：七十二。其重要性來自以下的事實：天上有七十二星宿，漢江有七十二支流，尤其是南嶽有七十二峰。有一次，皇帝懷疑這裡有七十二個窩藏土匪的洞穴，就向一位姓曾的大臣詢問此事；後者解釋說那不是指洞穴，而是指山峰。於是皇帝要他將七十二峰的名稱一一道來，他數到第七十一峰後，便低頭尋思這最後一個山峰的名稱：這時

聖山腳下南嶽廟的庭院內

皇帝幫他解了圍，將最後一個山峰賜以「耆闍」之名，這個名稱沿用至今。

---

[231]　關於以利亞的故事，參看《聖經·列王紀上》第 17 章至《列王紀下》第 2 章。
[232]　位於非洲。

　　我個人收藏的一部南嶽地方志中有完整的地圖和上面一連串富有詩意的名稱，如紫穹、祝聖、仙野、天柱、赤帝、煙霞、永和、朱明、天臺、望日、神草、藍鷹、祥光、噴霧、靈鳥和九女等。實際上，簡單研究一下這張地圖，就會發現這些名稱超越了迷信，表達了對於自然的欣賞和對於上帝的渴望。

　　南嶽七十二峰之說由來已久。一位住在長沙的外國「資深批評家」寫信告訴我說，衡山並非真只有七十二座自然的山峰。然而在那些可靠的衡山全圖上，七十二峰頂的具體位置全都有標註，並且加以命名。可是，有一幅古老的地圖多加了一峰，叫阿彌陀峰，這樣就成了七十三峰。其實很有可能是七十二峰中的一峰有一個別名。後來那個名字被刪去了，以成全七十二這個數字。我們倒確信，山峰的數目跟猶太教公會的人數 [233] 相同。

南嶽街上的和尚。蓋洛 攝

---

[233]　猶太教公會是在羅馬帝國統治下的巴勒斯坦地區猶太人自治機構，由 71 名成員所組成。

　　這個數字一旦被認為是神聖的，自然就很快引起很多聯想。「弘治皇帝打贏了七十二場仗，然後便停滯不前，在深深的苦難和悽慘中度過餘生。」一位三國時期不得人心的國王令兒子為自己建了七十二座墳墓，這樣他的對頭們就不知哪個裡面有他的墓碑。釋迦牟尼七十二歲開始教導眾生，他悟出的最偉大的道理即是，每個有感知之物皆能成佛，進入西方極樂世界。老子出生之時不就已經是七十二歲了嗎？古代封禪五嶽的帝王有八九七十二個。乾隆皇帝有七十二座行宮。孔夫子活到七十二歲，弟子中七十二人是聖徒。而且難道看不出來嗎：七十二乘以五即是三百六十，農曆一年的天數，更不用說這也是一個圓周的度數了。數學家畢達哥拉斯應該會很喜歡來這裡，因為五、八、九、七十二這樣的數字都是他的最愛。

　　因此很自然地，南嶽廟裡會有七十二根柱子，每根七十二尺高。當火神接受了這一祭品之後，有兩個工匠被指定來重修這座廟，這兩人不敬神，一心偷工減料，從中漁利，只將柱子立了六十七尺高，並說他們太敬畏這剩下的五尺木柱，才不捨得將柱子弄得更高一些，以此使自己的良心過得去。風神來為受到凌辱的火神報仇，於是「雷聲大作，天昏地暗，支柱被風捲走，足有半裡之遙」。狂風過後，這兩個瀆神的工匠嚇得六神無主，跪地求神寬恕，又重新立了八九七十二英尺高的完整新柱，以示虔誠。「所有乘以九的倍數都有其幾何意義。例如北京天壇裡面為祭壇所鋪的地面，中心圓形的天心石由九塊石頭環繞，第二圈是十八塊，一直到最外圍的九九八十一塊。」研究中國詩歌的人都會聯想到唐代詩人孟浩然的一句詩：

待到重陽日，還來就菊花。

　　而研究中國歷史的人會想到泰山石碑上刻的句子：「九州見其影而尋恩惠。」

　　九這個數字自然也使人想到遠古的大洪水，它最終被引入九條大河之中，因為中國的諾亞沒有方舟，只有建起來的壩堰。

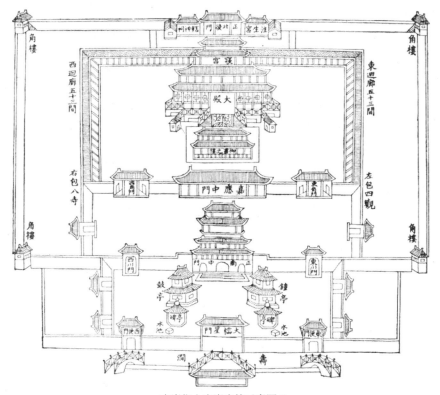

南嶽街上南嶽廟的示意圖 5

　　我面前就有一張大禹洪水碑的拓片，上面是爬蟲一樣的稀奇古怪的字母，或者說是蝌蚪狀的表意文字。這塊碑是這片土地上最為古老的碑刻之一。此碑佚失已久，正如中亞的一些城市、波斯的碑銘文和釋迦牟尼的出生地那樣，很可能是有意埋了起來，以防被破壞或是被褻瀆。大家都知道，古代猶太人將《舊約》的部分極珍貴的典籍虔敬地埋於地下，而平時就使用可靠的複本。據中國某《史地雜記》的記載，宋代四川一樵夫偶爾見到這塊碑石，然後跟一個古文物學家說了此事，後者就模仿著在夔門做了一個複製品。可自從複製品佚失之後，那歷史悠久的原跡

161

卻引起了人們越來越濃厚的興趣,當然這並不包括香客們。一位又一位的考古學家前來目睹那塊古碑,然後拓下上面的文字。在《南嶽志》(卷三,第 12 ～ 16 頁)裡就有三個不同的譯文和評論。

一位叫申艾的文人告訴我們,他能夠解讀上面的碑文:

夜,某焚香祝曰:「有禹古聖,厥精克有,唯我是啟,見示於夢。」是夜果夢一鉅子,以巨瓶贈余,高尺許,色黃,口方底圓,中凸,佩金環四。三字見於瓶口,曰:宮中制。下撰璽銘,若龍蛇幹木。及寤,遺首三字,平明覆就碑銘,渙然若解,輒為此注。

南嶽禹碑上頭四個字的拓片

韓愈有兩行詩(由理雅各譯成了英文)恰好描述了這些碑文:

蝌蚪拳身薤葉撥,
鸞飄風伯怒蛟螭。

楊慎對於禹王碑(洪水碑)的詮釋(由 H. K. 萊特碩士和許默奇碩士譯成了英文)是這樣寫的:

承帝日詝,翼輔佐卿。洲諸與登,鳥獸之門。參身洪流,而明發爾興。久旅忘家,宿嶽麓庭。智營形折,心罔弗辰。往求平定,華嶽泰

衡。宗疏事衷，勞余神。鬱塞昏徙。南瀆愆亨。衣製食備，萬國其寧，竄舞永奔。

　　該書的校勘者們似乎都同意，這塊碑石從約西元前 1100 年的周朝迄今這 3,000 年以來不時地被人拿來審視一番。對於此碑的真偽這樣技術性很高的問題，此刻我們不予以深究。而一個情理之中的問題就是，撰寫此碑，用意何在？孔子在《書經》裡是從堯治的時代開始敘述歷史的，堯時有一場洪災，其臣鯀與之抗爭了九年。堯退位，他的繼任者舜罷免了鯀，委任他兒子禹來抗洪。禹最終平息了水患，排乾了神州大地上面的水，將所有河流限於其河道之中。因為他功勞卓著，就被選為第三任帝王。關於他自然有許多神奇傳說，但最原始的這個故事是可信的。然而如果這塊碑第一次被提到是在西元前 1100 年左右，那可以想見它不是在那個時候才被刻成的，而是在那之前就已經存在的。另一方面，更早一些的碑石可能會受侵蝕而風化，也可能被後刻的石碑所替換，正如聖保羅大教堂院子裡安妮女王 [234] 的塑像所遭遇的命運那樣。英國的溫徹斯特在阿爾弗雷德大帝去世 1,000 年之後才為他立了一個塑像。另外有一些地方認為一場大洪水曾經淹沒了整個地球，中國似乎進一步證實了這樣的看法。許多學者都翹首盼望一位大科學家的出現，期望他可以重塑整個地質學，並且抹去現在雜亂無章的年表，現在正是這個年表阻礙了人們對於知識最引人入勝的追求。

　　在離開大禹洪水碑這個話題之前，我們想承認自己得到了一個越來越強烈的印象，即這塊洪水碑之所以立在這裡，本來是給南嶽的土地神 —— 火神看的。而向後人傳達什麼歷史資訊並不是它主要的目的。它是用於不時地提醒甚至警示火神，如果他過分發揮其火威，另一場洪水就會淹沒大地，將天下所有的火全部撲滅，這樣就將使得他在天下每一

---

[234]　安妮女王（Queen Anne，西元 1665 ～ 1714 年）是英國斯圖亞特王朝的最後一位君主。

戶人家的代表都不復存在。由於人們都相信，胡作非為會招致災難，所以在那場大水之前，全中國無疑遍布著某種邪惡。據說罪孽可以追溯到作為熱情之神的火神身上，因為在一個故事裡，有一位尋找罪惡之源的老嫗目不轉睛地盯著一根燃燒的木頭。誰又膽敢否認必定會導致災難的罪惡呢？因此可以斷定，大禹洪水碑除了彰示它上面記載的事實之外，原本是為了對住在這個紅色地域的火神進行遏制。

南嶽廟的住持送給我好幾幅不同的地圖。在一位頗有影響的朋友幫助下，我得到了一套出版於西元 1753 年的《南嶽志》。可是不久我就不得不同意圖錄中的一個說法，即地圖過於簡略，而書又太長了。即使是這樣，為了寫這本書，我們還是將《南嶽志》中的很多部分譯成了英文。

這部方志當時計劃得十分周詳，我們有充分的理由懷疑當時的歐洲是否能有比這更好的想法，足以讓一位聰明的讀者欣賞。而且可以肯定的是，當時歐洲任何的旅遊指南裡絕對不會用四分之一的篇幅來刊登描寫景物的詩歌，浪漫派詩歌的出現還是很多年之後的事情。

我們感覺有些古怪的是該書第四卷。從我們的摘錄中就會看出，這本方志儘管整體而言是嚴肅和有用的，但其中也有一些荒誕無稽的成分，不過這些卻有助於我們了解當時中國人的心態。也許在西方的背景下，還是會有歐洲人願意接納它們的，儘管是將信將疑的。

「逸聞」部分講述了南嶽街一位老薑的故事：「某一天，一個道士遇見了他，說願意教他『黃白之術』（即可將尋常物品煉成金銀的煉丹術）。老薑未作答，從包裡取出一塊薑，放入嘴中，過了一會兒吐了出來，那塊薑已經變成了金子。兩人相視而笑。後來，人們就再也沒有見過老薑。」簡直是天方夜譚！

中嶽廟內乾隆皇帝的御碑亭。圖中「夫中夫」的字樣含義隱晦，
把這些字寫在御碑基座上的人也許只是憑一時的興致。此句暗喻「福中福」。蓋洛 攝

　　一位神醫的父親是農民，有一次，這位父親被蛇咬了，這蛇毒性很大，幾分鐘之內這位農民的頭髮都豎起來了，身體腫大而亡。兒子被叫了回去，他在父親的屍體上撒滿了灰末，開啟門，喚那蛇來醫治他父親。神醫念起第一遍咒語，雙拳緊握，好像被附身了一樣，但力道還是不夠。於是神醫用米麵塑成一條蛇，透過魔術讓它活動起來，然後派它去找那條咬人的蛇。不久米麵做成的蛇將那條真蛇引來了，後者吮吸著死人的頭。屍體漸次萎縮，蛇身慢慢脹大；蛇死了，而死人卻活了過來。

　　更多類似的故事我們在檢視「南嶽的動物」那一部分時還能讀到，這部分提到許多神奇的動物，比如白龜，大如桶，白如玉，奇珍無比，極少有人看得到。那些見得到的人必得長壽與至福。白龜出現在地誌學研究中，這一點後面還會談到。有些動物名稱是具有欺騙性的，比如雲獅和雨虎，牠們都不是野獸，是洞穴裡面的昆蟲。雲獅類似蠶寶寶，雨虎就像是水蛭，兩者都能用於預測即將下雨。當隱藏在山裡的龍騰雲駕霧

而來時，這兩種昆蟲就會出現。

南嶽的傳說故事中不僅有蛇，還有一種剪蛇龜。這種龜的殼裡藏有一把剪刀那樣的東西，後者能將任何貿然跟它接觸的蛇剪為兩段。

據南嶽流行已久的傳說，山上的老虎都是不食人的，而《南嶽志》上卻是這樣建議人們的：「然則勿近，恐其搏人。」

傳說中的山牛據說只有一隻角，其叫聲類似銅器被敲打所發出的聲音。豪豬似乎與常見的那種無異，然「體生利箭，發則颼颼有聲」。野豬被描繪得力大無比，能逾樹過屋，「虎狼亦遠遁」。

在多種動物裡邊，金錢豹也值得一提，該獸與狼相似但形體比狼小，敏捷，善攀緣，一般從後面攻人，因此遇到這類動物時都應背靠峭壁或懸崖而立，這樣金錢豹才會退去。傳說豹子會俯在老虎後背上，將其撕扯至死。

作為著名的宋朝三蘇之一[235]的蘇軾（大約是哈羅德二世[236]的同時代人）曾為這裡的犫牛立傳。犫牛這個名字自然使這篇傳記留存在南嶽的動物誌裡。早年這位犫牛兄是個農夫，躬耕於山野田園，人稱野犫牛。成年之後，他在此做了道士。離南嶽廟西南方約七里處有一個獨立的道觀，叫作紫空塔，後者是為了紀念衛夫人而建的，他被派到了那裡。他獨身一人，常常貪杯，醉在曠野之中，雖然那裡虎狼成群，風雨交加，卻也傷他不得。某天，朝廷裡邊的司農被派來祈雨，在去往那座道觀的路上，發現野犫牛跟往常一樣爛醉如泥。野犫牛趕忙謝罪，司農對他印象不錯，就帶他回了官邸。

於是這位道士的名聲便傳開了。有一天，他突然來到總壇，請求找人代他，因為他要走了。其他人很是驚奇：這麼熱的天氣他竟然還要出

---

[235]　即蘇軾、蘇轍和蘇洵。

[236]　哈羅德二世（King Harold，約西元 1020 ～ 1066 年）是英國最後一位盎格魯 - 撒克遜國王。

門。代他的人來了之後，發現他已經仙逝，就埋了他。幾天之後，京城的一位道士來訪，在道觀門口遇見了這位犟牛兄，後者說他要出門，讓來者替他問候朋友們。他的朋友們收到這樣的問候，自然要弄個明白，證實這是他死之後的事情，於是他們就掘開了他的墓，發現裡邊只有一雙鞋，一支手杖。

朝廷的司農很惋惜自己沒有發現犟牛身上的仙氣，儘管這位「聖人」飲酒放蕩。現代人讀到的是憾事，會問天才的德行為什麼就不被人所重視。基督教訓誡道：「你們的光也當這樣照在人前，叫他們看見你們的好行為，便將榮耀歸給你們在天上的父。」[237] 道教原宥危險的言行，要求旁人尋眾人內在的善，至少山野之人的內心是有這種善德的。這讓人聯想起有關歐西里斯 [238] 的戲劇：善的最後得勝，是因為惡的橫行迫使它起來維護自己。

還有大段讀來令人欣喜若狂也常常是才華橫溢的傳記，立傳者都是這個國家歷史上的偉人，都以喜愛「山水」而聞名。由於篇幅的關係，我們只能忍痛割愛，把這些都略去不提。

中國歷史上的周王朝就是以此方式產生的。當時有兄弟三人，年紀最幼者最聰明，富有領導才能。他的聲望勝於其兄長，這不容於當時禮儀。於是，這兩位兄長，退隱田野之間，剃髮，黥墨，在山野之間與土人同耕，這樣就為他們有才華的弟弟掃清了道路。逍遙峰上的克己池旁邊有紀念老大的一個寺廟，兄友池旁邊有紀念老二的另一個寺廟，這表明他們的行為得到了後人的嘉許。明朝時，在當地一位地方官的建議下，人們開始在春秋兩季祭祀他們。

劉紹薾官至最高一級，但是厭倦了官場，於是退耕於南嶽腳下。然

---

[237]　參見《新約·馬太福音》。
[238]　歐西里斯（Osiris）是古埃及的主神之一。

而朝廷還總是來向他詢問國事。某日，他正在田間勞作，一個朝廷的信使來詢問去他家的路。老先生將那信使支上一條繞遠的路，然後飛奔回家，沐浴更衣，以向皇帝派來的信差表示必要的尊敬。他的廉潔奉公，世所少見。比如有一次，信差捎口信的時候也帶了一小袋金子給他，劉將金子退還了回去。

劉復官至兩湖總督。在一場大旱之中，他將所有的主事官員叫到了南嶽，然後大家一起坦言自己可能的缺陷和錯誤，為民請罪，祈求眾神不要為了他們而降罪於省內百姓。禱文完整地記錄在《南嶽志》卷十二第二十一章之中，其細節和簡明的筆調讓我們想起所羅門王在獻祭時的禱告，而精神上則使人們聯想到大衛為耶路撒冷的求情。禱文的高潮處是這樣的：

某今率百官，詣廟求神，冀甘霖普降，以濟眾生，災眚得滅，百姓咸寧。

也有些善男信女在這裡為自己樹碑立傳。和尚們怕被官員們弄走，就常將其放在草叢裡邊藏起來，甚至埋掉。一位名叫「老耄」的人卻有更好的方法，他的故事見於遊記。劉先生 60 歲的時候從江南來到這裡，住在紫穹峰下。每天他將刷子和笤帚放進一個竹筐裡邊，一座座寺廟地去清掃，一個個佛像地去擦拭，甚至很細心地用他自帶的小毛筆刷去眼睛、耳朵和鼻孔裡面的塵土。能夠有施捨，買來面和鹽，他就已經知足了。有一位富人贈他一件新袍子，幾天後卻驚奇地發現那袍子穿在別人身上。劉先生解釋說，自從上山以後，他第一次知道了什麼叫焦慮，出門時他就得買把鎖，回家後還得閂門。所以他將這件禮物轉贈給了別人，心裡這才又平靜下來。

田良逸的故事是在景物誌裡面。他相貌堂堂，出身高貴，山野村夫看到他，「所有褊狹吝嗇之氣一掃而光」。據說唐代大政治家和哲學家韓

愈「所到之處，必得淨化」。盧魏和楊平這兩位官員都拿田良逸當恩師，也不覺得有失自己身分。在 9 世紀中發生了一場大旱，他被請去祈雨。他在南嶽廟的寺院內建起神壇，披髮登車，直接來到省府，一言不發。就這樣他一直站到雨點落下來。最後出來了一隻老虎，臥於其母房間門口，田良逸每天都會在那裡放上兩捆柴。他母親告訴鄰里，是他兒子令這隻老虎為她送柴來了。皇帝很想召見他，可是他拒絕入朝。最後他成了仙。

　　這類故事所揭示的心態至今仍然存在。吳三桂在引滿人入關一事中起了很大的作用，可是後來他改變主意，起兵叛亂了。由於擔心自己的前途，他曾在廟裡禱告，希望上天能夠給予指點。他在一幅地圖上放了一隻小白海龜，有 50 美分的硬幣那麼大，祈求神能借烏龜為他指一條明路。白龜四處爬動，但卻總是在一處固定的地區內。後來吳三桂發兵占領了兩個其他的地區，再試白龜，結果還是一樣。

　　這類的故事我們就摘錄到這裡，這些故事表明，從最根本上來講，所有時期所有地區的人們在迷信上都是一樣的。

第三章
登上南嶽

　　聰明的旅行者會研究前輩們的敘述，這樣他就能知道怎樣繞過死胡同，怎樣不為瑣事浪費時光，怎樣找到使他感興趣的事物，怎樣找到非凡的景緻。有些旅行者滿足於這種間接感受到的旅行，他們引用約翰·拉什金的話：「整體上來說，阿爾卑斯山上所有的美景都可以毫無危險地讓人欣賞到。知道這一點……真是太好不過了，山裡所有最好的景緻都在山腳下。」同樣，馬克·吐溫也認定在登山杖上銘刻聖女峰[239]和馬塔角[240]的名字，要比拿著這杖累死累活地爬上去簡單得多。但我們還是決定先讀書，再爬山，然後回來再讀書。按照高楮維的看法：「夫目視外而心省內。吾以省內之心以照衡山，終得天下耳。」

　　我們先來看看如何心省。

　　在孔夫子編的那本古代典籍《書經》中有三處提到衡山，全都是在西元前 22 世紀。最早的一處是在「舜典」裡面：「五月南巡守，至於南嶽，如岱禮。」[241] 在稱頌大禹的時候，寫到了九州：「海、岱為青州。」[242] 還有關於大禹的巡遊：「岷山之陽，至於衡山。」[243]

　　西元前 100 年左右的大史家司馬遷也數次提到了這座山。最早是在

---

[239]　瑞士中部偏南的伯爾尼山區中的一座山，海拔 4,160.8 公尺。
[240]　位於義大利與瑞士交界處的奔寧阿爾卑斯山脈，海拔 4,481.1 公尺。
[241]　I.l,iii.8.——原注
[242]　II.L,vii.46.——原注
[243]　III.2,i.4.——原注

《史記》第三十一章，述及西元前570年：「（壽夢）十六年，楚共王伐吳，至衡山。」另一本論述古代禮儀的《周禮》也從另一個方面講了同一個故事：青州的守護山叫作衡山。司馬遷在論及3世紀之後的秦始皇時，也告訴我們，他「乃西南渡淮水，之衡山、南郡」。始皇帝的統一延續了約40年之後，他的帝國又分裂成為獨立的王國，在秦朝土崩瓦解時，衡山王的頭銜在西元206年給了吳芮。

在了解了這麼多過去的歷史後，我們轉而去熟悉南嶽的地形地貌。關於它的一幅「真圖」很容易得到，而且還有這樣的好處，即只要把它帶在身上，鬼、怪、虎、蟲以及其他邪惡或者有毒的生物都不會接近和傷害你。當作為一個「揚子江上的洋基人」穿越雲南的時候，我曾遇到過神筆，章必成爵士[244]跟我談起過神襪，而我已故的朋友柏格理[245]曾得到過一件神衣，一個無袖的背心，上面飾有納西族文字，據說穿上後，妖魔鬼怪就不能入侵了。難道那些香客身上的圍裙除了用來裝施捨錢、香和冥錢的口袋，對於明顯邪惡的東西還有某種抑制力？

帶上五嶽神圖以加倍防範，對於很多香客來說，都是明智之舉。據說這神圖在各種藥物熬成的藥湯裡浸泡過，以代表五類感官（常識不在其內[246]），其他省分的藥商競相求購，5年內至少得來一次，正如人所說：「這樣就形成了5年一次的購買週期！」湖南並非沿海省分，我們也並不期望在南嶽能夠找到碘，中國人千百年來都是燒海草以制碘，用來治甲狀腺腫。然而凝聚了22種藥材，尤其是何首烏的名字那麼有誘惑力，我們不費神就知道很多人屈服於它的誘惑，保證疼痛甚至痙攣都會避而遠之的。如果給另外的病人服用，一塊根莖可以用很多次。因為在

---

[244]　章必成爵士（Sir Montague Beauchamp，西元1859～1939年）是英國內地會的傳教士，著名的「劍橋七傑」之一。西元1885年來華傳教，1939年死於四川保寧。

[245]　柏格理（Samuel Pollard，西元1864～1915年）是西元1884年來華的英國內地會傳教士，後來又分別隸屬於聖經基督徒會和循道公會。

[246]　在英文中，「常識」為「common sense」，「感官」為「sense」。

首位大清皇帝在任第八年的第四個月，黃藥 [247] 才首次出現。在一次吵架和躲債的糾紛中，有人使用了它，結果服用者變得又聾又啞。不幸的是，有一道士將它挖出來以後又埋了下去，邪氣也隨之蔓延。人們上報給了當地知府，知府寫了一篇驅魔文，並將之埋於地下。現在何首烏的根和那些邪氣都再也找不到了。

　　柺杖被認為是對登山很有用的，有人建議使用生長於雲深處的萬年藤。我們沒能得到足夠的數量，以便給每個人都配上有節的萬年藤手杖。

　　山上也長了些有用的東西。有一種毛竹可以用來做水管，它們有房柱子那麼粗，最粗的直徑就跟鍋爐和水桶一般。跟這種巨人國 [248] 裡的物種相對照的是一種小人國裡面的東西。第二種毛竹生長在衡山水簾洞裡面的石頭上，高度最多不過兩英寸，一旦被砍，馬上就在原來的地方長出來。第三種毛竹的栽培方法很奇特，這種毛竹長老之後挖出來，砍下頭梢，只留下一碼長的竹竿，將各個竹節之間刺穿，再將三杯黃樟腦灌進去，頂端堵上，然後再倒著植下去，它就開始復活，第二年就能生長出許多子孫。這故事聽起來有點荒唐，但西方有經驗的園丁們原來也是以同樣的方法來處理鵝莓灌木叢的。另外有一種樹只要在半夜之後輕叩樹幹，就會流出大量的清漆。樹幹用小刀割開，從割口處流出的汁液就可以拿來做漆。應該每 60 天割一次，否則就不再會有汁液。

　　然而山上主要的樹種還是松樹，政府命令在上香的路上都要鋪成林蔭道，而且不允許破壞。不幸的是，從廟裡偷東西做紀念物以及砍樹求運氣在這裡已經蔚然成風；常走的道路都是光光的，雖然有人現在告訴我直到最近，南嶽的大部分地區仍是被幾百年的老林子所覆蓋，而且有

---

[247]　常被誤認為是何首烏。

[248]　原文是 Brobdingnagian，為英國作家強納森‧史威夫特 (Jonathan Swift) 所著《格列佛遊記》(*Gulliver's Travels*) 中的大人國；相對的是小人國，即 Lilliput，見下文。

一些也保留了下來。靠近峰頂生長著一種很矮的松樹，只有三四英寸高，叫作萬年松，在冬天也不會枯萎。

既然我們是在描述衡山的植物，所以這裡還得提一下方竹；還有楓樹、楓香樹、樟樹、香米，蕨粉、苦甘藍、香菇和茶樹。南嶽茶樹上的嫩芽要在穀雨（4 月 20 日左右）之前採摘。

其他可食的植物及其配製好的半成品都有賣的。木耳是一種長在樹上的真菌，常跟豬肉配在一起烹調，在婚宴、生日以及孩子入學時所辦的拜師宴上這道菜都很普遍，很像英格蘭的牛排和蘑菇。石耳的味道更加鮮美，從石頭上採摘下來並晒乾之後，當成雜貨來賣，價格昂貴。它常和魚丸在一起做菜款待客人，尤其當丈母孃招待女婿，或者行者離家去石耳的產地南嶽山朝拜時，它更是最受歡迎的一道菜。羅漢球，又稱夜挖根，不僅必須在半夜挖，而且在烹飪時人不能出聲，因為它一聽見人的聲音，味道就會變得苦澀和不好吃，這時它就被稱作鬼菜；但如果將其切碎，擠出汁水，再用文火燉燒，就會變得味道鮮美。我們並沒有拿夜挖根做任何實驗。說到毛竹，我們應該提一下，有三種東西是可以吃的：春筍在春季「茁壯成長」，挖出來晒乾之後，可送給平原居民作為禮物；火腿筍長得很大，形狀像火腿，烹飪的方法也像火腿；冬筍則更是美味佳餚，常被美食家們跟雞肉、鴨肉或豬肉放在一起燒菜。山上並不種水稻，而是必須從平原進口，以供應大量的遊客。

在詳細介紹了各種食物之後，我們現在要講述一下古人是如何透過拜謁衡山來修身養性的。關於這一點，顧璘在他寫於西元 1537 年的《遊衡嶽前後記》裡留下了一些可讀性很強的故事，講述他如何在衡山上逗留了 10 ～ 11 天，並不只是沿著山路跟別人走，而是像一名真正的登山家那樣進行了探索。然而他的目的並不僅僅是要克服困難，請看他自己的序言：

以都察院右都御史，建節撫楚。十有一月，巡方問俗，自長沙赴衡。

衡山圖。源自方輿彙編《古今圖書整合》山川典第一百六十三卷

仲冬並非人們通常登山的季節，他在山上被大雪困住。要是能看見一位不苟言笑的御史在山上滑雪或玩平底雪橇，那場景該多有趣！現實遠非如此。「從者執戟前後列行，續續如行蟻。」然而當他描寫自己看到壯麗的冬季風景時的感受，以及這種感受如何達到高潮時，倒是顯露出了極富有人性的感情。他從轎子上下來，「踏雪尋太陽泉，凍結不流，下循石壁題名」。好一個顧璘御史，我一定要找一下他刻下的名字。他的身上有一種非常具有親和力的自然個性，而這種同樣的藝術感使得一位偉大的畫家趙孟頫在一幅畫於西元 1300 年左右的山水畫上寫下了下面這些詩句：

> 石如飛白木如籀，寫竹還應八法通。
> 若也有人能會此，須知書畫本來同。[249]

---

[249]　趙孟頫的這首詩是題在他的《枯木竹石圖》上的。

　　那位右都御史留宿在靠近衡山山頂的地方，儘管狂風把上封寺的門窗颳得嘎嘎作響。第二天早上，他穿著狐皮裘服登上了高處，極目遠眺那裡的風景。「由於北風很大，中午沒有出汗。」我們還是用他自己的話來描述吧。

一個香火很旺的南嶽神龕

　　勁風終夜，震撼戶牖。僧雲四時長然，雖盛夏亦擁衾，當畫無汗。

　　我可以為此作證，因為我們是在「盛夏」的時候去登衡山的，風照樣把門窗吹得嘎嘎作響。至於和尚在任何季節都不出汗，我們也完全相信，因為他們既不在田裡工作，又不在屋裡紡紗。御史的筆記告訴我們，他在各個寺廟裡都做了通常的祭拜儀式。這本筆記是否專門編來給大眾閱讀的？塞繆爾·佩皮斯（Samuel Pepys）事無鉅細地記錄了一切，他對於布道文、戲劇、造船、女人、衣服和音樂的看法，儘管看上去像是一個奇特的大雜燴，但他至少還是經常去教堂，而且絲毫沒有懷疑他這樣做是否跟他生活中其他的事情不太合拍。但是顧璘御史的筆記中並沒有東西可以證明他的感情是不真摯的；他在山上進行探索，並登上最高的山頂時是真誠和熱情奔放的，而且他說只有這樣才能欣賞真正的美景，這跟拉斯金的觀點大相逕庭。在山上的另一處地方，他「俯視四極」。另一方面，他經過「靈巖怪石僧寮佛宇；深者僅託澗阿林坳之間，可一睹而窮」。在他的書中不時地可以看到一些動人和富有詩意的描寫。

　　有溪迢迢，夾崖而出，觸石澎湃，聲自遠至……積雪縞地，間有山茶雜生，含萼未吐。

175

有一天，他爬了 20 里的山路，直至精疲力竭，走不動為止。但他很高興能在一個空房間裡借宿，並且在瀑布聲中安然入睡。他翻過了西山，過了南臺，最後終於看到了山下的平原。在那裡，他就像羅得的妻子那樣回頭望了一眼，[250]「我看到了一個樹木繁茂，翠綠欲滴，無邊無際的世界」。

那是一次少見的熱愛大自然者的訪問。普通的香客來衡山時都是沿著一條標誌顯著的路去看老一套的那幾個景點，在八月裡花不了一天就可以從山底登上山頂，然後再下來。我們自己的衡山之行雖然沒有因拜泥菩薩而分心，但卻因觀察那些香客本身而變得活潑有趣。在從長沙來的路上就遇到了一些香客，但也有普通的旅人。就是在山腳下那個有很多寺院的集市城鎮，也有一些趕集和做普通生意的人。還有旅遊觀光者。英國的切斯特無疑有在大教堂朝拜的訪客，但它還有比這多 20 倍的人是來觀賞羅馬人建造的城牆和古色古香的街道的。即使沒有那些朝聖者，它也會是一個繁榮地區的商業中心。南嶽街這條位於衡山腳下的祭拜街也是如此。然而在我們即將踏上的那條神聖道路上，促使每一個人去走那些石階和爬那些斜坡的只有一個目的 —— 祭拜。

接近南嶽山頂的南天門。
站在門右面的是個和尚，
站在門左面的是大學生肖某。
這張照片是在有霧的時候曝光拍攝的。
蓋洛 攝

---

[250] 羅得（Lot）是《聖經·舊約》中一個著名人物。他帶著妻女逃離即將毀滅的索多瑪城，他妻子因回頭探望而變成了一根鹽柱。（《創世記》19：26）

正是這種目標的一致性將大多數的區別都扔到了一邊。「香客們」的極端熱忱暫時消除了社會地位和財富的差別，這就像是在政治運動中，百萬富翁跟乞丐可以在一起遊行。觀察虔誠的香客人流就是觀看各種不同的人都被吸引到這裡，並在這一天裡被最深層的生活和宗教力量團結到了一起。人流中會有強烈的性格對比，占絕大多數的真誠信徒中偶爾也會有一些可笑的人物，少數滑稽的角色，但很少會有壞人和危險人物。

八月的最後一個星期天我們全天都是在一個辦得很好的斯圖爾特聖經學校度過的，這個學校很明智地設在離南嶽街西面大約 3 裡處。第二天早上烏雲籠罩了群山，那 72 座神聖的山峰幾乎都看不見了。但是似乎沒有必要等待那些烏雲在某個不確定的未來散去，因為相傳南嶽能「藏匿風雷」。所以我們的轎子被抬了出來，它們蓋著的油布被掀開或者拿掉，以便使我們在上山時能夠盡可能地飽覽周圍的景色。在穿過了長著藕、大豆和因灌溉而顯得蔥綠的草的田野之後，我們在早上 6 點之前就進入了神街，並且穿過了一個牌坊，上面寫有四個大字：

天下南嶽。

進入官道的入口處有一座引人注目的橋，而且那橋故意修得那麼陡峭，以至於所有抬著人的轎子都過不去。所以每個人都必須先學會謙卑這第一課，下轎並步行穿過那個很大的寺院。就像是在安納斯的時代一樣，這裡的寺院裡也有許多賣紀念品的店鋪；但是這裡也可以看到一個奇特的妥協，因為寺院的一邊是給佛教徒的，而另一邊是給道教徒的。想像一下在希伯倫也能夠有這樣一種友好的安排，即讓猶太人在一邊出售大衛的盾牌，而穆斯林則在另一邊賣亞伯拉罕墳墓的模型！我們並沒有在那裡逗留，以拍攝精美雕龍石欄杆的照片，因為轎伕們已經在寺院的後門等我們了。

　　主路上的石階是用巨大的石板整齊地鋪設起來的，每一塊石板都有整個路面那麼寬，人的腳走在上面感覺很舒服。一條山澗的溪流在主路的一邊嘩嘩地流淌，為所有能夠聽得見的耳朵都提供了音樂，並為詩人們提供了靈感。幾年前，有一場森林大火將山坡上茂密的樹林燒了個精光，有一個政府的苗圃正準備在山上重新造林。與此同時，勤勞的莊稼人在肥沃的土地上開墾了一塊塊的棉花地。轎伕們建議我們於早上 6 點 40 分時在一個被和尚們遺棄的寺廟裡歇腳，那裡有一個引人注目的紅色大象，上面刻著四個大字：

　　世間無雙。

　　這也許是在提醒人們關於法顯和尚騎著一頭大象從印度來到中國的故事。在旁邊很近的地方，有一位尼姑在料理她的花園。她住在那裡是因為這隻大象嗎，或是為了風景，或是為了能在這裡賣水果給口渴的香客？她告訴我們說，還有其他九個尼姑住在這座山上的其他地方，並且哀嘆香客來得越來越少了。原來為了防止有化過裝的士兵，當局下令那一年不准上山祭拜，但顯然這個禁令沒有得到徹底的執行。我問一個香客，他為什麼要來朝聖。「因為我媽叫我來的。」來幹麼呢？「求福。」他回答說。「求」就是懇求，「福」就是祝福，即他希望在訪問了紅色神祇的所在地之後能得到一些物質上的好處，以作為報償。這裡果真是一個紅土壤的地區。這會使一位學者想起約瑟夫斯[251]的說法，即世上的第一個人名叫亞當，因為他是用紅土捏成的，他還補充道，「因為真正的原始土壤就是這個顏色」。

　　到了早上 7 點的時候，我們已經離開城鎮，走了一英里半的路程，並且已經到達了送信山。這是指土地神帶給山頂上神祇的信嗎？這裡的

---

[251]　弗拉維奧・約瑟夫斯（Flavius Josephus，西元 37～100 年）是著名的猶太歷史學家。他曾於西元 93 年發表了長達 20 卷的《上古猶太史》。

神龕並不算太多，但每一個裡面都有一個相貌猙獰的偶像，而且上面還有一株蒼翠的松樹遮陰。有一位女神的懷裡抱著一個嬰兒，問了三位和尚之後，我們才知道這是一個供人祈求生子的觀音廟。由於來拜佛的人太少，所以這三位和尚都在忙忙碌碌地推銷這個地方，一個在捶鼓，一個在敲鐘，另一個在唸經。他們說不出去年共從觀音菩薩那裡求到了多少嬰兒，當然他們最好是能提供那些祈禱者感到滿意的證詞。這裡和尚道士的欺騙伎倆應該受到最嚴厲的譴責。到了 8 點，我們進入山上的一個小村莊，那裡有人為香客們製作一種特殊的餅。人們又向我們哀嘆這一習俗正在失傳。我們後來聽說，越來越多的人都認為，所有的虔誠都可以在山腳下的寺院裡獻給菩薩。

南嶽的一個放牛娃。蓋洛 攝

在攀登南嶽的香客路上。蓋洛 攝

就在這裡，我們辭退了一直不斷地在抱怨的那些轎伕，並且僱用了一批更為強壯的轎伕。我們注意到下一個寺廟是胡椒竹寺。一年前的一場暴風雨摧毀了這座寺廟的大部分磚石結構，由於香客不多，所以也沒有必要去修復它。再往上一點，是一個過去的道教學校，現在這所房子

已經被學生們拋棄，一位尼姑住了進來，有兩名道士就在附近的一個關
公祠裡修煉！轎伕們向我們講述了那位尼姑的貧窮，去年她甚至連飯都
吃不上，假如香客們都像我們這群人那樣對於這種明顯的暗示無動於衷
的話，她也許可以去做一些更有用的事。

手上拿著焚香，一路唸經的南嶽香客。蓋洛 攝

　　早上 9 點的時候，我們離山頂只有 10 里路了。然而當我們快要到
達鐵寺時，雨終於從天上落了下來。廟裡有四個和尚供奉著一個菩薩，
而那菩薩一定有一顆鐵打的心。我們並沒有去檢查那四個和尚，看他們
是否每人都有一條鐵打的腿。從前有一個裝了一條鐵腿的道士登上了山
頂，去看日出。他望著天喊道：「雲海滌清了我的心！」我們倒想看一
下，在那之後雲的狀況到底怎麼了！再往上一點，有一位道士在那裡修
煉了 30 年，這可是什麼樣的生活啊！但他的時間也許是用來滿足人生兩
個最大的欲望：長壽和財富。而得到這兩者的過程就是要去隱居，一般
都是到一座聖山裡去隱居。雨越下越大，霧越來越濃，風也幾乎變成了
狂飆，當我們在 10 點過一點來到南天門的時候，很高興能在那裡避雨。

那裡的道士很快就讓我們的轎伕喝得醉醺醺的 —— 因為這廟觀就像是一個酒館，接著就來跟我們說長道短。一個月以前，這裡下了一場從未見過的暴雨，這廟觀差點被毀於一旦。他們正在籌款捐 30 個 22 英寸長、14 英寸寬的鐵瓦當來修復廟觀的屋頂。每人只要捐一元錢，就可以把他的名字刻在那些鐵瓦當的上面，還可以刻在一個巨大的石碑上，石匠們正在製作那個石碑，顯然是為了用來引誘香客們捐錢的。這似乎是一個很好的收入來源，而且可以財源滾滾，只須用幾根鐵釘去固定舊的瓦當，這樣鐵鏽和大風就可以使道士們每年都向香客們募捐。這些道士必須未雨綢繆，因為到了冬季，那裡就再也沒有人去了，道士將會關起門來，蹲在火爐前烤火。要是天氣好的話，我們也許能夠像門柱上刻著的一首短詩那樣去做了：

> 雲籠霧罩在南天，
> 俯瞰山巒和五江；
> 歷歷在目如圖景。
> 重重疊疊上層巖，
> 行到九重雲霄外。

我們無疑是這樣做了，可是雲層有效地擋住了我們的視野，使我們看不見湘江上的五大美景。雨越下越大，我們不可能再沿著那石板路往前走了，所以當道士們說這裡就已經是山頂的時候，我們聽了很高興。其實這裡只是山頂的一部分，而不是真的山頂。我們本來還想往前走的，但是濃霧和瓢潑大雨，以及那一陣陣的狂風，終於使我們決定下山，因為我們已經幾乎做到了計劃要做的一切。我們無疑還不時地從野豬身邊經過，它們在晚上用獠牙去拱地瓜，其破壞力是如此之大，和尚們不得不僱用乞丐來敲鐵罐，把它們嚇跑。

從霧陣中鑽出來之後，我們來到了一個視野極為開闊的建築，蕭書

生曾經在這裡生活過 4 個夏天。從這裡可以將山腳下的平原一覽無餘，並且還能看到湘江的 5 個彎頭。再往下一點就是半路亭，有 8 個道士住在那裡。他們也傷心地告訴我們，香客們逐年減少，回想 16 年以前，那時候的香火有多旺盛啊。現在的民國似乎不再需要那些舊習俗了。他們堅持說自己不知道在山上住著多少和尚和尼姑，但在追問之下，他們就說有大約 30 個剛入佛門的和尚在山上修行。跟這些道士在一起的有一位十分有趣的客人，那是一個擁有魔杖的道士，為了能夠求得這根魔杖，他還專門去了四川的佛教聖山峨眉山。這根魔杖很長，有到他的眼睛那麼高，預示了他將會長壽。在魔杖的底部包著五種不同的金屬，象徵著宇宙間的五種元素。然而他並沒有解釋它的特性、魔力和象徵意義，只是說這過去是一根萬年杖，現在則是他的第二生命。它花了他五個大洋，但他無論多少錢也不會把它賣掉的。他倒是有一些自己配製的藥，包治百病，並且願意賣給別人。

有一個懸崖地勢十分險要。在它的頂上長著一種柔軟而細長的草，可用來編蓆子。有一次一位男子走得太靠懸崖邊上了，結果踩在滑溜的草上面，掉到了幾乎 600 碼以下的山谷裡，但他卻安然無恙。這馬上就證明了這種草的魔力，而現在採集者無所畏懼地前來採集這種龍鬚草，並用它來編織進香袋。然而我們發現住在最近一個寺院裡的和尚對於這整個故事一無所知。也許這是一種故意不承認對方的做法。

在下山的路上，我們看到一些香客怪異的頭飾，感到十分好奇。因為我們處於上方，所以當他們吃力地從下往上爬時，可以把他們的頭飾看得很清楚。有的人把他們的頭髮捲成了螺旋形，就像是螺紋從左到右的貝殼，似乎跟太陽每天在天上所走過的路線有著某種神祕的對應性。然而這原來是為了紀念喬答摩的髮式。佛教對於這個具有更古老信仰的南嶽竟然具有這麼大的影響，真是令人感到奇怪。

　　我們並沒有在每一個神龕前都停下來朝拜，所以我們趕在天黑之前回到了斯圖爾特聖經學校，即跟一位上山進香的香客花了差不多的時間；但我們看到了許多典型的事例，後者顯示出人民深層次的需求和他們對於解決這種需求之舊方法的不滿。希望聖經學校能夠抓住那些正在尋求信仰的人，並且向他們指明真正的朝聖者道路。

南嶽廟。香客們用銅錢在漢白玉丹陛上磨擦，以求好運。蓋洛 攝

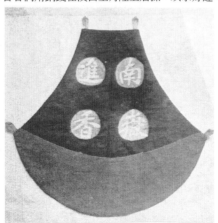

上南嶽去燒香時所穿的香客圍兜。蓋洛攝於南嶽山腳下

第四章
英雄與神仙

　　許多名人都跟南嶽有著某種連繫，《南嶽志》藉此機會記錄下了他們的各種軼事，並且偶爾對他們的生平添枝加葉，有所擴充。倘若是在寫《費城歷史》的話，誰又能忍耐得住，不去談論諸如克里斯托普·索爾與第一部德語《聖經》、富蘭克林及其關於閃電的實驗，以及其他一些當地著名人物呢？在英國，伊莉莎白女王可能睡過的一張床偶爾也會成為一篇有關這位未婚女王的博士論文題目。

　　誰在描寫南嶽時會閉口不提李白（西元 701 ～ 762 年）和張九齡（西元 673 ～ 740 年）呢！張九齡在唐明皇在位時是一位炙手可熱的政治家和詩人。西元 736 年，在皇帝生日那天，別人都獻上了稀罕和昂貴的禮物時，他只獻上了一組明智的格言。在年輕的時候，他曾與親戚們透過信鴿保持通訊，並且稱那些信鴿為他的「飛奴」。

　　李白在 7 歲時就能寫詩，並被皇帝召到宮裡去進行殿試。他表現得如此才思敏捷，以至於皇帝龍心大悅，驚呼：「這孩子頭腦的發育遠遠超過了他的身體。」根據慶瑝（Ching-chang）的描寫，李白的眼神就像是「秋波」，而且張九齡稱他為自己的「小朋友」。他沉醉於研究道教，並且因其苦行修煉而瘦得像是一副骷髏。他還因此得了一個綽號：「枯槁葉聖」。他的藏書樓裡有 3 萬冊書。

　　這個編年史的部分裡還有「天才三大廠」中的杜甫，他「以詩體寫歷史，把他的詩歌當作藥方給瘧疾患者治病」，從皇帝那裡得到了紫袋，並

且遊覽了南嶽衡山。他那些偉大的詩歌是否從衡山得到了靈感，這將是一個有趣的問題。這麼一位天才的詩人在神聖火山上居住期間一定寫下了不少詩篇，赫拉克利特[252]難道不是相信一切都起源於火嗎？

《南嶽志增編》第十卷中對於英雄和神仙有一個簡短的介紹。令編者感到自豪的是，他的前輩只提到了60個人，而他卻把這個人物誌擴充套件到了443人。

據說人類祖先神農真的在這裡住過，並被稱作是農業之父。他發明了犁，還有用來舂穀物的石臼，並且請人寫了一本有關草本植物的書。人們最初是如何開始播種和收割的事仍是一個祕密，但是有關神農的故事說，有一個穀穗從天上掉到了他的跟前，而他憑直覺領悟到了該如何種植穀物。這跟蒙達敏和海華沙的故事[253]在細節上完全不同，但兩者都認識到對於某些事情需要做出解釋。神農是人民的大恩人，所以他成了皇帝——「開荒種地的皇帝」。《衡山春秋古風》所記錄的事實使我們能夠把他的生卒年定為西元前2737至前2697年。但當我們發現他的第13個孩子是個神仙時，對於書中細節的信任度便打了折扣！

「赤色長生不老藥之王」祝融是另一位古代的君王，他所做的最有名的事就是利用音樂的吸引力來祭拜天神和使人民和睦相處。「他熔石鍊鐵，製作刀、鋸、斧，使得天下太平六千年。」據說他受神諭，在堯統治時期將治水不力的鯀打板子。他還成了黃帝的六位顧問之一。《六韜》的說法是正確的嗎？他將自己的火焰宮就建在南嶽最高的山峰上，因為「他透過在五種木頭上鑽洞而發明了火」。作為鯀的兒子，禹覺得必須以

---

[252]　赫拉克利特 (Heracleitus，約西元前540～約西元前470年) 是古希臘哲學家，他認為火是萬物的本原。

[253]　蒙達敏 (Mondamin) 和海華沙 (Hiawatha) 都是北美印第安人神話中的人物。海華沙的父親是神話中的西風神，母親在分娩他的時候去世，所以他是由作為月神之女的祖母撫養成人的。長大以後的海華沙第一次冒險就是跟蒙達敏 (玉米之神) 摔跤決鬥，海華沙摔倒了對方，因而為人類贏得了玉米這種重要的食物。

自己的行動來挽回他父親的聲譽。所以從 7 歲起，他就放棄了音樂，開始學習防洪治水。後來他聽說有一本寶書也許可以幫助他，但不知道在哪裡能找到它。所以他就來到了衡山，並在白馬峰上設祭和祈禱。那天晚上，一個身穿繡衣的蒼水使者來到了他的夢中，命令他到黃帝峰上去齋戒。禹齋戒了三個月之後，便前往金簡峰，並在那裡找到了金頁玉字的寶書。從那本書中，他學到了如何治理洪水，後來他出於感激，把成功歸結為上天，並在五嶽的山頂上立了石碑，以標明水位的高度。至於南嶽上的那塊大禹碑，我們在前面已經提到過了。

祝融又稱祝誦，由於他能鑽木取火，所以綽號叫赤帝。他被葬在了衡山，所以那裡有一座山峰是以他的名字命名的。祝融是火之神。按照評註者虞翻的說法，祝的意思是「大」，融的意思是「亮」。而按照韋昭的解釋，祝的意思是「本源」。作為五經之一的《禮記》在提到祝融時說，「祝融乃初夏之神」。

兩湖學政管大勳曾兩次被派到衡山來獻祭。明太祖曾經夢見赤天上有個洞，他必須透過給黑神建一個寺廟來進行彌補，但他畫蛇添足地讓一條小溪改道從寺廟的後面流過。而那位博學的學政看出，挖這條從山頂上流下來的小溪實際上已經弄傷了龍的背脊，而要補救這一點，就必須讓這條小溪回到它原來的河道，即從寺廟的前面流過。為了讓人們能夠到達寺廟，他建造了一座小橋，從此那座橋被稱作了接龍橋。這使我回想起以前訪問中國時聽說的一件在一座突出的山脊上發生的同樣的事，以及中國最偉大的一位學者為了補救這件事而做出的努力，這些我在《中國十八省府 1910》一書中已經描寫過了。

地方志中所紀念的不僅僅是男人，其中也講了尼姑高氏的故事。她 5 歲時就成了孤兒，由祖母教誨長大，使她成為一個聰慧的女孩，17 歲就成了婚。第二年，她的丈夫和孩子都得了病，儘管她從手臂上割下一

塊肉來為他們治病，但他們兩個還是都病死了。有一位老尼姑前來安慰她，所以她就出家當了尼姑，「每天天不亮就起床，燒香、拜佛和唸經」。後來她穿上了青衣，作為她自己的一個標誌，平時只吃沒有燒過的生的食物，並且用不停勞作這種方式來傷害自己的肉體。她的鄰居們都以敬畏的口吻講述她們如何從小洞中窺視她，並看見她升了天。在當了17年的「未亡人」之後，她離開了家鄉，在南嶽度過餘生。

從前在南嶽有一個神仙能夠傳授「明鏡」之道。西方的每一位家庭主婦無疑早就已經採納了這種理論，但經常不能夠實踐它。在《南嶽志》第四卷第4頁上可以找到下面這段英譯文的原文：

> 梁張汝珍，南陽人，居南嶽。遇神仙授明鏡之道，曰：照物理者天也，照物形者鏡也。天之道，以清鏡之體，以明人能存。天清鏡明，澄心靜神，則至道成矣。處其室則白自生，定其心則道自生。

Chang Ju-chen of the Liang dynasty was a native of Nan-yang. He lived on the Nan Yo, and on one occasion met a fairy who gave him the principle of Clear Glass, which is this, What reflects or illuminates the nature or principle of things is Heaven: what reflects the form or shape of things is glass. The principle of Heaven is purity, or glass clearness. A man who possesses the purity of Heaven and the clearness of glass can wash his heart, quiet his spirit, and achieve becoming a fairy.

下面是對這同一段話的另一種更具學術性的譯文。它顯示出在把中文的象形文字轉化成英語句子時會具有各種微妙差異的可能性。此外還必須告訴大家，上面那段譯文是一位才華橫溢的中國人翻譯的。

Chang Ju-chen...met an Immortal who imparted to him the Way of the Bright Mirror, saying "That which reflects the principle of things is Heaven: that which reflects the form of things is a mirror. The

Way of Heaven is purity, the essence of a mirror is its brightness. He who is able to make his heart clean and to tranquillise his spirit, will achieve the perfection of Tao."

　　王十八先生似乎是一個具有仙術的人。有一次他碰見刺史劉晏，便給了對方三粒藥丸，並告訴他，每一粒藥丸都會添 10 年的壽。30 年過後，王十八又來了，這次他給了巡撫劉晏一劑滷水，巡撫喝了之後，就把這三粒藥丸吐了出來。說時遲，那時快，巡撫的姪子一把就奪過了這些藥丸，並隨即吞了下去。王十八神情嚴肅地對他點點頭：「看來你對於道情有獨鍾，你會得道的！」說著他就離開了。

　　這種對於仙丹的沉迷具有濃郁的道家色彩。《南嶽志》中有關老虎、豹子、狼人、藍鳥等動物禽鳥的許多故事也是如此。僅舉一個例子就足以說明問題。王妙想靠戒食五穀和在早晨打坐練氣功，因此開始變得能夠看見五色雲彩和聽到天籟之音。後來她終於得道成仙。她的房間裡充滿了彩色祥雲和芬芳的香味，天籟之音震撼山谷，光芒照耀，就像天上有 10 個月亮。一隊天神從雲端上下來：有一千輛馬車組成浩浩蕩蕩的隊伍，十尺高的巨人騎著龍、鸛、麒麟和鳳凰，扛著長矛、旌旗和錦旗。在隊伍的中間是一輛由九條龍拉的雙輪戰車，上面坐著一個身披羽毛的男人，腰間挎著劍，頭戴一頂鑲滿寶石的帽子，從他身上放出光來。隊伍的後面是成百上千的仙女。當王妙想向這位男人朝拜時，後者讚揚她 30 年的修煉和虔誠，並稱讚她在得道和將道發揚光大上堪稱是萬里挑一，並當場給了她兩套書和一瓶仙丹。他連續三年前來看望她，10 年之後她就昇天了。

　　唐氏修煉道教，學會了如何將錫變成銀子，所以有許多人想要跟他學藝。有一個姓柳的人在株洲的一家旅店裡碰到了他，並且靠深諳爐火的奧祕而跟他結識。他們一起旅行來到了南嶽。有一天晚上，在一家破

舊的旅店裡開玩笑的時候，柳氏突然說：「大叔，我知道你掌握了煉錫為金的祕密，教教我吧。」但是唐笑著回答說，他花了十幾年的時間才學會這點本領，不能這樣性急地就把它傳授給別人，但他提出可以到聖山上去教他。柳氏聞此大怒，從包裡抽出一把劍，用它把一塊鐵皮分為兩半，並且威脅說，除非他肯教自己，否則就要殺死他。唐在懼怕之下，便將祕密教給了他。於是柳氏現身為太上老君派到人間來巡視點金術祕密是否保存妥當的十名神仙之一。他一點頭，唐氏就消失了。

　　趙某是一個進士，他迷上了在一個書房裡掛著的一幅畫中的姑娘。身為術士的畫家告訴他說畫中的姑娘名叫真真，並將那幅畫送給了他。他還告訴他要呼喚她的名字 100 個晝夜。最終她終於回應了他。趙某請她喝酒，她就從畫中走出來，跟他結了婚，並且為他生了一個兒子。有一個朋友向趙某告發說她是個妖精，並且主動提出要殺了她。那天晚上，她含著眼淚跟他說，自己原來是南嶽的地母娘娘，但她不能跟懷疑她的人共同生活下去。於是她帶著孩子走進了畫裡，並且吐出一口氣，於是趙某便擁有了一張聖母和聖子圖。

第五章
石油聖經學校

從這些南嶽故事本身，我們可以很清楚地看到，中國人有著豐富的浪漫故事和情感。現在讓我們來看一下，這些故事如何為福音書進入中國鋪平了道路。

有一個男人「脫俗登仙，舉升遠國」，而他的骸骨被暫時保存在寺廟裡，直至一個合適的埋葬地點找到為止。當幾年後終於找到了埋葬地之後，發生了一個意外的事件，他的骸骨跟別人的骸骨已經混在了一起。驚駭的家庭成員們求助於一位剛到中國的外國醫學博士，當他最終弄清楚他們的意思時，對於這個請求深感震驚和反感。然而一位有經驗的同事說服了他，於是他們便一起去寺廟，花了很長的時間來完成這項令人作嘔的分離祖先骸骨的任務！好幾個小時過去之後，他們想要回家，並且答應第二天再來。但那位痛心疾首的兒子敦請他們不要放棄，突然間，那位年紀較大的外國人看到他的機會來了。「我們是基督徒，不能夠強人所難，但假如我們是中國人的話，我們會說：『把那塊我們一直在討價還價想買的土地賣給我們，這樣我們也會在離開之前把你祖先的骸骨全找齊了。』」第二天，外國傳教士們就在作為南嶽廟所在地的那個州擁有了第一塊土地。

這些外國傳教士第一次訪問南嶽是在 1907 年，當時人們認為他們在攀登這座聖山時必須有一支強大的衛隊來保護他們不受狂熱排外分子的威脅。但他們似乎從來也沒有遇到過這樣的危險，也沒有捱過粗人所

謂的「禿棍」，反而經常發現道士和尚們十分友善。他們一直在尋求理解當地人的思維方式，以便能夠透過富有同情心的方式來站穩腳跟，而不是單靠譴責事物的荒謬。其結果就是他們逐漸形成了一些非常有效的方法。

　　香客們主要來自一個勤勞的工匠階層，他們到南嶽來純粹是為了祭拜聖山的。一路上他們的行為舉止都很檢點，並不傳播流言蜚語，而是要麼吟唱拜香歌曲，要麼就埋頭默默地趕路。南嶽吸引他們的有兩點：一個是為了讓自己的父母得到祝福，另一個就是贖清自身的罪孽。他們似乎並不相信罪孽可以被寬恕，但他們確實希望能夠減輕良心的痛苦。就像古代的猶太人那樣，他們部分靠捐錢，部分是靠祈禱來試圖做到這一點的。我們可以假定施捨品吸引來了遠近的乞丐，也可以假定那些香火鼎盛的香爐有點滑稽可笑，但在這些事件背後的實質是罪孽、良心、和平。使傳教士們感到高興的是，他們所要傳教的對象本性是如此誠懇，而且就像在雅典的聖保羅那樣，他們感到對於那些懂得該如何引導人們追求的人來說，這是一個多麼好的機會。

　　當香客們前來祭拜時，並沒有對他們進行多少傳教工作。然而當一個人失去了對於目標的熱忱之後，當他實現了自己的誓言以後，在往回家的路上走時，他也許覺得有點幻想破滅，沒有完全獲得他所尋求的和平，這時傳教士們感到他們的時刻到了。福音書、小冊子和路邊的布道很受香客們的歡迎，因為他們對於聖山的最後回憶也許包含了真理的資訊。在一年的大部分時間裡，聖經學校傳教使團的總部是設在長沙的，但是在朝聖的季節裡，傳教士們就集中到了南嶽街的附近，而聖經學校的本地學生也抓住他們的機會，並很好地利用了這段時間。

第三部分　黃色的中嶽嵩山

嵩山

嵩山是天，上帝就是從這個山頂君臨天下的。

——引自吳氏的作品

上天似乎刻意將這個地區創造得與眾不同。

——景日昣

第一章
神聖的城市

　　傳統的朝山香客應該從南嶽向北出發。如果從距南嶽只有 30 里的衡山縣乘船，即可方便快捷地到達南嶽的山腳下。然後穿過著名的洞庭湖，橫渡大江，就來到了大城市漢口。帶著行囊的朝山香客可以在這裡乘坐現代化的特快列車前往許州，後者距離柔道的故鄉 —— 聖城登封不到 160 里。

　　這就是中嶽，因由土星管轄，所以與土相關，具有播種和收穫的特點，因此十分適合於人的胃口。《五嶽名號編》中寫道：「嵩山的神掌管著五穀和其他各種食物。其正色為黃色，這是周王室的顏色，即中國第一任統治者的顏色。」史書記載，「舜傳黃」。嵩山對應的音符是宮，也就是簡譜中的「拉」。它的守護神是興盛於西元前 2700 年左右的黃帝，在這裡「五德兼備」。

嵩山龍頭香杖。
蓋洛博士 8 月在中嶽購自一名朝山進香者

中嶽嵩山圖

源自方輿彙編《古今圖書整合》山川典第五十五卷，嵩山部彙考一之二。中嶽圖中所標明的景點：1. 少室；2. 經閣；3. 達摩庵；4. 面壁石；5. 二祖庵；6. 甘露臺；7. 少林寺；8. 立雪亭；9. 萼嶺口；10. 章王墓；11. 太室；12. 黃蓋峰；13. 嵩門；14. 瀑布；15. 盧巖寺；16. 會善寺；17. 中嶽廟；18. 戒壇寺；19. 漢封將軍柏；20 嵩陽觀；21. 萬歲山；22. 崇福宮；23. 啟母石；24. 登封縣城。

　　這裡就是宇宙萬物的中心，因為「五行的能量都彙集於此」，也就是世界的中心，難道這不就是中國中州的中嶽嗎？不僅如此，「中國的五嶽」作為一個整體最初就出現在這個「非常古老的」地區。我們在研究中國歷史背後重要的數字結構時就發現了這一點。中國歷史對數字的依賴程度似乎與天文學或數學不相上下。經常籠罩在神聖氣氛之下的「五」這個數字引起了我們的好奇，因此我們又重新研究了聞名遐邇，具有魔力的那張縱橫圖，即洛書。

　　簡而言之，洛書的發現經過是這樣的：當大禹這位中國的諾亞利用九條水道制伏了洪水以後，他看見有一個烏龜浮在洛河上。烏龜殼上有一個由九個小方格組成的正方形，每個小方格裡都有一些圓點，代表著奇妙的數字。如下所示：

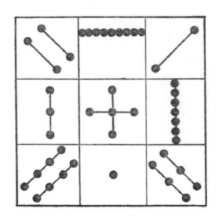

把這些圓點變成阿拉伯數字以後，則如下圖：

4	9	2
3	**5**	7
8	1	6

　　在龜殼上發現的這個圖案被遠洋輪船上的舵手們所普遍採用，雖然在遠洋輪上打圓盤遊戲時，也許沒有幾個人清楚這種九方格的來歷。正如舵手所說：「中心格裡的五是個關鍵數字。」情況的確是這樣。早在遠古時代，當天朝人決定進行土地分配的時候，他們所使用的就是這個圖，因此全國的第一幅地圖就是一個巨大的圓盤，中心的那個方格就是王室所在地。帝王住在這裡，管理著他的國家。周圍相鄰八個區域的居民負責耕種這個中心地區的土地，以取代土地稅。他們還虔誠地祈求上天首先把雨降在第五個地區，也就是中心地區，然後再降到其他八個地區。

　　因為中心的數字是五，因此，占據這個區域的統治者往往被冠以
「五」字，就像有時候把愛發號施令的人稱為一號那樣。漢語中「王」
和「五」這兩個字的相似性是一個有趣的現象。有一本詞典是這樣描述
「王」字的：「三橫代表著天、地、人，一豎把這三種力量連線了起來，
誰做到這一點，誰就是國家的統治者。」、「五」字似乎表明，上天透過王
來統治地和人，而王的權力寶座就位於「五」所代表的區域裡。因此中國
人把他們偉大、輝煌的國家稱為中華，意思是處於中心的國家，而不是
像外國人猜測的那樣，是一個中部的國家。「中」字表現一支箭穿透一個
方形的靶心，因為箭所穿透的這個方塊就是洛書裡的中心方塊。這個居
中的方塊就是中國五嶽的起源。

碑亭及其守護神。
位於河南登封縣中嶽廟院內一株古樹的蔭蓋下。蓋洛 攝

　　中嶽也許是五嶽中最神聖的一個。一位中國地理學家在寫到極為神
聖的中嶽時，這樣說道：「如果把嵩山分開，將是很多山峰；如果把這些
山峰合起來，那就是嵩山。」他猜想嵩山方圓大約 130 里，高達 20 里，
這後一個數字也許指的是上山道路的長度，而不是海拔高度。

太室即嵩也。厥勝在陽，綿互橫闊，兀立尊嚴。而少室旁峙，大都峰嶂蒼翠相間。峰壁環向攢聳，如芙蓉城，列抱於上。正面望之，渾淪端整，正如龍眠。

大約兩個世紀以前一幅老地圖的繪製者這樣寫道，他進一步解釋說，嵩山山脈有兩個神聖的頂峰，東邊的那座山峰就是我們上面所說的聖山；西邊的少室要低得多，但是有 36 座山峰；太室很高，但只有 26 座山峰。然而在畫家的眼中，它們組成了一個線條優雅的圓圈。有三條主路可以通往山巔，但是朝山香客們最喜愛那條經過野豬坡的道路。唐宋的大人物們上山都走這條路。

「嵩」字的來歷很有趣。如果把它拆開，意思就是高山。最早這個字寫作「崧」，下面的「宗」字，表示祖宗，因此含有尊敬的意味。如此一來，這座山的最初含義似乎就應該是「祖宗之山」或「莊嚴神聖」了。《詩經》(*iii,3,v.1*) 中有這樣一句：「崧高維嶽」（山峰雄偉壯麗）。這裡，「嵩」寫作「松山」，後者的意思和「嵩」字是一樣的。

該山最通行的名稱是「嵩山」，其本意是指「高山」。我們的地圖繪製者稱之為「太室」，這座山還曾被稱為「外方」，另外還以「中嶽」而聞名。《聖經》的讀者會聯想起另一座山的兩個名字，即尼泊山和毗斯迦山，因為那裡是摩西去世的地方。讀者還會記得耶路撒冷有三四座小山，這些山的名稱並沒有什麼意義，因為沒什麼必要使之精確，它們是錫安山、摩利亞和大衛之城 [254]。富有詩意的人可能會把羅馬稱作埃斯奎利諾或者巴拉丁等。中嶽的典故都與土星或者五行中的「土」有關，但如果向當地人打聽，那麼這些典故卻不是三言兩語就能說清楚的。

朝山的香客們首先要問的當然是去「聖城」的路，我們就跟在他們的後面。真是仁慈的天意，聖城的每個景點都位於山腳，而不是山頂上。

---

[254]　即耶路撒冷。

而且，如果到城裡轉轉，還會頗有收穫。前往瑞士的旅遊者很少會滿足於訪問因特拉肯，[255] 卻不願去攀登艾格峰和少女峰。但至少，他們現在有了通往山頂的鐵路，這是一個很有利的條件。

聖城的名字現在叫作登封。和中嶽一樣，聖城曾有過其他名稱，使用時間最長的是「陽城」，據說這個名稱可以追溯到黃帝時期，即大約西元前 2700 年。宋朝以後，就一直使用現在這個名字，很少有什麼變化。「登封」的意思是上到山頂上去祭祀（即「封」）。中嶽的聖城和南嶽的聖街形成了一個鮮明的對比。在南嶽，進香的人絡繹不絕，很多人都慕名前往那裡的寺廟，敬神活動極為盛行，儘管比起 20 年以前，已經有所減少。而在中嶽，敬神活動則零零散散，只有在每年一次的大集上，在八里以外的中嶽廟才會見到熙熙攘攘的人群。

聖城的常住人口大約為 4,000 人，這裡有一個小集市，有 20 個兵勇，沒有電報、電話，街道非常破舊，商店也不起眼。就這座城市自身來說，對遊客沒有絲毫的吸引力，根本無法讓他們在這裡停留。但是，就像穿越亞利桑那州時發現的許多印第安人村莊的廢墟一樣，這些地方不僅吸引著古文物專家，還吸引著宗教的研究者。就這樣，登封把我們吸引到這裡，我們是想尋找它的寺廟。

聖城的城隍廟裡今天竟然只有三個和尚！宗教的真實狀態可以從下面的事實中加以推斷。在這裡，只有在中國的這個地方，我才見到古老的石碑被下流的圖畫所玷汙。如果這種事情發生在印度，我們絲毫不覺得奇怪。在印度，廟宇的大門前有數以千計的雕塑，上面有很多這樣的圖畫，非常下流。那裡禁止不貞的法律有很多特例，這些特例就是法律並不追究在神殿以宗教的名義所做的任何事情。但是中國在性這方面有很高的道德標準，禮儀方面的要求也極為嚴格。看到在這麼神聖的地方，古老的碑文

---

[255]　因特拉肯（Interlaken）是瑞士伯爾尼州一個最古老的旅遊城市，那裡也是前往艾格峰和少女峰等阿爾卑斯山遊覽地的出發點。

被下流的圖畫汙染和破壞，真讓人感到震驚。對於那些居然能使這樣的東西在光天化日之下存在哪怕是一天的獨身和尚，人們又會做何感想呢？

過去，虔誠的工匠們在西東街上建造了高大的牌坊，立柱是用整塊巨石雕成的，說明人們想讓這些牌坊永存，橫梁雕刻得雄偉壯觀，整個建築給人留下了深刻的印象。不過，有的已經風化得很厲害，有的已經斷裂，還有的已經成了碎片。整個地方都讓人感到非常失望。

有一點要明白，這座神聖的山峰聳立在河南省（中州）登封縣的北面，三個古老王朝（夏、商、周，西元前 2205 ～西元前 250）的君王都居住在黃河與洛河之間。因此，嵩山被看作是位居中央的山脈，「於大地四方為正中」。

除了作為嵩山的聖城以外，登封以前還有許多引人注目的特點。它的南面是鐵爐溝，那裡曾經有過一個欣欣向榮的鑄造廠。據方志記載，這個鑄造廠受到了官府的保護，調查者一定還記得，這座城市當時被稱為陽城。據《漢史》記載，大約在西元 80 年東漢章帝時期，有 180 名鐵匠罷工造反，他們殺死官員，用自己製造的武器裝備自己。他們占領了九個府，直到「大軍」也就是皇家軍隊，集結起來消滅了他們。記錄此事的一位著名學者認為，只要是自然資源豐富的地方，無論這些資源是礦石還是水力，就肯定會吸引人們。由於貪婪，這些人的道德很快就會敗壞，叛亂在所難免。他承認，傳統的文人對此無能為力。他首先想到的是實行一種國家壟斷，這樣會導致祕密開採，或者會導致公開叛亂，但是他未能提出任何明智的具體措施來避免這些問題。一個僅僅受過大學訓練的文官意識到自己在處理工業問題方面無能為力，然而他對這個問題卻有一些令人深思的想法，這種現象是非常有趣的。這是一位以研究社會為己任的東方的船長基德[256]，但是他並沒有建議改變傳統教育，也

---

[256]　威廉·基德（William Kidd，西元 1645 年～ 1701 年），俗稱「船長基德」是一個傳奇人物，作為 17 世紀末一艘英國劫掠船的船長，他經歷過各種冒險和劫掠活動，成為紐約市的一名

沒有說對於人類的真正研究對象應該是人，更沒有提到由生意人來管理生意方面的事情，這比僅僅由政府官員來管理要更好些。

　　康熙時期，官員們面對勞工的行會感到束手無策，因此他們建議關閉這些礦山。景日昣就任後，向皇帝上了這樣的奏摺。在兩年內，他關閉了這麼多的礦山，以至於 20 萬人因此失業，但他本人對這項工作的順利完成感到非常自豪。讀一下這位官員得意的描述會讓人覺得不可思議，他的利益局限在讓自己所處的階層感到舒適，根本沒考慮到無數民眾會因此失去自己的生活來源。

中嶽嵩山聖城。登封西東街上用單塊巨石雕刻而成的牌坊，
牌坊橫梁上的四個字像是「良瞻東賢」。蓋洛 攝

　　中嶽盆地不但在工業方面非常重要，在科學方面也享有一定的聲譽。正如美國的利克天文臺建在了漢密爾頓山頂上，而丹佛天文臺更高，就連哈佛大學也在祕魯的阿雷基帕設立了一個研究站那樣，古代中國的天文學家早在歐洲的野蠻時代就已經發現了山區的巨大優勢。古埃及人的智慧被他們的阿拉伯征服者所傳承，這些阿拉伯人把天文儀安放

富人。他最終被處以絞刑，財產也都給了慈善機構。

在開羅、大馬士革和巴格達。這種觀察天文的衝動又傳給了在波斯和撒馬爾罕建立新統治中心的蒙古可汗們。不過看來是中國人自己意識到了在中嶽建立觀星臺的優勢，「大地中心」正是描繪星圖的合適地點。

天文學家張衡描繪了一些漢朝人所能夠理解的太陽系景象：

天形似鳥卵，地居其中，天包地外，猶卵之裹黃，圓如渾丸，故曰渾天。其術，以天半覆地上，半在地下。天居地上，見者一百八十二度半強，地下亦然，北極出地上三十六度，南極入地下亦三十六度。嵩高正當天中極南五十五度，當嵩高之上，又其南十二度為夏至之日道。

這段文字所闡釋的天文學知識與托勒密的理論非常相似，這比處在黑暗時代的歐洲要先進很多。這段話裡還提到了張衡當時所處位置緯度為36度。此外，其他中文古籍中還有西元前2000年前的日食觀察紀錄，以及西元前611年的彗星觀察紀錄。中國人早在西元前22世紀就對天文學產生了興趣。

無怪乎這個現代的（？）觀星臺使用了大量的天象儀。這些儀器中有很多已經失傳，可是現在依然保存著對它們的描述。其中當然有望遠鏡；「渾天儀」可能與子午儀類似；「四遊儀」和「六合儀」可能就是某種平板儀；而「三辰儀」顯然就是屬於時鐘的性質。

中國人是偉大的鐘錶製造專家，他們在家裡使用的是一種水鐘。在一個大碗裡裝上水，把底部有個小孔的小碗放在水面上，這樣水就會慢慢流進小碗。進水的速度非常慢，如果日出的時候把小碗放進去，直到日落它才會沉到水裡；再把它拿出來，倒掉水，然後再放到水面上，這樣到日出的時候，它又會沉到水裡。這是為晝夜平分而設計的，因此，需要在白天或者黑夜用許多「銅錢」來增加碗的重量，以使它在每個月都能準確計時，到十一月，白天的時候要在碗裡放20個小「銅錢」，好讓它在冬季白天短的時候更快地沉沒。

這種方式可供家庭使用，即可以透過它知道什麼時候吃飯。但對於觀星臺來說，這還不夠精確。下面這種方式對西方人來說更為熟悉，那就是從容器裡往下滴水。中國人使用的容器很大，水滴上好幾天也不需要往容器裡加水；容器被抽成很多天，每一天又被抽成 100 個格，每一格又被抽成 20 等分的刻度，所以，他們認為重要的最小計時單位大約是我們的 43 秒。我們完全是依賴於地方志了解到這件事的。

中嶽盆地的一個中國客棧和一群當地人

大約兩個世紀以前，一臺立式自鳴鐘被送到了中嶽觀星臺，當地的一個科學家是這樣評論它的：

> 西洋制自鳴鐘，其法，用一輪平置，綰以軸，左右轉，下豎一輪楔，其旁以擊上輪之楔。使之旋轉，轉至刻分，視繩久暫權定輕重，時其加減，稍不如法，輒差失矣。
>
> 以水之周行定十二時刻較鐘輪為可久也。

中嶽或嵩山的聖城登封城隍廟門前。
蓋洛 攝

該評論正確與否，可以透過以下事實來評判：一個非常現代的歐洲精確鐘錶就是向水鐘的回歸，只不過水鐘的管嘴已經被附在鐘擺上的指標所取代，鐘擺就是這樣驅動的！

《說文》講述了倉頡發明文字的驚人故事，「他勾畫出了蝌蚪文字」。

關於此人及其發明創造力以及他的存在有許多說法，現存的每幅肖像畫都把他描繪成長了四隻眼睛！在了解這些情況之後，我們便可以試圖來理解他的名望了。

從社會學角度來看，人們認為他明確了君臣、上下、父子等之間的關係，只是後來孔子把這些關係系統化了。倉頡「觀奎星圜曲之勢，俯察龜文鳥鳥羽山川，指掌而創文字，天為雨粟，鬼為夜哭，龍乃潛藏，文字備有，與以存乎」。

所以，由此「誕生了對未來的恐懼」。他選擇了自己的都城陽城，在這個南方之城統治了 110 年，現在「他的墳墓依然可見」。研究過南嶽大禹洪水碑上漢字的人都知道，漢字起源的可信度到底如何。

「上天有一半的祕密都是在洛河與黃河之間洩露的。」如今這裡已經找不到倉頡的墳墓，也看不到觀星臺，沒有什麼東西可以表明中國人所取得的任何進步和知識。觀音廟旁邊有一家風景宜人的小旅店。經過翻山越嶺的漫長艱苦旅行，我從獵裝口袋裡拿出了一個棕色的小包，開啟以後就是一個橡膠洗臉盆，這令旅店男僕和眾多圍觀者都感到非常好奇。當我要熱水的時候，男僕感到很困惑，不敢把熱水倒進這個臉盆。我再次清楚地說明了自己的要求以後，他才壯著膽子把熱水倒了進去，然後彎下腰去看盆底，以為它會漏水，可他發現臉盆外面一點也沒有溼，非常震驚。我的威望馬上就樹立起來了。在這座發明之城裡，創新的精神已經枯竭。

我們對隔壁的廟宇沒有太深的興趣，也沒有非常關注我們前面提到的城隍廟，而是把注意力集中在山上的寺廟，也就是中嶽廟上。關於這一點，我們已經知道在不同的時期有過幾座這樣的廟宇，而只有其中的一到兩座依然保存了下來。

　　遠古時代，這裡沒有廟宇，祭祀儀式都是在露天舉行。「天子通常登上建有祭壇的山峰，莊嚴地點燃一堆樹枝。祭品埋在山裡。祭祀的目的是獲得神的保佑。」

　　下一步就是用欄杆把這個區域永久性地圍起來。「由於神的尊嚴不容玷汙，因此必須為祭祀儀式提供一個特殊的圍欄。那裡一定要有一個祭壇，重大的儀式不能在露天舉行。」

登封西東街上用整塊岩石
雕刻而成的牌坊細部

　　因此，在圍場內很自然地就出現了建築物，裡面住著祠官，還存放祭祀用的器具，並為香客提供住宿，但是供奉菩薩的寺廟是直到佛教傳入後才出現的。在此之前的元封年間（西元前 110 ～ 115 年），正如我們在《漢書》中讀到的那樣，當武帝使國家更為強盛時，命令擴建祠堂（神龕或寺廟）。由此可見，當時確實已經有很多建築物了。

　　現在的中嶽廟始建於唐朝開元年間（西元 733 ～ 741 年）。舊廟的規模很大，

從登封到中嶽廟的路上。蓋洛 攝

800 個房間，碑亭的數量超過 700 個。這說明它以前有多麼輝煌，這種輝煌現在已經遠不如從前了，但是建築的整個格局還保留著。

　　登封城離中嶽廟很近，大致在禹州的方向，約有 8 里路。僧侶們很好客，提出給我們安置在主殿最深處的神龕裡，這充分表現出了他們的

真心實意：想像一下在羅馬聖彼得大教堂的聖壇上的一張床吧。我們很滿意住在露天，就睡在從大殿主神身旁拿來的聖案上。有一座大殿正在重建，周圍的殿堂都已破舊不堪。睡覺的時候飄來了鴉片的一陣陣香味，我們寬容地認為，這種氣味可能來自苦力們，而不是僧侶。

　　一塊巨大的石碑聳立著，上面的文字很醒目地聲稱這座寺廟位於大地的中央，這引起了我的注意。同樣引起我注意的還有龍的兩隻眼睛，也就是院子中央直通祭壇的石板路兩側的兩口深井，獻祭的牛就是破曉前在那個祭壇上奉獻給神祇的。跟其他地方一樣，這種祭祀儀式在民國建立後就被廢止了。

　　第二天，主人很熱切地想向我們提供有關中嶽廟的資訊，然而凡是在我們可以查證到的情況下，他們的愚昧無知都暴露無遺，因此最好還是不要把他們所說的東西都記錄下來。在廟內還能看到許多橫匾，上面記錄著皇帝巡視中嶽的情況。可我們更感興趣的是那些美麗的庭院、廟宇殿堂，以及外牆旁邊數百間小屋所構成的整體效果，而不是去注意那些特定的細節。我們感到有必要走得更遠些，如果一位稱職的考古學家有充裕的時間來考察此地，定會有更多的收穫。寺廟的庭院已經破舊不堪，建築物昔日的輝煌也已不復存在，可是我們很容易確定，展現在我們面前的是帝王宮殿的布局。根據古代的規定，獻祭應該定期由在位的帝王來舉行，或者至少是由在位帝王的代表來舉行。祭祀儀式的中心就是在破曉前最寒冷的時刻屠宰一頭公牛，因此，禮儀專家們認為，這些國家寺廟的庭園和建築物應該採用皇宮的格局。這裡跟其他地方一樣，君主制的廢除也結束了國家的祭祀儀式。

大廟附近仍然豎立著刻有五嶽真形圖的石碑，那是三座最古老的石碑之一，參見所附的照片。《萬花谷記》中的記載如下：

元封元年七月七日夜，西王母與上元夫人降。帝視其巾器中有小書，紫錦囊盛之。乞覽。母曰：「此五嶽真形圖也，乃三天太上所出，豈汝所宜佩乎？」

可是，在漢武帝的竭力懇求下，王母還是把圖給了他，漢武帝把它保存在柏梁臺。

一塊塊的石碑依然豎立在露天，或豎立在碑亭裡。這些碑亭建在低矮的磚臺上，有拱門，亭頂的每邊都有向外伸

中嶽廟院內的一座石碑上
刻有神奇的地圖，
即五嶽真形之圖。蓋洛 攝

出的屋簷，還有雙層木製楣梁。從高大的古樹間望去，可以看到門後的石碑，給人留下十分美好的印象，並使人意識到古老宗教信仰所具有的魅力。大殿的主體結構已經破敗不堪，可是它寬敞的占地空間，大殿前斷裂的石欄，都會讓人聯想到它昔日的輝煌，想到當年威儀堂堂的皇家隊伍來到嵩山盆地時的盛況。大批的人群都見證了那個盛大的典禮場面：十萬人組成隊伍，舉著成千上萬面旗幟，還有騎兵護衛隊和坐在馬車和轎子裡的王公貴族們。如今這裡只有幾個不怎麼虔誠的香客和一個好奇的美國遊客，除非是遇到一年一度的集市。這個地方簡直可以說是空空蕩蕩的，而且根本就沒有人打掃，也沒有人擦拭。當舊的信仰已經不復存在的時候，會有什麼新的信仰進來呢？是比以前更糟糕的魔鬼，還是來自天父的福音？

第二章
周圍的風景

聖城的周圍風景獨特，整個地區的農產品也很豐富。不遠處就是龍門，距離這裡約有 120 里。龍門是一個峽谷，伊河由此向北匯入洛河。

峽口兩側山壁的堅硬岩石上有眾多開鑿的洞窟。洞窟內陳列著成千上萬大大小小的佛像，其中一尊巨大的佛像在洞外依山雕刻而成。美麗的風景到處都可以看到。溫泉也為周圍的地區增色不少。

但是我們必須抵抗風景的誘惑，尤其是要摒棄佛教對我們的誘惑。我們此行的目的是研究更為本土化的道教，儘管它也受到了來自印度的影響。就連少室山下都有佛教寺廟少林寺，可見這種影響之大。達摩始祖曾住在少林寺，他在印度被稱為菩提達摩，是那裡的第 28 任，也是最後一任祖師，大約在西元 520 年移居中國。他似乎一生都在苦修，因為據說他曾坐在這裡盯著一塊石頭沉思了九年，然後去世了。前些年，在一個倒塌的亭子中還可以看到那塊石頭，據說上面還有他的影子，這可真是一個奇蹟！這塊石頭仍在被展示給虔誠的信徒看。我沒有見到這塊石頭。如果願意的話，你可以對這個背井離鄉的僧人表示憐憫，可是更值得注意的是列於五帝之首的伏羲，據說他的墓就在中嶽的東北部。

伏羲以兩個重要發明而著稱：婚姻和音樂。在他之前還沒有穩定的婚姻，沒有悅耳的旋律，只有不和諧的噪音，那麼他生活的時代又有多麼遙遠呢？

伏羲還教會他的人民如何捕獵、打魚、飼養牲畜。據說，受到一隻

烏龜殼上花紋的啟發，他創立了用虛線和實線組成的八卦，並由此建立了一個完整的哲學體系，具體表現在後來出現的一本奇書《易經》之中。據說他發明了某種曆法，甚至還說他教會人們如何烹調食物。

不過，我們不必去過分關注周邊的地區，還是把注意力集中在中嶽山脈本身上吧。

稍近，則嶺壑開綻。逼入，則峻嶒參差，或齊雨雲屯，虛谷霞蒸，掩映前後，方見層巒疊巘，不可窮際。登其嶺，周遭俯瞰，峰絡嶺聯，峻峻如吐蕊。南多懸崖，北多峻坂，東多斷橋，西多重嶂，居中最高曰峻極峰，頂像幢蓋，敞平開朗，左右主峰爭奇鬥巧，拱向環擁。

誰會說我們這位 18 世紀的旅行家沒有詩情畫意呢？

在這塊高地上吟誦「嵩山進香詩八首」非常合適，它實際上是《詩經·大雅》裡一首頌詩的第一節。

這節詩的內容如下：

崧高維嶽，駿極於天。
維嶽降神，生甫及申。
維申及甫，維周之翰。
四國於蕃，四方於宣。

這塊高地正是環顧其他山峰「爭奇鬥巧」的絕佳位置。

首先是華蓋這座黑色的山峰，從那裡向北望去，可以看到「遠處一條若明若暗的天際，下面的村莊就像是蟻丘」。是的，不遠處就是中國的憂患——黃河，我們則站在分水嶺上。嵩山與黃河之間的山坡上有許多墓碑，其中有些非常華美，代表著一些偉人的陵墓，或是通向這些陵墓的道路。這些土丘，以及那些無憂無慮地在其周圍耕種的農夫，使我們想到，早在漢代，「一個人如果從帝陵偷走一捧土，他就會被處死。皇帝會覺得這樣的處罰太輕而大為震怒」！

　　華蓋峰在靠近峰頂處聳立著一個用於封祭的祭壇，還有立於周代的一塊石碑。封是用來祭天的，在山頂上堆一個小丘來象徵上天的崇高；禪是用來祭地的，在一座矮山上平整一塊特定的土地來象徵地的範圍之廣。

宏偉的中嶽廟。
照片的最前面部分就是用於帝王獻祭的祭壇。蓋洛 攝

　　許多個世紀以來，深深的玉井讓參觀者了解到人們開始崇拜這座山的準確地點。同樣，中天池是在岩石中開鑿而成的，清涼、純淨的池水成為許多短詩的主題。那塊洗衣石似乎跟詩歌沒有太多的連繫，但它平整而光滑。秋天的深夜，從洗衣石會傳來玉女捶洗帛衣的聲音。這位姑娘住在一個洞穴裡，後來她的名聲傳到了漢武帝的耳朵裡。漢武帝是個欣賞美麗少女的行家，因此他專門爬上了這座山。他從一個窗戶裡首次看到了這個美麗的玉女，那扇窗戶至今還在。難怪這個洞穴還吸引了其他的隱士，其中有一個人和那位傑出的皇帝重名，可是他卻懷有伏爾泰的精神，故意要戳穿眾多故事中虛幻和真實的部分，以此來駁斥所有超越了物質的東西。為了要跟這位討厭的無神論者作對，張道陵帶著一套

聖書隱居於此，後來得道成仙。但除了住在這裡的此類人物之外，石屋也很值得一看，而且它還可能成為一個舒適的消夏別墅。

西北方向是一個水池的廢墟，這個水池開鑿於北魏。據說有一個皇帝在這裡齋戒了七天，然後和皇宮裡的數百名宮女一起昇天，他們全都是靠緊緊抓住龍鬚而昇天的。關於這個傳說，一位評論家認為：「很難確定這個故事的真假，現在剩下的只有一條長滿青草的小路、一座破敗的古廟和幾個貧窮的僧侶。想像一下皇帝駕到時的壯觀景象吧——雄壯的音樂、宮女的歌聲、翻越山脊時車伕的喧譁。現在除了嘰嘰的鳥鳴，什麼也聽不到了。」

龍鬚的故事好像是劉向《列仙傳》中傳奇故事的變異，這個故事與黃帝有關（他曾是這一帶的統治者）。一條長有鬍鬚的龍飛來接黃帝上天，他的所有隨從都想利用這次唯一的機會，在龍將要起飛的時候都抓住了龍鬚和黃帝的弓，龍鬚被拔了下來，弓落到了地上，這個小小的計謀落空了，黃帝的隨從們鬱鬱寡歡地留在了後面。

另一個隱居之處名為丹灶盆。唐代的時候，一名道士住在這裡煉丹，而煉丹需要極為安靜的環境。有一次他有急事，就安排一個人去看守丹爐，並叮囑他一定不要說話。可是那個人後來睡著了，醒來的時候，那人發出了一聲驚叫，容器立刻破碎了。「被人看著的鍋不會沸騰」——這句成語是多麼靈驗啊！一位儒家評論者還得出這麼一個結論：如果一個人的目標只是淺薄地想透過克制欲望和培養正確的思想來延長自己的生命，他的身體狀態往往只會每況愈下。

至於玉鏡峰這個名稱的由來，據說是因為從山腳下能夠看到一個玉鏡飄在空中。這樣的傳奇故事在各個地區並不罕見；一個本地人非常誠實，據他說，雖然文人、著書人、說書人都堅稱那面鏡子非常明亮，人們都不敢正眼看它；還說那鏡子像秋月一樣耀眼明亮，然後逐漸就像晨

星那樣黯淡下去，但他卻從來也沒有見過這面鏡子。

聽到了這些否定的話之後，我們就從吳氏所刻之九金人輯本中摘錄了一首元詩，這首詩的作者是遺山：[257]

> 玉鏡見何許，今旦東山陲。
> 積雨洗昏霾，旭日發光輝。
> 光輝奪人目，灩灩如動移。
> 初如秋月圓，漸如曙星微。
> 曙星不能久，並與晨露晞。
> 此鏡從何來，造化祕莫窺。
> 山精或寶氣，恍惚令人疑。
> 誰為問嶽祇，山英會有歸。
> 不生申與甫，瑞光從而為。

我們的結論是，這首詩的描述幾乎道出了這面鏡子的真相：它具有彩虹或者海市蜃樓的某些特點，只能在雨後太陽初升的時候出現，而且很快就像氣球一樣升空消失了。於是我們不再懷疑那個被稱為魔鏡的東西。

萬歲峰的另一個名字叫帝王峰，可能是為了紀念偉大的漢武帝來此遊覽。這位帝王於西元前 140 年到西元前 86 年在位。跟西班牙的哈德良[258]一樣，他也是一位偉大的旅行家和建設者，他在這裡建造了一座宮殿。嵩山的聲譽如此卓著，以至於他把精力都集中在這裡，想要修煉成仙。於是便在這裡獻祭並齋戒，可這一切都是徒勞的。他的隨從想討好他，就在牆根製造神祕的聲音，還在城牆上留下腳印，他們告訴漢武帝，這些都和神仙有關。因此，他決定築一座高臺，在上面建造一個亭

---

[257]　即元好問，號遺山。

[258]　哈德良（Hadrian，西元 76 ～ 138 年）是最有教養和藝術家氣質的一位羅馬皇帝。他的祖籍是西班牙南部的一個城市，因聰穎過人而被指定為帝位繼承人。他在位時重建了羅馬的許多著名建築。

子，用他聽到過的聲音「萬歲，萬歲，萬萬歲」來為它命名。可是，當他向手下的高官陳述自己的計畫時，這些官員小心翼翼地用沉默來自保。2,000 年以後，研究這一山脈的地理學家對此表示懷疑，指出，「萬歲」一詞在漢武帝之前就已經廣為人知，即使他真的在這裡用了這個詞，也不能說明什麼問題。

自從武帝遇到一個以菖蒲為食的仙人以後，遇聖峰就聲名遠颺了。這種「甜味的菖蒲」已經被確認為學名是 Acorus calamus 的植物。農曆五月初五龍舟節的時候，人們會把菖蒲的葉子做成寶劍的形狀，掛在門楣上來闢邪。

那位神仙堅稱，他就是因為以菖蒲為食才成了仙，菖蒲可以讓任何人長生不老。漢武帝也在這裡建了一座宮殿，吃了兩年的菖蒲，可依然沒有成仙。令他失望的是，一位村民在勞作的同時堅持吃菖蒲，最後竟然成仙了。儘管如此，漢武帝在位長達 54 年，他應該沒什麼可抱怨的。他認為這種香草利於長壽，我們的懷疑也許並不完全是錯誤的。令我們西方人非常好奇的是，一個人在這裡住了 30 年，竟然不經檢驗就拋棄了自己的猜想，這個理論居然會在無人檢驗的情況下重複了 200 年。就在當地的一塊石碑上，載有這個故事的另一個版本，說食菖蒲的那個人讓漢武帝相信，這種香草是治療胃痛的一種良藥！

這個漢武帝是中國漫長歷史中最引人注目的人物之一。他在自己的首都建造了兩個巨大的銅人，每個銅人手中都有一個大碗，用來承載可以使人長生不老的靈丹妙藥，他希望神靈能賜給他這種仙藥。他在宮廷裡建造高樓，以便與神仙們建立連繫，無數的男女術士紛紛前去為他效勞。我們高大的無線發射塔暗示，漢武帝當時就試圖接收過那種聽不見的聲音！

人們在這裡發現了帶有龍形圖案的瓦片，說明這些廟宇肯定是某個皇帝建造的。這些常見的帝王標誌證明了一場信仰的革命，儘管這種革

命實際上難以覺察，但它卻是真實的。這座中央山峰曾一度是皇家和國家崇拜的中心，現在這裡還有很多廢墟和傳說，可是拜神的人卻非常稀少。

三條道路中有一條依然被稱為御道。有個地方依然標明是漢武帝用權杖擊打岩石的地方，當時眼前的一切顯然讓他非常興奮，因為山裡的鳥兒在空中盤旋，歡聲鳴叫，歡迎高舉如移動的森林般各種旗幟的隊伍。現在，鳥兒依然四處飛翔，而御道上卻人跡罕至，只能看見打柴採藥的村民。漢武帝的隨行隊伍中有各式各樣的人，其中包括一名生性滑稽的東方（朔）。有一次漢武帝成功地製成了一粒能使人長生不老的仙丹，正要服用，東方請求先檢查一下它的形狀、大小和顏色。他一拿到仙丹就馬上放進嘴裡，並向皇帝保證說，它的味道真的不錯。受到侮辱的皇帝命令他馬上把仙丹吐出來，否則就立即砍下他的頭。他卻反問，如果砍頭的話，仙丹延命之說豈不謬哉？

提起白鶴峰，人們還記得吳中（Wu Chung）[259] 曾在這裡住過多年。他經常聽到一塊巨大的岩石發出響聲。有一天，那塊岩石裂成了碎片，香氣四溢。一切恢復平靜以後，他發現那裡竟有許多聖書等著他去閱讀。這可能是為了詩意地補充下面這個平淡的故事。當秦始皇決定與過去決裂，開創一個新時代的時候，他把所有的舊書都收集起來予以銷毀。（從戴克里先 [260] 到愛德華四世，[261] 一個又一個君主都曾經試圖這樣做。）可是孔鮒及其門徒裏把蒐集到的大量書籍運到了嵩山，並用牆封了起來，希望有一天這些書能重見天日。很可能是某次地震破壞了那堵

---

[259]　似應為劉居中。

[260]　戴克里先（Diocletian，西元 244～312 年）是一位羅馬皇帝。他與馬克西米安同為皇帝，來共同治理羅馬帝國；他還在帝國內帶頭推行了一系列的改革。

[261]　愛德華六世（Edward VI，西元 1537～1553 年）是英國國王亨利八世唯一的兒子，西元 1537 年亨利八世去世之後，他即繼位，先後在薩莫塞特公爵和諾森伯蘭公爵的輔佐下擔任英國國王，因患結核病而於西元 1553 年夭折。

牆，露出了古代的寶藏，中亞近來發現了許多類似的寶藏。

　　虎口峰被認為是一個躲避秦始皇焚書，保留其他書籍的倉庫。李筌發掘了這些書籍，經過仔細研究，他除了得知放慢呼吸可以制怒和過一種純潔的生活之外並沒有學到什麼東西。他意識到還有太多的東西需要學習，就把這些書裝在一個玉匣裡，開始四處拜師。他在驪山看到一位年邁的老太太在燒一棵樹，就懇求她解釋這樣做的原因。她說「火生於木」，原來她正試圖消除邪惡的根源！她收李筌為徒，然後從袖子裡取出一個瓢，讓他用瓢從池塘裡取水。令李筌吃驚的是，那個瓢太重了，他根本拿不動，結果瓢沉入了水中。回來道歉時發現，他的師父已經消失了。

　　三鶴峰位於嵩山的內室。李筌就住在這裡煉丹。他在東峰得到了一套書，裡面記載著鳥獸的語言。這樣，他就可以與鳥獸對話了，還可以聽懂鳥獸之間的談話。他深深沉溺於道教，所以在他去世時，東嶽之神立刻向玉皇大帝報告了此事，並請求安排李筌當 100 年的文書。這中間有些讓人迷惑的地方。在《說嵩》第十三卷第一章中，提到了李筌從這個山峰升上了天空。李太白的名字在書中並沒有提到。這些故事激怒了所有的儒生，他們認為李太白一輩子都是詩人，具有所有的才華以及與這些才華相伴的所有惡習。「一個拒絕乘坐皇帝遊船的人怎麼可能會去做一個土地神的奴僕？」可是這樣的問題讓我們想起，這位多情的詩人是在醉酒之後失足掉下船淹死的，無論用什麼方法進入仙界他都不配！

中嶽嵩山腳下中嶽廟庭院內的菩薩長廊

　　玉人峰以前離山頂 200 級臺階處有一座中嶽廟，廟裡不但有彩色的神像，還有一個 5 吋高的玉人，晶瑩剔透，完美無瑕，不像是出自凡人之手。它就是中嶽神的模樣。這個神像經常消失，可往往在 10 天以後又出現了。地方志中這樣寫道：

　　今廟中既無玉像，而自隋以後竟渺無傳聞。豈像終隱而不出耶？古寶沉淪可謂喟然。

　　玉女峰不太遠，道士們列出了一大群經常登上這座山的少女。她們被分為青腰、六戊、神丹，等等。其中有一個名為思精，始終穿著青色的衣服；另一個被稱為太元，喜歡穿黑色的衣服；赤傑穿硃紅色衣服；常陽當然是穿黃色衣服 —— 這種顏色正是這座聖山的神聖顏色。所有關於這些少女的故事都讓學者們感到困惑，他們似乎無法確定這裡是否真的有過這樣的少女，最後他們沒有正面回答這個問題，只是說，如果有的話，她們也是妖怪的化身。

　　一再談論玉女和玉人會讓西方人感到困惑，這其中還有另外一個原因。我們所說的中國玉是一種綠色、白色或淺綠色的礦石，主要產於土耳其斯坦、帕米爾高原和西伯利亞。剛挖出來的時候，玉是一種柔軟的纖維狀物質，可是一旦暴露在空氣中，它很快就會變硬。中國人把它視為「天地的精華」。我在甘肅的肅州曾遇到過專營玉器的珠寶商，儘管現在北京已經成為玉器雕刻加工的中心。在整個中國，玉的地位就跟鑽石在美國的地位一樣。我們在談論鑽石純潔性的時候，漢人的子孫已經把玉石變成了純潔的同義詞。因此，選擇這種材料雕刻神像是對純潔的宣揚，經常佩戴玉質飾品可以提醒人們在言談舉止中要始終保持純潔。可能正是考慮到這些連繫，漢武帝才替山峰取了這些名字，來紀念純潔的男人和貞潔的少女。

　　這些山峰中最後值得一提的還有觀香峰，因西元前 6 世紀周王的一

個女兒而得名。為了求得長生不老，她和哥哥來到這裡。他們住在兩個山洞裡，透過一個地下通話筒進行聯繫。從來到這裡以後，他們就再也沒有離開過自己的山洞，也沒有再見面，只是透過聲音彼此安慰。事實上，地方志中記載，她來這裡的時候，她哥哥已經去世多年了；可是，也許這是另一個哥哥，抑或是她的真誠不但使自己獲得了永生，還讓她的哥哥復活了！後來，當地的農民甚至挖出了通話筒的殘片！

群山依然聳立，可是廟宇卻消失了。許多個世紀的宗教虔誠使得人們用神龕和祭壇、亭臺和石碑裝點了整個中嶽山脈。在蒙古人執政的元朝，嵩山得到了政府的大力支持，用一個中國人憤怒的話來說，統治者「搜刮民脂民膏」來建造廟宇，總數達到了 3,600 座。當然，隨著異族征服者垮臺，他們所保護的東西就沒有得到人們的妥善保管，現在實際使用的廟宇已經屈指可數。在藍色的愛琴海，拔摩島上仍然保留著幾十座教堂，裡面保存著各個時代僧侶們所完成的多幅繪畫；不過人們已經不再前去那裡朝聖。但願人們的心中會有一種更真切的信仰，無論是在西亞還是在中國的中心。

中嶽嵩山跑馬脊上的「老奶奶」香客。蓋洛 攝

第三章
嵩山的歷史

正當斯圖亞特王室流亡法國，盼望重新登基的時候，景日昣出生在嵩山腳下。躺在天邊晒太陽的睡龍讓他的少年時代變得豐富多彩。當時，他一定經常在小山上玩耍，凝視著天鏡池；或者某處垂釣，看看能否釣到金鎖鏈。漢武帝曾用這條金鎖鏈捆紮他給神仙的信件，蓋上皇帝的印章，投進了龍簡穴。他一定也聽說過山裡那個赤足的男孩張某。張某在死後又重生為仁宗皇帝。這位皇帝一退朝，就會脫掉鞋襪。他的母親一定曾經講過龍泉中那條神奇的紅魚給他聽；他也一定在雲鍾洞中傾聽過看不見的手敲響看不見的鐘。

景日昣長大以後，成了讀書人。後來他連中三元，取得了做官的資格。在這個階段，他寫了許多卷各式各樣的「嵩臺隨筆和學制書」，這些書寫得非常出色，很快就成為有志青年的指南。他隨後寫了一篇關於《尊生書》的評論。這樣，他就找到了官場上的立足點，以後做過各種官。可是，這些官職顯然給了他很多空閒時間，因此他認為自己的傑作應該是有關故鄉嵩山的一部專著。於是，他蒐集了所有與嵩山有關的資料，條件成熟以後，他便憑藉自己淵博的學識，開始著手進行認真的研究。

他花了 30 年的時間來做這件事。他研讀古代典籍、辨讀碑文、挖掘歷史、對所有的結果進行篩選並摘錄成連貫的章節。最後，他寫成了《嵩厓學》，這本書立刻為他贏得了聲譽，並成為一種新的典範。很快，

急切的效仿者就開始對他產生了興趣。孫勷先生在康熙五十九年（西元
1721 年）寫道：「予家岱宗之麓，而自思岱之為志，僅能垺元鼎諸家。
異日者，本先生說嵩之意說岱，以掩夫蕪雜絓漏之瑕，先生將引為同調
否？」

後來，景日昣被任命為主考官，遇到了范長發，後者「獲得了隨時
可以在客廳拜見景日昣的特權」，並且留下了有趣的個人回憶錄。後來他
在河南任巡撫時，就刊行了這一回憶錄。另一個崇拜者是馮嗣京，他喜
歡自稱為作家景日昣的弟子，還這樣讚揚他的老師：

> 善言絕不會被遺忘；善言者也因此得以永生。
> 善言留存至今，就是因為出自善言者之口。
> 而善言者不朽，也就是因為他說了這些話。
> 景日昣為官清廉，也是一位著名的學者。

馮先生在書中告訴我們，景進士是如何成為皇帝的貼身文書和心腹
御史的。景日昣的職責是祕密彈劾高官，可是他把所有可能破壞別人聲
譽的東西都燒毀了。「知夫子所以壽世者，不專在立言也。」

顯然，這樣有才幹的人用半輩子來研究他的故鄉，應該寫出些值得
一讀的東西。因此我把尊敬的景日昣對他自己《說嵩》的介紹交給我在上
海的朋友，由他們譯成英語。原文如下：

> 嵩名勝甲豫州，歷代翠華所由，太史軒轅所採，巨卿世驂巡遊。膏
> 秣所經，莫不搜奇揭藻，傳為勝譚。潛夫隱淪之託處，騷客逸流憑弔援
> 引，疊疊以為芻臠，形諸紀述，發為唱歌，有賞必適，無幽不探，未易
> 一二。為世味聲華者，語也。語之，未嘗不怦然神向之。輪轍不逾都
> 亭，向平疇昔之願。姑俟自公暇暑，展卷以當臥遊。不幸而插架富有，
> 缺然名山之牘。得昔人一紀一詩，輒為觀止。嗚呼，裒衣戔冠之族無山
> 水福也，士大夫以為憾。無何絀於蹤跡並迥於耳目，雖欲涉獵縱覽，渺

無紀述可尋，則憾之憾矣。其或皇華載歷，休餘無多，命駕言遊，裹糧幾何。數暑稽旬，窮秉燭攀躋之力，未窺千巖萬壑之一隅乎？未也。若夫握綰名區，公餘濟勝，高山在望，幸有主人，而鳴驅之聲不可與山鳥唱和，興蓋之隊不能共野人往來，樵語、諺談、故實往往什一。倘有志博洽，旁引觸類，令長於此，無亦有未逮者乎？況乎勝地靈藪，緇素所占，其徒輩間，亦錚錚於揄揚。一切虛無、飄舉、飛灶、掛錫之誕詞，充塞巖澤。某某仙佛被山川，以不躓迨無關正，而遂以為紀遊之佳話。則名勝汙衊，將遂終古。耳食之心異，而識之或偶，劄之興至，永言之，而竟援木授墨以走之於是二氏浮說，乃為藝林所標附。至於堅城不可摧拉，而山川真面目茫然不可復識矣。《嵩高記》始於北魏盧元明，摭述諧語數則，青牛伏龜、開母雲母云云。徵古者雖言之，非實錄也。

青牛應該是黑牛。據說老子就是騎著它走的，或者它拉著老子的車去了西方。啟母是登封啟母廟一個山門的名稱，是嵩山三個山門之一，由禹州的縣官朱寵於西元 123 年建造。為了避漢景帝的名諱（因為碰巧漢景帝的名字也是啟），這位官員用了和「啟」同一個意思的「開」字。做完這些解釋以後，我們繼續看下文：

《禹貢》止標外方，《山海經》則有半石、來需、大苦、少室、泰室、講山、嬰梁、浮戲諸名。迄唐，吳筠分誤各峰，謂之靈蹟載諸道，藏宋樓異賦之勒，真珉以傳，而天師之紀遂與嵩不朽。嗚呼，嵩曷不幸，而染緇蒙塵至於不可湔洗也。豈唯嵩哉？雞林、西玉門、東北燕南嶺，其間佳山水而勝者何？非二氏之淪澆，而又奚悅於嵩。傳梅作書，於仙佛斐語喋複稱道，不讚一辭，杜撰疑似，錫名作古桑。酈經註失徵焉，即潁濆洧匀不辨其流，他可知也大半。幕客上官贈揚之史辭暨所作詩文，倍之，謂十三篇，即邢臺塾刻可也。陸東《嵩嶽志》行跡未及，近刱載車輦洛，過望山陰邸，寓浹旬編瑑，聞邑乘為卷帙，浮不近理，掛一漏萬。無怪也本朝葉封令長數年，嘉意文獻可謂勤矣，偕邑孝廉焦賁亨共事山志大概，祖述邢臺原本，唐天師諸說附於述者之義，無少發明。意

亦左袒二氏，未有拒辭，擇焉不精，語焉不詳：如誤潁源於玉泉，涸紫
虛於逍遙，稽之輿地不無舛焉。夫從來地誌之難按區指掌，非將斬靡駕
浮而已。禹貢域九州界，畫山川，謂其不可移易也。文士騁其筆墨，率
意遊弄，而流峙常形，豈紙上龍蛇所能翻覆者歟？芒履所致，跡之未
見，其有合也，曹氏《名勝志》藝苑南金也！

　　下面的解釋可能過於仔細了，我們要告訴讀者，「among the best in
any library」的原文是「藝苑南金」（文學花園裡的南方金屬），這是一種比
喻和間接表達法，這個例子說明了翻譯中國文學語言的困難。「南金」出
現在一篇賦裡，和象牙等連在一起，這裡泛指珍貴的東西。那句話的意
思是「一本非常珍貴的書」。

　　紀嵩僅滿尺幅，多有未確，平洛澗之石淙水也，誤。山三交水之玉
女砂也，誤。臺鄘注東溪繫於崇高縣而誤東溪為縣，蝌蚪巖與蝌蚪石兩
地而誤為一。

　　這裡缺了一頁，裝訂書的人重覆裝訂了前一頁，因此漏掉了一頁。
作者看來好像要說他自己的寫作方法，因為我們已經抓住了相關線索。

　　其是二說同異謬，取捨之其無關於嵩，備互發者，廣索以證佐之如
是者五。閱歲袞然成帙，自唯架籤無多，眊疲久浸，不能從事於一夜。
雖嵩高大觀，管蠡多遺，而眕之矻矻編摩者，衰將徵邁，亦云畢能。乙
未冬被。

　　命鴻臚間署，棄拙因得古人朝隱之適，次第舊稿，比類為編，名
曰《說嵩》。不敢雷同昔人，存其說為得失之林；不敢附會異流，仍其跡
備見聞之助。主山為幹，附見為支。因其位置羅次比列，便登臨者之隨
地肆考焉。曰嵩高，曰太室，上曰太室陰，曰太室麓，曰太室原，曰少
室上，曰少室東，曰少室南，曰少室陰，曰箕山。全嵩本末遠近之勢，
流峙分合之形，古今盛衰之異，賢貴人物藝生，萬匯之不齊在十四篇中
矣。以是為經，次為緯說，十四篇博載以詳之：曰勝野，曰沿革，曰形

勢，曰水泉，曰封域，曰遊祀，曰古蹟，曰金石，曰傳人，曰物產，曰
二氏，曰摭異，曰藝林，曰風什，條陳目張，比類分纂，諸唯從詳。仙
釋之紀，採史傳節之嗜好所違，不欲繁載筆也。夫人一睫之力，疏漏殊
多，半禿之筆，取裁亦少，剹錐已久，不忍刪棄，收拾成幟，用備束
芻，高明顧問以代滕頰云爾。然使昣不早貧，則力不能登高涉險；使通
籍需次不家食，則時不得披古以證所見；使內仕不清班，則勢亦不暇編
次成幟。凡昣之為此者，生長於嵩，家世膏沐於嵩，休暇賞心，花朝月
夕，坐臥於嵩三徑，松菊莵裘將營，行望首丘於嵩，不過間人之隨筆，
以志徵客之永懷耳。嗚呼，未易一二，為世味聲華者語也。

　　康熙五十五年，丙申五月五日，嵩人景日昣冬陽氏題於鴻臚寺署之
袖煙堂時禱雨齋居也。

第四章
與嵩山相關的其他名人

　　〈箕山一歌〉的作者是一位悠閒的隱士，偉大的堯曾試圖把王位傳給他，卻被他拒絕了。在他有關嵩山的詩歌裡，有一節談到了這個地區的異常之處，說這裡適合於產生偉人。這倒是真的，至少在每一個朝代都有來自這個地區的名人，我面前就放著 228 本傳記。男性在其中占了絕對多數，這毫不令人奇怪，因為就連英文的《國家傳記辭典》中也很難找到幾位著名的女性。可是在這些中國名人的名單中我們僅僅找到了 7 位婦女，這的確會讓人想起約翰・法斯特爾夫 [262] 把那少得可憐的麵包裝在一個偌大口袋裡的情形。這種指責只是針對這部特定的書，而就整體來說，這種指責是不公平的，西元 1726 年刊行的《圖書整合》中就有一個龐大的婦女傳記集，即使是在今天，其他國家也找不到類似的書籍，更別提在 200 年以前了。該書第十六典（全書共有二十二典）的標題是「閨媛典」。傳記按照人物所具有的某種卓越品格進行分類，這些品質既有先天的也有後天的。這樣我們看到了（按照字母排序）受傷害的、多才多藝的、美麗的、孝順的、幸運的、仁慈善良的、英勇忠誠的、奇異通靈的、聰明能幹的、機智有才的等各種類型的婦女，還有女作家、皈依宗教的婦女、寧死不受辱的婦女、不肯改嫁的寡婦，僅最後的寡婦那一類就超過了 210 卷！

　　正是基督教為婦女開闢了新的職業，然而過了一兩個世紀以後，我

---

[262]　約翰・法斯特爾夫（Sir John Falstaff）是莎士比亞戲劇中著名的戲劇人物。

們仍然發現她們的地位又回到了底層。直到現在，我們才看到了覺醒，婦女開始重新獲得應有的地位。

我們將從這個權威的集子裡選出四個例子，另外加上三個作為對比，來揭示男人是多麼的邪惡。《漢書》中講述了那個朝代的一個故事，也就是西元前 100 年，一個女人博得了她丈夫的歡心，為自己贏得了特殊的顯貴，被封為昭儀。可是她並沒能獨占丈夫的愛情，他還有一個寵妃名叫王湘（Wang Hsiang）。這位夫人私下向她的丈夫誣告那個寵妃：「王湘在臉上擦粉；王湘與侍衛長調情；王湘坐北朝南，就像在位的皇帝一樣；王湘對你不忠，是個姦婦。」

那個愚蠢的男人似乎沒有讓她提供證據，而是相信了她，衝進了那位寵妃的房間。他脫下了寵妃的衣服，並用這些衣服把她捆了起來。然後召集其他婦女，讓她們用燒紅的烙鐵燙她。可憐的王湘一被放開就跳到了井裡。即使這樣，也不能使那個懷恨在心的夫人滿意。屍體打撈上來以後，夫人就命人把她釘在大椿子上，嘴唇和舌頭被割了下來，最後，肢解了的屍體被裝在盛有桃木灰和毒藥的大罐子裡，燉成了湯，還讓丫鬟們來觀看。這個令人厭惡的故事被不同的史學家記載了下來，他們所做的唯一評論是，這麼殘酷的事情發生在聖山中嶽，豈不怪哉！「這怎麼能跟太室所弘揚的博愛精神相一致呢？」

很不幸，另一個婦女也是如此，她傷害別人的權力更大，因為她的地位更高。也許她可以更好地為自己辯護，可就像英國的理查三世一樣，我們只有在她死後，才能記下從她對手口中傳出來的故事。武后 14 歲就被選入唐朝一個帝王的後宮，皇帝死後，她和其他所有的婦女都被隔離了。可是新繼位的皇帝，也就是她的繼子，愛上了她，把她帶回了後宮。她在後宮設法挑撥一個皇后與另一個寵妃相鬥，最後把兩人都除

掉了，自己當上了皇后。這仍然不能滿足她的野心，就像曼特農夫人[263]一樣，她很快就成為實際上的統治者。她的「繼子」丈夫死後，她剝奪了親生兒子的皇權，當上了皇帝，戴著假鬍鬚，登基了。值得注意的是，埃及和巴比倫也有富於才幹的婦女扮演了同樣的角色。新的武「皇帝」雖然違反了常規，但事實很快就證明她是一個精明能幹的統治者，她於西元 684 年到西元 705 年在位，並在此期間更改了年號，感到有必要為「他的」統治披上某種宗教的外衣，她突然想到了封禪中嶽，也就是嵩山。三陽宮建在山的南面，可是武後登基以後，對這座宮殿不滿意，就在大石嶺建造了另一座宮殿，並在那裡住了四年。她封嵩山的土地神和地母娘娘為天神，後來又進一步提高了他們在天上的排位，封其為天中皇帝和天中皇后，改變了國號和年號，還舉行了規模盛大的封禪儀式，大赦天下，並在新祭壇的南面立下了她親手題寫的石碑。

　　她有一個姪子叫武攸嗣，她曾答應過封他為高官，可他寧願過一種自由自在的生活，就改了名字以逃避監視，專心研究《易經》或莊子的道家學說。武後派遣了武攸嗣的兄弟去說服他，「可是他非常固執。」他在潁河南面買了幾塊地，派人去耕種，他自己則專心沉迷於書籍當中。夏天在涼亭下讀書，冬天就到山洞裡去讀書，休閒的時候和普通人待在一起。武後派人監視他，因為她不相信這些，可是派去的人報告說，她派人送去的貴重禮物原封未動，上面落滿了灰塵，而「他卻在峽谷裡或山坡上悠閒自得」。他得到了回報，後來，一次宮廷革命再次把他年事已高的姑姑隔離，一度被剝奪權力的皇帝重新掌握了政權。武氏家族的其他人都被殺死了，他卻被邀請到朝廷去，可是他寧願待在自己在嵩山的小農場裡，無論繼位的皇帝如何向他致意並向他做出安全的許諾，他都無動於衷。

---

[263]　曼特農夫人（Madame de Maintenon，西元 1635 ～ 1719 年）是法王路易十四的第二個妻子，她也是從社會下層一步步爬上了王后的地位。

　　《登封志》中記載了一個大約發生在西元 1350 年的故事。當時明朝正在與入侵的蒙古人爭奪天下。張景輝住在嵩山，他娶了一名陝西女子賀氏。戰亂中，他被殺死了，她冒著危險前往戰場去尋找他的屍體，並把他安葬在一塊風水寶地。通常情況下，這是一件非常重要的事情；可是，當時處於非常時期，男方的親戚又非常懦弱，留下她獨自面對危險。她成功地找到了屍體，並把屍體運回了嵩山，在此之前已經選定了合適的墓穴，葬禮上舉行了所有規定的儀式，埋葬的地點就是人們所謂的龍脈。她帶著兩個兒子來到丈夫的哥哥家。他似乎沒有感到自己的責任，無情地催促她改嫁。為了證明自己的誓言，她挖掉了自己的一隻眼睛，如此一來，所有的人都會意識到她的忠貞，而且再也沒有人認為她很美了。天下太平以後，她搬進了聖城登封，專心教育自己的孩子，靠紡紗和搓麻繩過日子。她很高興看到自己的一個兒子通過科舉考試做了官。可是她兒子因為犯了法，被罰去做苦役。她找到皇帝請求赦免，皇帝聽了她的故事以後，就赦免了她的兒子。

　　景喜真去世了，留下了一個 20 歲的寡婦。她丈夫的兄弟似乎一方面把她看作是負擔，另一方面又被她所深深吸引。他逼她改嫁，可是她抵住了誘惑。為了堅定決心，她剪掉了自己的頭髮，還割掉了自己的鼻子，渾身都是鮮血。這樣她就不用因為忘記夫家而有失體面了。可是後來出現了一場饑荒，她無法養活自己，而當時她的娘家不得不遷到 90 里外的地方，所以她也跟著娘家到了那裡，靠給商人做挑夫養家餬口。這樣她就能培養自己的兒子，好讓他光宗耀祖。

　　這種行為準則和印度是多麼不同啊！在印度，寡婦經常成為她丈夫兄弟的情婦，最好的也就是一直守寡並處於半飢餓狀態。中國好像有更高尚的辦法。

　　從《列女傳》中，我們選出了玉的故事，因為她的名字太普通了，

為了便於區分，人們稱她為侯氏或侯夫人。她本來和自己的父親住在山裡，可父親被人謀殺，她便殺死凶手，替父親報了仇。一個女人殺掉一個男人，這似乎是件很危險的事，地方官員準備定她的罪；可是一個聰明的年輕人指出，她忠實於自己最深層的本能之一，達到了孝的至高境界：她殺人不是犯罪，而是源自偉大的血緣關係，為她父親爭了光。於是她就被釋放了。那個年輕人就像參加審判的丹尼爾那樣，在他聲名卓著的事業道路上邁出了第一步。

另一個婦女的動機也一樣。公孫結下了一個仇人，後者有一天來殺他。公孫和他的妻子逃走了；可是他的妻子因為年紀太大，在逃跑的時候被抓住了。仇人正要殺死她，她13歲的女兒荷衝了出來，跪在仇人的面前，懇求說，自己的母親「病得很厲害」，再說她母親已經那麼老了，早晚得死去，殺死母親很難滿足仇人的復仇心理，而她自己是父母的心頭肉，殺死她可能是最殘忍的報復。這個推理邏輯顯然是成立的，於是荷被殺死，而她的母親卻活了下來。

有一個婦女因為保持了自己的貞節而受到讚揚，雖然她自己的名字並不顯赫，在寡居之前，人們稱她為陳璉妻。陳璉被明末的一群強盜殺死了，他家裡的大部分成員也遭到同樣的命運，只有陳璉妻和一個孩子倖免於難。這些強盜想讓她入夥，可是她卻詛咒他們，說：「死就死，一了百了。我怎麼能跟著你們這幫無賴丟臉呢？」雖然強盜用死來威脅她，可她還是拒絕了。他們想利用她的母性，就準備殺死她的孩子。可是她仍然不屈服：「你們已經殺了我全家，怎麼能指望一個哇哇哭的孩子從強盜手裡倖免於難呢？就算你們放了這個孩子，不清白的我哪裡還有臉去見我死去的丈夫？」在強盜們轉身的時候，她在丈夫的屍體旁邊上吊自殺了。

當我們停下來評價這些婦女或者評價她們的傳記時，我們被書中對

她們品格的描述所深深打動了。美國人總想知道一個人已經累積了多少財富。可是在中國透過探求人性的本質，能夠更接近事情的中心，財富是身外不可確定的東西。橋梁、發動機和船舶更多的是為了方便別人，最重要的事情並不是一個人擁有什麼，也不是他在幹什麼，而是他是什麼樣的人。

　　現在從女人轉向男人，假如說我們已經看過了兩位冷酷婦女的例子，現在我們把她們和一個聖潔的道士做一下對比。潘誕聲稱他有 300 歲了，還知道一種神奇的金丹祕方。煬帝命令他煉製一些金丹，為此他進行了大量的準備工作，包括興建嵩南觀。錢花了幾百萬，最後，煉丹術士需要石膽和石髓。顯然，這需要把大石龍鑿開。人們從多處開始鑿，想找到石龍的膽和髓。可是，人們並沒有很好地研究那條石龍的結構，雖然有些洞鑿了一千多尺深，可還是什麼也沒找到。最後，得知失敗的消息以後，潘誕說，如果能為他提供三斛六斗童男童女的骨髓和膽汁來作為替代品，他也可以煉成金丹。可是皇帝不願用這樣的代價來換取他的藥，寧願用潘誕的骨髓和膽汁來滿足自己。正是這類故事的流傳，才會產生常見的一種謠言，說外國人在他們的醫院裡取出病人的眼睛和腦子。但並不是所有道士的丸藥都令人討厭，有時候護身符就和肩胛繃帶一樣無害、無毒，而又毫無用處。我見過保護房子的咒符，各種形式的都有：在一張普通的紙上畫著張天師騎著老虎，帶著劍和扇子；四周到處都是蒼蠅、毛蟲、蛇；每一張紙的兩面都分別印著一首詩，而這首詩總有一天會應驗：

四月四日日當午，天師騎虎向前衝；
血盆大口映青天，陰間魔鬼已逃走。

張天師的印鑑使這種符咒生效並具有法力。

　　許由要比潘誕老得多，他生活在堯帝時代，其故事被偉大的歷史學

家太史公（即中國的希羅多德——司馬遷）記錄了下來。在那遙遠的時代，帝王似乎通常意識到會有一個退位的年齡，他們不會在自己的職位上一直待到去世。堯努力尋找一個繼承人，認為許由是一個合適的人選，就前去說服他。可是這個謙虛的人回答說：「子治天下，天下既已治也，而我猶代子，吾將名乎？名者，實之賓也，吾將為賓乎？鷦鷯巢於深林，不過一枝；偃鼠飲河，不過滿腹。歸休乎君，予無所用天下為。」因此，他拒絕了堯的請求，逃到中嶽，到潁河北岸箕山腳下種地去了。這裡有一點非常重要，「陽」用於山的時候，指山的南坡，因為這一面朝著太陽；可是「陽」用於河流的時候，總是指北岸，因為河的北岸是朝著太陽的。

他沒有因自己拒絕了大好機會而牢騷滿腹，也沒有因拒絕這樣的機會而誇耀自己的謙虛。稍後，堯又找到他，降低了要求，請他擔任九州長。可是許由再次拒絕了他，「在潁河裡洗了自己的耳朵」。碰巧巢父（另一個更謙虛的人）到河邊來飲牛，他在下游看到許由奇怪的舉動，就詢問原因，得知許由洗耳朵是因為這個新的誘惑，就說：「子若處高岸深谷，人道不通，誰能見子？子固浮游欲聞，求其名譽，汙吾犢口。」因此，他牽著牛走了一圈，讓它到許由的上游去飲水。

箕山的棄瓢巖處有「洗耳河」和「洗耳池」。這個故事是這樣的：有些善良的人看到許由極為貧困，就給他一個瓢，讓他用來喝水。可是，對苦行的許由來說，這樣一個瓢也太奢侈了，因此他把這個瓢掛在小屋邊的一棵樹上。可是風吹過瓢的時候發出一種響聲，讓他感到愉快，因此，為了免受沾染，他把這個瓢從懸崖邊扔了下去。現在還能在山上看到許由的墓。

我們好奇地從呂不韋撰寫的《呂氏春秋》中了解到，商代（西元前1776年）的第一個君主湯統一天下後，也想把天下讓給一個名叫卞隨的

人，後者對此極為反感，以至於跳入潁河自殺了。的確有很多人過著一種平靜的、沉思的鄉村生活，他們會辭謝重任，但如果他們真是按其朋友的評價那樣能勝任工作的話，難道他們有權去追求自身的安逸卻不顧國家的繁榮嗎？

出生於嵩山地區的甫侯是個刑法改革家。在他之前，刑罰是極為殘酷的，可是他說服周穆王頒布了新法律，可以用罰金來代替人身折磨。這種替代方法在英國一直很流行，可是這樣能充分懲罰有錢人嗎？不管怎麼說，所有的人都讚揚那位見不得木枷或凌遲等酷刑的人。

趙國公子簡子有兩匹白騾子，非常珍貴，也非常馴服，公子非常珍視牠們。登封的大將胥渠病了，醫生說只有白騾子的肝臟可以治好他的病，否則他就會死去。趙簡子的僕人感到難為情，因為胥鼓起勇氣請公子給他一個騾子肝。僕人們請求趙公子殺了胥，因為他太放肆了。可是趙公子問道：「夫殺人以活畜，不亦不仁乎？殺畜以活人，不亦仁乎？」因此，他命令廚師殺了一匹白騾子，把騾肝送給了胥。不久以後，趙國派兵去攻打鄰國。胥的朋友帶領 1,400 人來幫助他。這些人加入了戰鬥，左右側各 700 人。胥率領部下猛攻，結果大獲全勝。

範峑是宋朝的一位詩人，也在這座山上生活過。下面的四行詩就是他創作的：

飲酒二升，糶麥一斗。
磨面五斤，可飽寸口。

這首詩經常被改成座右銘，還有一首詩表達的意思和這一首詩非常相似：

些小言詞莫若休，不須經縣與經州。
衙頭府底陪茶酒，贏得貓兒賣了牛。

　　張孝基娶了一個富人的女兒，這個富人的兒子很壞，被富人趕出了家門。富人病重的時候，把自己的財產給了張孝基，張孝基管理得很好。與此同時，富人的兒子成了路邊的乞丐。孝基很可憐他，就給了他一份澆園的工作，他工作很賣力。孝基感到驚喜，就讓他管理帳房。富人的兒子回答說，能到園子裡來已經超過他的期望了，如果讓他掌管財物，就超過他的期望太多了。最後孝基還是讓他管理了帳房。他工作非常投入，變得非常溫順，老毛病不見了。孝基經過仔細觀察，發現他的毛病徹底改掉以後，就把整個家產給了他，這時候富人的兒子已經變成一個很有教養的好人了。後來，孝基去世了。一次，他的許多朋友在遊覽嵩山時，看到一大隊車馬，旌旗招展，好像是總督的護衛。一輛車裡坐著這隊人馬的首領，他們認出那就是孝基。他們驚喜地走過去向他致敬，並詢問這是怎麼回事，孝基回答：「至高無上的神，也就是黃帝，命令我掌管這座山，因為我把財產還給了我的妻舅。」隨即整個隊伍消失了，人們知道一個新的神仙，也就是嵩山之神由此誕生了。嵩山之神是一位帳房先生。

第五章
兩種君子，以及第三種

　　當地的一位古董商講述了道士和僧人這兩類人的傳記故事。他自己既不通道也不信佛，而是像偉大的前輩孔子一樣，把自己的思想集中在現世以及生活中的禮儀上，因此，他對別人的評價總是冷淡和批評性的。一個人真的可能只專注於赤裸裸的物質中心主義嗎？難道我們本性中沒有神祕的一面？難道我們對看不見的、發人深思的東西沒有感覺嗎？那些對此表示否定的人很快就會發現，從門送出去的會從窗戶進來，如果沒有了對上帝的崇拜，那麼不久就會去煉製神奇的丹藥。為了領會這兩種偉大宗教的思想，學者應該認真鑽研它們，就像一些最傑出的佛教和道教代表在實踐中所做的那樣，他們來這裡就是為了沉思和修身養性。

　　長生不老的願望深深植根於人們心中。《聖經》中的猶太人祖先們在這方面得到了豐厚的回報，據說，約伯因他晚年遭受的痛苦得到了補償。這些古代的希伯來人對未來沒有清楚的認知，他們把注意力集中在現世。

　　在中國所強調的是家族的延續性——祖先的牌位說明了這一點，或者強調的是個人美德，這些美德被用紀念碑的題字和碑文記錄下來。很自然，在一座聖山上，這種信念的證據是非常引人注目的，很多都立在臥龍的旁邊，以尋求生命的延續。

　　古代的歷史為我們提供了有關這兩類人的很多例子。

漢代的張道陵住在鶴鳴山上，專心配製「龍虎大丹」。他遇到了一位「神」，後者指點他去中峰，說那裡有一個洞，裡面藏著三本三皇時期的古老奇書，誰發現並得益於這些書，誰就可以昇天。

張道陵挖到了那些神奇的書籍，並進行了仔細研究。隨著知識的不斷豐富，他的聽力也大為增強，成了活擴音器，或者說長途電話。接下來，他破解了飄浮之謎，成了一架人體飛機。乘法表不再是什麼難題，因為他把自己變成了許多人；也沒有了什麼空間限制，他可以在瞬間到達任何地方；光學原理在他的控制之下，因為他不再投下影子。幽冥世界知道了他的主人身分，眾多的精靈聽從他的命令。他獲得了「天師」的稱號。但是，奇怪的是，人們看到一條巨蟒殺了他。更奇怪的是，他的兒子趕到現場卻沒有發現屍體 —— 難道他跑到巨蟒肚子裡遊覽去了嗎？幾年以後，傳來了令他兒子放心的消息，說就在當時那個關鍵時刻，他的修煉達到了完滿，他升了天，成為天宮裡的一名道士。他的兒子成了山上世襲的道士，對於他的記憶，人們應該感到永遠都是新鮮的。實際上，他的信徒遍布這個地區。

對這一類人以及他們的目標和部分故事，我們就說這麼多吧。至於另一類人，我們使用的是《聖賢錄》中的一篇傳記，這個人的變化和前途很有教育意義。嵩山有一座被破壞了的神像。晚上，那個神靈出現在仁宗皇帝面前，和他講條件說：「如果你修復了我的像，我會變成一隻黑色的蜜蜂來幫助你的軍隊。」皇帝覺得回報太低了，就沒有同意。那個神就答應變成許多蜜蜂，於是事情談妥了。很快，神像修好了。接下來就是與趙元昊交戰（西元 1034 年），趙帶領無數的人馬參戰，可是他們遇上了遮天蓋地的蜜蜂，因此迷失了方向，許多人被俘。經過檢查，除了肉裡的黑點外，他們並沒有受傷，這些黑點證明他們曾經被黑蜜蜂蜇過。

輕信和接受這種半真半假的故事，在《抱樸子》所講述的一個故事

中得到了驗證和諷刺。在通往汝陽的路上，有一座古墓，旁邊有一尊石像。一位乾癟的駝背老太婆經過這裡時想在它的陰影裡休息一下，就放下了自己的小包裹。繼續趕路時，她把放在神像上的米餅忘了。其他一些趕路的人發現了這些米餅，就詢問這是什麼意思，一位愛開玩笑的人說，石頭人有靈，可以治病，因為它治癒了人們的病，所以人們拿這些餅來表示感謝。這個故事一傳十，十傳百，每次講述都添油加醋。觸控石像的頭可以治頭痛，撫摸石像的肚子可以治肚子痛，一個全瞎的人可以摸一摸石像的眼睛，於是，供品多了起來，和尚看到了機會，因此，在這裡建起一座廟，雞、羊、豬、牛都可以作為供品，和尚們則負責處理這些供品。他們發現動聽的音樂可以激發人們的崇拜心理，一個朝聖中心建了起來，方圓數百里的人都來請求神的幫助。可是，有一天，那個農村老太太又經過這裡，如此大的變化讓她吃驚地停了下來，聽到那個故事以後，她想起了自己曾在這裡睡過覺，還想起了被自己遺忘的午餐。她講述了自己的故事，在一片譏笑聲中，心懷敵意的僧人們趕到這裡毀壞了一切，包括那個石頭人。不過，墳墓還保留著。

在這裡，我們發現有很多盲目的靈魂在摸索著去發現上帝，假如他們碰巧能找到的話。倘若每一種古老的宗教都有各自的理想君子，我們似乎也可以樹立一個新的理想典範，就像田某（S. K. Tien）那樣，他是從奧古斯丁教派中一位有教養的美國傳教士斯皮拉那裡接觸到基督教的，該教派屬於路德教會，其總部設在激進的堪薩斯州音樂城林茲伯格，每年都有 500 人的合唱隊在那裡高唱氣勢磅礴的〈彌賽亞〉。那裡的韓德爾的清唱劇表演堪稱是世界上最棒的。

1913 年，為期 5 天的大集市在禹州舉行，那裡距離中嶽廟只有 110 里路。當時有 25,000 人參加加了那次集市。基督徒們在那裡展示了他們的主日旗，上面寫著「今日禮拜」。人們成群結隊地來到了傳教使團的駐

地，在熙熙攘攘的幾千人中，有一個和尚跪下來喊道：「我用了 43 年的時間來尋找通往天國的道路，今天終於看到了第一個臺階。」斯皮拉先生把他帶到書房，但他在那裡既不敢坐，也不敢喝茶，一心只想著自己的精神需求，並希望能滿足這種渴求。斯皮拉讀了「上帝之子，基督耶穌的血贖清了所有的罪孽」給他聽，他不敢聽，因為他曾經是一個小偷（雖然是個和尚），經常向上香的人索要錢財，在牢裡被關過三個月，還曾經殺過一個人，吃過一個烤嬰兒！他曾真心地懺悔和悔改過，以正義為目標，並且收了 2,000 個弟子。說真的，他還在一座神像面前跪了三年半，幾乎不分晝夜。他曾把自己的 200 畝地賣掉，把所得都用於獻祭。雖然他曾因祈禱靈驗，尤其是因為求雨靈驗而高興過，可是他的良心仍然無法平靜。

因此，他開始尋找別的信仰，參加了大刀會，該會的首領聲稱沒有子彈或刀劍能傷害他。他還自願讓和尚試一下。下面是和尚自己的描述：「他祈禱了 5 分鐘，然後我拿了一把大刀砍他的手臂，刀彈了回來！沒有刀能傷害他，他祈禱著，凝視太陽，在火爐上跳上跳下。然後我朝著他的手臂猛砍下去，刀幾乎從我手裡飛了出去！可是後來他告訴我，如果我用刀在他手臂上來回切，他可能就會受傷了。」

對於這種經歷，斯皮拉先生無話可說，不過他推測那可能是因為魔鬼幫了忙。他使用了自己的武器，即精神之劍，最後用「把我們從所有的罪孽中挽救出來」的保證抓住那個和尚的心。傳教士跟這位和尚在一起談了一天的話，田某在離去時帶了一些小冊子給他的朋友。他建議這些朋友也去傳教使團的駐地，還向他的弟子坦白了自己的罪孽，催促他們去追隨新的教義，別再追隨他。他的家人和大約 40 個弟子都這麼做了，佛教由此在這個地區失去了控制力。

田某找到了地方官員，坦白了自己的罪行，願意接受任何懲罰，可

是遇到了相同的精神：「如果上帝和你的弟子寬恕你，我也寬恕你。」

　　田某不是一個傳教士，但他可以為基督作證。現已 60 歲的他正在耐心地向上帝表示自悔，並等待著召喚，當然不是入涅槃，而是升入天堂。這是一個真正的基督教君子。他回應了合唱團的歌聲：「哈利路亞！」

第四部分　白色的西嶽華山

天下名山五千有奇，以五嶽為最著。五嶽分位五方，奇秀挺拔以太華為最著。

—— 陝甘總督楊昌浚

雖芟繁補闕，有俟高明，而管中窺豹亦庶幾乎一斑之見云。俾使讀者諸君一瞥華山的真貌。

—— 李榕蔭

第一章
乘坐火車、轎子和驢子

　　離開中嶽嵩山，我們踏上了前往西嶽的旅程。西嶽位於西方，屬金位。這裡的「西方」並沒有人們想像得那麼遙遠，實際上僅僅橫穿了半個中國而已，其距離也遠不及我們探索長城時西行的路程，因為長城位於更遙遠的北方。不過，這也說明了五嶽並稱之時人們的空間意識。在那個時候，東經 106 度以西的地方顯然尚未開化。我們確實知道，那些漢人的後裔在向西滲透到更遠的地方，並於富饒的大夏國接觸到另一文明時，對他們來說是多麼大的刺激。這種對西方的溫和解釋至少有一個好處，那就是給筆者這位美國朝聖者節省了漫長的旅途。可是說來也奇怪，歐洲人對於五嶽幾乎可以說是一無所知，我們找不到任何相關的書籍可供參考。幸運的是，河南巡撫吳重熹閣下很周到地為我們找來了當地的地方志等文獻，做好了必要的準備！此外，我們手頭上還有一部由吳氏從 9 位元代作家著作中纂修的文獻彙編，全書共有 20 多卷。

　　華山是五嶽之中最難到達的。東嶽泰山離北京到南京的鐵路幹線很近。乘船沿湘水溯流而上就能到達南嶽衡山，上岸的碼頭離御道不到 30 里路。從北京至漢口鐵路幹線上的許州到中嶽嵩山，乘馬車或坐轎子僅需一天半的時間。我們還會發現，北嶽恆山距離長城大轉彎處著名的南口關也不過 50 里。但西嶽華山的情況卻大不相同。

　　從地圖上看，沿黃河逆流而上可以乘坐輪船或汽船，或者自己僱一條小船。不過，黃河並不像長江那樣可以常年通航。就連亞遜河和剛

果河上也有常年通行的航線，但黃河卻是一個例外。在黃河完成預期的改造之前，這種情況不會改變。這項令人驚嘆的工程將會在美國工程技術人員的幫助下，由勤勉的中國人來完成。

再看看地圖，就會發現這裡的道路縱橫交錯，其原因下面馬上就要告訴大家。中國的道路與澳洲人煙稀少的腹地情況有些相似，這些道路並非用水泥鋪成的高速路，路上可以讓汽車以每小時 40 英里的速度飛馳。因此這段旅程要先乘坐火車前往位於鐵路主幹線上的河南府，然後沿著新建的鐵路前往觀音堂，在那裡就可以坐轎子、騎騾或坐騾轎到潼關。那裡距華陰廟只有 35 里，剩下的 15 里路仍需騎驢。整個路程要在黃土高原上走三天。

我們在鐵路支線乘坐的是一個五等車廂，這對於我們訪問五嶽倒是很合適。敞篷車廂的四周車廂壁有一碼高，我們就坐在自己的行李上。因為是在最後一節車廂，所以我們有幸能夠聞到從前面頭等車廂中上流人士散發出的富於東方特色的香氣。那龍形的一列列車廂看上去極為怪異，只有伯爵庭院裡的縮微火車模型可與之相比。其車廂是刻意模仿中國風格製成的，機車頂部還罩了一個猙獰的火龍頭。所有的車廂都是敞篷的，擠滿了快樂的旅行者，每人都隨身帶著一把陽傘，以遮擋陽光。蛇行的列車緩緩駛向夕陽，強烈的光線照射在一排排色彩斑斕的陽傘上，真是一道值得觀賞的風景線。這是一群快樂的人，好像正在參加一個流動的節日慶典。每個車站都提供餐飲，我們覺得最安全的食品是西瓜，可以自己切開，但是新鮮的雞蛋卻很少見。

到了觀音堂，騾轎早已備好，我們繼續西行。這條路線和黃河平行，讓我們想起了一句古老的諺語：「不到黃河心不死，到了黃河也枉然。」第二天，我們進入了一個險峻的山谷，峭壁擋住了我們的視線，看不到任何風景。這一地區與板岩採石場有些類似，非常狹窄。但峭壁和

地面上都是清一色的黃土，流經此地的河流和入海口的海洋也被它染成了黃色。黃土似乎是被吹到這裡來的，從來沒人精確地測量出這些黃土的厚度。黃土的滲水能力驚人，所以這裡的井都必須打得很深。我們來的時候，剛下過一場大雨，騾夫一般樂意在最高處行走，而不願在峽谷裡艱難地跋涉。這些雨水非同尋常，它們使土地變得肥沃。土壤裡好像有無數的絲狀孔道，因此在沉積層的每一段上都有青草生根發芽。這些垂直的小孔道也使峽谷陡壁亘古不變。中國人把這種東西稱為姜石，不過，如果讓一個歐洲的地質學家來看，他會發現這些土壤和萊茵河谷中的沉積物有些相似之處，並會將後者的原稱「風成黃土」（Löss）移用到要遼闊得多的中國黃土高原。我們在密西西比盆地也見到過相似的土壤，不過，騾馬和土壤加在一起，讓我們感到不那麼舒服。雨後，地表很快就被風吹乾了。土壤被碾磨成粉，每陣微風吹都會捲起黃色的塵霧，就像阿拉伯半島和蘇丹的沙塵暴。不過，這些塵土並沒有什麼破壞作用，而是使土壤變得肥沃，因此當地的農民都十分感激風的作用，也就能夠容忍這些黃色的塵霾。

　　大暑這一天，即農曆六月二十七日，陽曆 7 月 24 日，我們風塵僕僕的騾轎隊進入了黃河拐彎處的著名關隘——潼關的東城門。我們在老電報局大院的槐樹樹蔭下度過了一個悶熱的夜晚。早上，我們被軍號所驚醒，繼續踏上了最後一段的旅程。潼關本身在此值得一提。我們並不是第一次造訪這裡，早在我們沿著長城走到它壯觀的盡頭，並從西藏返回時，就曾來過這個關隘，並在此宿夜。不過，那時候這裡相當不安寧，和平以及寧靜一向與軍事要塞和城堡無緣！「我們穿越了同一個關隘」——的確如此，要想繞過它都很難。

　　多山的山西省阻擋了黃河的去路，迫使它向南流了 400 多英里，直到在這裡分為兩條東去的支流，又一起穿過群山流往東方。因此，道路

也發生了相應的改變，常有軍隊往來其間。西元 1643 年 11 月，起義軍的將領李自成在屠殺了 3 萬多敵人之後奪取了這個關隘，「血流成河」。正如拉美西斯（Ramesses）、辛那赫里布（Sennacherib）、拿破崙·波拿巴（Napoleon Bonaparte）、艾倫比時期的軍隊總是來往於從埃及到敘利亞的海岸那樣；正如哈德良、愛德華金雀花王朝、奧立佛·克倫威爾（Oliver Cromwell）和小僭君時期的皮克特人或蘇格蘭人總是如潮水般從卡萊爾和蘭開夏郡湧入英格蘭那樣；正如阿勒格尼山的峽谷曾經吸引土著居民、拓荒者、軍隊和鐵路工程師那樣，這座峽谷無疑也是屢屢見證歷史危機的地方。王朝的命運在此一次次地受到了考驗，無數武士的鮮血染紅了這片黃土地。這裡有一個保護關口的堅固要塞，就像從奧古斯都時代就坐落在美因茨的堡壘那樣。稍遠一點，是一個堡壘般的省府，古代有許多強大的統治者將他們的皇宮就建立在這個邊境城市裡，這個城市現在叫作西安。

遊覽華山時在這座聖山上留名的 202 位遊客中，有一個人跟這座要塞有些關係。「開國公蘇穎，開元二十六年八月二十七日從內史奉敕祭。」碑文由一位著名書法家書寫。這位書法家的作品廣為流傳，各地都有出售，並被人們當作最好的摹寫範本。這正如彼特拉克的手寫體被複製成為斜體活字，以及波爾森的希臘字手寫體也到處被人們視為標準字型一樣。顏真卿卻不僅僅是一位藝術家，當年胡人的入侵曾迫使皇帝退避四川。顏（真卿）和他的兄弟組織義軍，歷經百戰驅走了入侵的外敵，不過，他在戰爭中也失去了兄弟。他擁護皇帝重回故都，並被賜封魯郡國公。

我們沿著黃河右岸的路抵達潼關要塞，也有人從東北方向的另一條路前來從事貿易。數百年來，這條商路連線著元朝都城和偏遠的西部諸省。就在本世紀，它見證了慈禧太后一行逃離受到日本和歐洲列強威脅

的京師，來到了這個古老而偏僻的地方。想像一下那一眼望不到頭的車隊載著西太后和太監們、她的傀儡兒子和所有的隨從、玉璽，以及用於構成一個宮廷的所有裝備。想像一下他們在途中更換駝獸的情景，以及他們在獲鹿縣停下來時所引起的驚奇。

「為什麼不走了？」

「太后，馬車必須更換才行。」

「那我們換乘另一輛。」

「太后，每一輛馬車都必須更換。」

「那我們就在這裡等著。」

「太后，每個人都得在這裡等著。」

「但那些頭戴尖頂鋼盔的惡魔也許正在後面緊追不捨。」

「太后，這裡有個安全的地方。」

「馬上帶我去這座堡壘。」

「不，太后，不是堡壘，而是三個外國傳教士的寨子，傳教士們都很熱情，尤其對那些身處危難的人。」

「但是那些頭戴尖頂鋼盔，腳蹬長靴的洋人會不會來搗毀這個寨子？儘管數世紀以前，我們威武的祖先就趕走了匈奴，他們的首領阿提拉逃往西方，並在那裡建起了一個帝國。如今他們頭頂兀鷹的首領派遣腳蹬長靴，頭戴尖頂鋼盔的士兵，命令將那些令他們永遠害怕的人趕盡殺絕。他會放過這個寨子嗎？」

「太后，如果他和那些傳教士是同胞的話，他會放過他們的。因為他們熱愛所有的人，這裡所有的本地人也熱愛他們。叛軍曾經追殺他們，但他們的神拯救了他們七次，甚至換掉了謀殺者的肝臟。如果兀鷹國王也像他們那樣，而非惡魔，那您在他們的寨子裡就是安全的。」

就這樣，慈禧太后了解到了那些從遙遠的地方來到這裡的西方傳教士是些什麼樣的人，以及他們跟匈奴有何區別，而此時她手下的保定府和太原府官員正在屠殺那些曾要求他們給予保護的外國傳教士。

為什麼要在這裡停留呢？由於獲鹿縣位於滹沱河流域地勢較低的一端，道路從這裡開始攀升，越過太行山到達汾河盆地。路面上有深陷的凹槽，馬車輪子正好能通過這些凹槽。但輪距不是很合適，每輛馬車必須卸下車軸和車輪來逐一調整才能通過。我們在山間鐵路上也碰到了類似的困難，但幾乎每次，全體乘客都要下車，還要卸下貨物，全部轉移到新的馬車上。路邊可以找到一些工匠鋪子，在那裡可以調整車輪和車軸，就像在英格蘭的利茲和布拉德福德之間的情形一樣。

我們並沒有因此而在那裡滯留，因為我們並非來自北京，而且我們坐的是騾轎。我們也沒有像那位出逃的慈禧太

一名前往華山的香客。
攝於黃河拐彎處的潼關關隘

位於華山腳下山谷口的玉泉院中，
一個面向陳希夷神龕的道士。蓋洛 攝

后一樣，有渡黃河的困難，因為我們已經在黃河的右岸了。然而我們在回程中的確碰到了自己的困難。「黃土絕壁」在地震和大雨滂沱時極端危險，正是後者差點要了我們的命。一場大暴雨襲來，造成了雙重困境。

雨水浸入無數的孔隙，巨大的厚板狀姜石隨時都可能悄然倒塌。執掌土壤和峽谷的嵩山之神失職了。有一次，這樣的山崩瞄準了我們，不過發生得稍微早了一點，使我們得以繞著圈逃離了這個土堆。剩下的雨水則順著像人工水渠一樣凹陷的路面流淌。洪水沖刷路基的場面非常宏大，我們開始將注意力集中到騾子和自己的腿上，注意其離開水面的相對高度，考慮著怎樣才能使頭保持在水面之上。我們並不想輕易掉進水裡，就努力在搖搖晃晃的轎子上保持著身體平衡。唯一的合理選擇似乎是，如果轎子是防水的，那就握一把小刀，以便在緊急情況下能夠割斷轎身與騾子的連繫，順水漂流，直到在河邊擱淺為止。在那裡也許會有一位公主發現一個新奇的箱子，並對箱子裡面的人發慈悲心。

幸虧我們走出了峽谷，來到一個淺灘，及時地渡過了河，從主街道進入了盤坨集市所在的村莊。主街道兩旁可以看到一座座的磨坊，村民們全都出來鳴放爆竹，但這並非在歡迎我們，而是為了嚇唬洪魔。受驚嚇的倒是我們的騾子，它們將自己誤認作洪魔了。這讓我們意外地滯留了下來。由於這裡的客棧都進了水，只適宜於接待那些水下的或兩棲的客人，所以我們很樂意地接受了一位和善商人的盛情接待。他為我們開啟了他的「和善堂」。這是一間藥鋪，神祕的藥盒上都是些稀奇古怪的名稱：

> 蜜餞蘋果、溫桲、李子和葫蘆，
> 比奶油更柔滑的果凍，
> 肉桂色的清澈透明糖漿[264]。

我們幻想能再次發生奇遇。最容易想像的就是這樣一種情形 —— 某個仁慈的神靈吹來一陣輕風，吹著我們脆弱的轎子沿河順流而下，然後從一條新路將我們送到五嶽的最後一座山峰上。

---

[264]　濟慈：《聖愛格尼斯之夜》。—— 原注

有些人似乎不願意讓自己的墳墓遠離今世的家鄉。下面是一位泰山隱士的傳記：

（張忠）恬靜寡慾，清虛服氣，餐芝餌食，修導養之法。……年在期頤，而視聽無爽。符堅遣使徵之。

及至長安，堅賜以冠衣。辭曰：「年朽發落，不堪衣冠。請以野服入觀。」從之。及見，堅謂之曰：「先生考槃山林，研精道素。獨善之美有餘，兼濟之功未也。故遠屈先生，將任師尚夫。」忠曰：「皆因喪亂，避地泰山，與鳥獸為侶，以全朝夕之命。屬堯舜之世，思一奉聖顏。年衰志謝，不堪展效，尚父之況，非敢竊擬。山棲之性，情存巖岫，乞還餘齒，歸死岱宗。」堅以安車送之。行達華山，嘆曰：「我東嶽道士，沒於西嶽。命也，奈何！」

他又走了 50 里，快到潼關時，就溘然長逝了……死後他被授予「安道」（熱愛教義）的稱號。這位隱士為何拒絕死在美麗而神聖的華山，其理由已經不得而知。也許他是渴望在自己的朋友中間嚥下最後一口氣吧。無論在那裡生活還是死去，華山無疑都是世界上最美麗的地方。

一旦見到華山，就很難再將目光移開。一走出西城門，迎面就看到了高聳入雲的華山，從那以後，我們幾乎總是在盯著它看。正可謂「華山高聳西門外」。初次見到華山，我們欣喜若狂，期待著攀上頂峰，並在金廟中盤桓數日。在這座巍峨壯麗的雄峰面前，我們並沒有表現得像下面這位古人那樣。

《唐語林》一書中曾有這樣一則記載：

東夷有識於山川者遍禮五嶽，一拜而退，唯入關望華山，自關西門步步拜禮至華山，仰望嘆詫，七日而去，謂：「京師衣冠文物之盛，由此而致。」

毋庸置疑，此言不虛。也許應該相信他真的從西城門一步一拜地走

到了華山峪口。我們很奇怪他並沒有每五步跪拜一次。朝聖者們往往在通往聖山的道路上以身量地，跪拜而行。在一千多年前，「盧松（Lu Sung）向山如此禮拜二十年」。

上午 8 點，我們走出潼關西門時，城門上沒有裝飾著用辮子挽在一起的人頭花環。雖然這裡最近曾經有過這種情形，但比起在倫敦橋或聖殿關[265]釘人頭的時間要晚得多。走了五里路之後，華山那高聳的花瓣狀山峰看得更清楚了。在御道上行進時，綿延的群山看起來像一大團天鵝絨。有一位旅行者在遊記中寫道，華山的輪廓有點像一頭大象。的確，長達 35 里的路途中到處都有引人入勝的風景。這是一條盡頭為華陰廟的主街，那裡有一個集市，肉、魚、水果和蔬菜應有盡有，尤其是靈寶大棗，又叫棗子，大聲說這個片語時，聽起來像另外一個片語，意思是「早生貴子」，因此婚禮上經常見到這樣的玩笑，即把這種特別的水果不斷扔向新娘子。

不過，城鎮上最引人注目的還是這座為供奉聖山而建的輝煌廟宇，這裡的村莊也因此得名。據說正午時，這座廟的主建築、大門和峰頂以及太陽正好在一條直線上。引用本地作者的一句話來說：「其房基寬大，橡木高大漂亮。」廟頂上是黃色的琉璃瓦，使整個建築看上去就像一座皇家宮殿，四周環繞著一個美麗的公園。這裡的和尚用一種極為特殊的辦法來取悅香客，將數個寬敞漂亮的房屋闢為客棧，裡面有男人想要的一切——包括女人。他們似乎直接把報酬付給了廟裡的和尚。這讓我們想起不堪回首的往昔，當時溫徹斯特主教特許在其倫敦的官邸周圍建了類似的旅店。

我們非常好奇地想知道西嶽廟為何不建在離華山腳下峪口十里，而是距潼關卻只有五里的這個地方。一句諺語反映了一條古代的記載，「舜

---

[265]　聖殿關（Temple Bar）位於倫敦市中心的艦隊街中央，是通往市中心金融區的一個大門。

時此地五年一獻祭」。但那時這裡沒有廟宇。這座廟興建於漢武帝統治時期，起初位於黃神谷，直到西元454年，才遷至御道以北。

我們的到來吸引了一大群人，他們抓住這個機會，講述了他們的各自經歷，這些故事證明他們都是些足智多謀的人。這條街兩邊的反差多大啊！無論是建築的吸引力，所傳遞的資訊，還是提供資訊的人，均迥然不同。

洪水氾濫時，寺廟周圍就顯得不那麼引人入勝了。不過我們還是作了短暫的遊覽。很多香爐已經倒塌，到處是一片衰敗的跡象。寺廟的庭院離軍事通道太近，所以這裡遺留下來的古蹟不多。這樣看來，那把劍身長五尺，上面刻有「鎮嶽上方」等字樣的周王劍在經歷了幾千年之後，絕不會再留在原處了；漢武帝那把年代近得多的劍也不可能看到了。

從古柏路看7月的華山。
「晉（西元373～397年）太康八年，太守魏君實來往西嶽古廟，
夾道載柏，迄於山蔭，凡數千株。今上山路。」《王處一志》。蓋洛 攝

西嶽華山圖

《古今圖書整合》，方輿彙編，山川典，第六十七卷，華山部匯考一之二。1. 北峰；2. 小上方；3. 雲臺觀；4. 東峰；5. 避詔崖；6. 南峰；7. 西峰；8. 將軍樹；9. 玉女峰；10. 洗頭盆；11. 玉井；12. 石月；13. 蒼龍嶺；14. 夕月崖；15. 肥蟲（ㄨㄟ丶）（這是華山特有的一種蛇，六足而四翼，現則天下大旱；湯時此蛇現於陽山下）穴；16. 鳳凰山；17. 百尺峽；18. 大上方；19. 千尺幢；20. 青柯坪；21. 十八盤；22. 毛女洞；23. 北斗坪；24. 希夷峽（老子語）；25. 沙蘿坪。

　　後者在即位的第一年就澆鑄了一個五尺高的青銅大鼎，上面銘刻著「萬國服貽長久，鑄神鼎承天酒」。這個鼎承受了上天的恩典，但並沒有成為永世長存的景觀，寺廟的財產目錄表明，它早就遺失了。三場滅頂之災毀壞了寺廟：三國初期的黃巾軍起兵造反時洗劫了這裡；明朝的一次地震再次毀壞了它；明朝嘉靖年間的一次修繕也造成了破壞。因為修繕時，工匠們為了趕時間，就把身邊能找到的石碑砸碎，以用作建造新圍牆的碎石。幸運的是，有一位熱心古文物的官員負責掌管最後一座建築的修繕工作。他把每一堵牆都小心地拆下來，將原來石碑的碎片清洗乾淨，然後專心地將它們拼湊復原。儘管我們還能看到 54 件被修復的文物，但有些石碑已經被嚴重毀壞，已經看不清它們原來的面目，有些則還具有歷史價值。下面是五塊這樣的石碑碑文：

　　孝武皇帝修封禪之禮，思登假之道。巡省五嶽，禋祀豐備，故立宮其下。宮曰集靈宮；殿曰存仙殿；門曰望仙門。

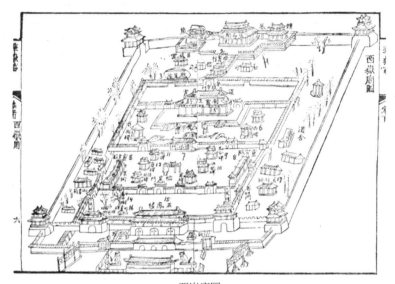

西嶽廟圖

圖中建築的名稱:1.萬壽閣;2.御書樓;3.放生池;4.後宰門;5.源靈正殿;6.御碑;7.金城門;8.靈官殿;9.御祭碑；10.洪武碑；11.明碑；12.唐碑；13.櫺星門；14.青牛樹；15.五鳳樓；16.明皇碑；17.省牲所。

華山峪口天堂的石舫

249

漢華山廟碑的記載如下：

《春秋傳》曰：山岳則配天，乾坤定位，山澤通氣，雲行雨施，賦成萬物之義也。《祀典》曰：日月星辰所昭仰也，地裡山川所生殖也，功加以民，祀以報之……是以唐虞疇諮四嶽，五歲一巡狩，皆以四時之仲月，各省其方，親至其山，柴祭燔燎。

下面的記載引自《山志》，轉抄自漢碑：

延熹四年（西元 161 年）七月甲子，（弘農太守、安國亭侯、汝南袁逢）掌華嶽之正位，應古制修廢起，頓閱其若茲深達。和民事神之義精通誠至，灼祭之福乃案經傳所載，原本所由，銘勒斯石，垂之於後：

巖巖西嶽，峻極蒼穹；奄有河朔，遂荒華陽；觸石興雲，雨我農桑；資糧品物，亦相瑤光；崇冠二州，古曰雍梁；憑於豳岐，文武克昌；天子展義，巡守省方；玉帛之贄，禮於岱元；六樂之變，舞以致康；在漢中葉，建設宇堂；山月之守，是秩是望；俟唯安國，兼命斯章；尊修靈基，肅共壇場；明德唯馨，神歆其芳；過攘凶札，挈斂吉祥；歲有其年，民說無疆。

漢光和二年（西元 179 年）十月修。

祭祀三公者……以其能興雲雨，產萬物，通精氣。有益於人則祀之。故帝舜受堯，歷數親自巡省，設五鼎之奠，燔柴燎煙，致敬神祇，又用昭明。

百穀繁殖，黎民時雍，鳥獸率舞，鳳凰來儀……

通往華山南峰的陡峭山路。這是一位慈善家在天然岩石上開鑿出的石階，以及為保護年老體弱者而修建的欄杆。蓋洛 攝

第二章
睡仙

像一隻白色飛蛾，他的思想飛進了黑暗，
用牠敏感的舌頭四處探索；
質疑，為找到這樣新的快樂而顫抖，
就宛如飛蛾的翅膀上下抖動，
用好奇，優美的飛翔掠過黯淡陰影的大樹。

下面我們就來聽聽洪武皇帝 —— 這個農民的兒子曾當過和尚，後來起義成功，做了明朝的開國皇帝 —— 在夢中的想法：

猗西嶽之高也哉，吾夢而往。去山近將百里，忽睹穿雲抵漢，巖崖燦爛而五光，正遙望間，不知其所以，俄而已升峰頂。略少俯視，見群巒疊嶂，拱護週迴，蒼松森森，遮巖映谷，朱崖突兀而凌空；其豺狐野鳥黃猿狡兔略不見其蹤，悄然潔淨蕩蕩乎巒峰，吾將周遊嶽頂。忽白鶴之來雙蕭，異香之繚繞，管絃絲竹之聲雜然而來。試仰觀，見河漢之輝輝，星辰已布吾之左右，少時一神跪言曰：慎哉！上帝咫尺。既聽斯言，方知西嶽之高，柱天之勢如此。於是乎誠惶誠恐，稽首頓首再拜，瞻天愈覺神殊氣爽，體健身輕，俄聞風生萬壑，雷吼諸峰。吾感天之造化，必民獲年豐，遂舉手加額，豁然而夢覺於戲，朝乃作思，夜必多夢，吾夢華山，樂遊神境，豈不異哉！

如果皇帝覺得繁重的工作有利於睡眠，我們會認為再自然不過了。然而陳摶或陳希夷所記載的事情卻要神奇得多。在遠離泰山的雲門山岩壁上能看見這位道士書寫的「福」、「壽」，即「幸福和長壽」。

　　我們將會看到他是如何獲得長壽，以及這種長壽是否真的可以稱為幸福。華山是他畢生勞作的地方，不是他長眠一生之處。華陰廟的院子裡有兩塊一碼見方的石碑，每塊碑上都只刻了一個字，下面刻著「陳摶書」。奇怪的是，西方人欣賞的是圖畫、雕塑和版畫，無論那上面畫的是風景、人物、靜物或歷史景觀，而中國人卻會對一個最多不超過二十幾個筆畫的漢字讚不絕口。我們幾乎不可能達到如此高雅的審美體驗。幸運的是，陳摶還有其他令我們欽佩的成就。華山的正式入山口距此處 12 里，穿過張超谷就到了。陳摶於宋朝皇祐年間（西元 1049 ～ 1054 年）在此興建了玉泉院，水晶般透明閃亮的玉泉水在潺潺流淌，經過一條暗渠從庭院中央湧出，形成一條美麗的山溪曲曲折折地流經庭院。院子裡有設計精美的廟宇、亭閣、長廊、石舫、幽徑、灌木、花朵，還有無憂亭。這個寧靜的公園就是通向那座美麗山峰的最佳入口。當然，據說玉泉水被認為是一種很好的藥物：「（其）滲出者清冽而甘，服之可去沉痼」。也許正因為如此，儘管它多次毀於洪水和動亂，卻每次都能重修。最後一次重修大約在西元 1798 年。多年來，這裡有一座著名的書院，為學術研究提供了無與倫比的優越環境。

　　那麼這位具有如此藝術素養，令我們獲益匪淺的陳摶到底是誰呢？他生活在 1,000 多年前，但不要把他與宋代的另一位陳姓學者混為一談。陳摶 4 歲的時候還不會說話，一次在河邊玩耍的時候，一位身穿藍衣的婦女走過來為他哺乳。從那以後，他變得異常聰悟，經、史和百家之言往往一見成誦，過目不忘。儘管如此，他依然手不釋卷。他頗有詩名，可是很多人卻視他為術士。後唐長興年間，他曾去考過學位僅低於翰林的進士。他不求仕祿，而寧願過一種修煉和睡眠的生活，「以山水為樂」。有人建議他到武當山去，說那裡是一個修煉的好地方。他在那裡生活了 20 年，每天服氣辟穀，主要靠喝幾杯酒來維持生命。有時候，他也

會皺眉蹙額。「每聞一朝革命，輒顰顱數日。」所以在他騎著白騾前往華山的途中，聽說新的皇帝登基，結束了五代時期，就放聲大笑，扔下鞭子，滑下白騾說道：「天下自此定矣。」從此，他就在華山安頓了下來。他一次次被邀出仕，但他的回答永遠是：「我對這些一無所知，我只是個睡仙。」以此表明他與世無爭。關於他睡眠的傳說有許多文字記載，為此他聲名鵲起。據說他一次能長睡 100 個晝夜。「人們都說他透過法術改變了自己的形體。」所有神祕的能力都被認為是他創造的，所以一個迷信的皇帝就派人去邀請他，「至禁中留止月餘」。當皇帝請他透露黃白之術的祕密時，他大膽地回答：「陛下為四海（即整個王朝）之主，當以致治為志，奈何留意黃白之事乎！」皇帝非常明智地接受了勸諫，並請他擔任一項官職，但是陳摶固辭不受。後來，皇帝發現陳摶不肯教他任何法術，就把他送回了華山。詔令當地官吏提供給其所需的一切，每年一次四方巡守之際都會去拜訪他。還有一次，皇帝又吩咐一位前往都城的官員，賜給陳摶 50 匹絲綢和 30 斤茶葉。根據《華山史》記載，太宗時（西元 985 年），皇帝召見陳摶，對他非常尊敬，並對宰相說：「摶獨善其身，不干勢利，所謂方外之士也。」陳摶在華山生活了 40 年之後，這位皇帝又一次召見他。當時宰相向他請教修養之道，他回答說：「摶山野之人，於時無用，亦不知神仙黃白之事，吐納養生之理，非有方術可傳，假令白日沖天，亦無益於世，今聖上龍顏秀異，有天神之表，博達古今，深究治亂，真有道仁聖之主也，正君臣協心同德，興化治致之秋，勤行修煉無出於此。」

皇帝得知此事，益加禮重於他，並向他徵詢致治之策。有一次，皇帝欲挑選皇太子，請陳摶前去考察他的一個兒子。這位賢士走到了門口就轉身返回了。皇帝問他這是為什麼，他回答道：「皇門廝役皆將相也，何必見王？」

於是建儲之議遂定。

據記載，陳搏曾經一覺睡了 18 年，此前還曾一覺睡了 36 年。這肯定會讓喬治三世（George III）感到震驚。他曾說過，男人睡六個小時，女人睡七個小時，傻瓜才睡八個小時。皇帝把陳搏鎖在一間屋裡，一個月後開啟門的時候，發現他還在睡覺。他在昏睡的狀態中還為皇上作了一首頌詩：

> 臣愛睡，臣愛睡。
> 不臥氈不蓋被。
> 片石枕頭，蓑衣鋪地。
> 震雷掣電鬼神驚，
> 臣當其時正鼾睡。
> 閒思張良，悶想范蠡，
> 說甚孟德，休言劉備，
> 三四君子只是爭些閒氣。
> 怎如我
> 向青山頂上，白雲堆裡，
> 展開眉頭，解放肚皮，且一覺睡！
> 管甚玉兔東昇，紅日西墜。

人們都驚嘆於他長睡的能力，他因經常長睡數月而聞名。他這樣清晰地闡述自己的觀點：「常人無所重，唯睡乃為重。」查爾斯·金斯萊（Charles Kingsley）也說過，世界上沒有什麼能像睡覺那麼令人稱心如意了。陳搏說：「舉世皆為息，魂離神不動；覺來無所知，貪求心欲動；堪笑塵中人，不知夢是夢。」

他與皇帝之間的很多來往書信得以傳世。皇帝在其中的一封硃筆信中，再度向他發出邀請並餽贈禮物給他，但他在回信中謙恭地婉言謝絕了：

念臣性同猿鶴，心若土灰，不曉仁義之淺深，安知禮儀之去就。敗荷作服，脫籜為冠。體有青毛，足無草履。苟臨軒陛，貽笑聖明。……數行丹詔，徒煩丹鳳銜來，一片閒心，卻被白雲留住。渴飲溪頭之水，飽吟松下之風，永嘲日月之清，笑傲雲霞之表，遂性所樂，得意何言。精神高於物外，肌體浮於雲煙，雖潛至道之根，第盡陶成之域，臣敢仰期睿眷，俯順愚衷，謹以此聞。

皇帝就依其語，下詔賜紫衣一襲，號希夷先生，並命令重修了華山廟。

過了些日子，陳摶吩咐他的一個弟子在張超谷為其鑿石作室。然後他又給皇帝寫了一封數百言的信，其中寫道：「臣摶大數有終，聖朝難戀，已於今月二十二日化形於蓮花峰下張超谷中。」他果然如期而卒。但他的肢體七天後依然溫暖柔軟。還有五色祥雲蔽塞洞口，彌月不散，恐怕人們誤認為這又是一次睡眠吧。

據《蘇志皋記》記載，皇祐（西元 1049 ～ 1054 年）二年的夏天，陳摶令其徒於張超谷鑿石室。

成，大笑，為群徒曰：巉巖太華，氣清景秀，吾之所歸。秋七月念九日，令得升輩各就寢，及曙則以左手支頤而逝。相傳涉世二百年，後人更谷名為希夷峽。旁建祠塑像，歷世道士主祀事，每出骸骨向人乞施予。嘉靖癸丑（西元 1553 年）春三月三日，巡按侍郎長興姚一元畫溪……與予謁岳廟至峽。道士復出骸骨見示。畫溪意欲葬之，予從旁贊曰：「掩骼埋胔，仁政一端，況先賢遺骸乎？」是夜夢先生謂曰：「吾所向必戴嶽履河，蓋圖之。」翌日，畫溪遺牒於予，囑葬必得石槨，且囑記其事略。……翌日卜地……即玉泉院也……且南仰喬嶽，北俯大河，其間城市村墟，原隰林藪，櫛比鱗次者無限，真善地也。但虞石如駢齒，開壙為難……是月二十七日，華陰丞受牒以衣衾葬於此……時久旱，倏爾雷雨大至，或以為先生之妥其靈也。予曰：「葬先生者禮也，他非所知……」萬曆年間，水齧函出，復反葬於峽。

　　峪口有座「怪石林立」、非常漂亮的園林就是為這位睡仙、隱士和修煉者而修建的，我們接著騎驢到達了那裡。走了 10 里之後，我們一行來到了著名的雲臺觀。據《南軒記》記載，這裡過去曾有一座書院。再往前走二里路，就到了「環繞著一個小土丘」的玉泉。我們在道觀裡發現了道光辛卯年（西元 1831 年）所刻的《華山志》雕版，上面刻著政治家李榕蔭（字雲圃）收集的有關聖山的所有紀錄，內容涉及華山的各個方面：地質、植物、食物、歷史、傳說、地理。許多政客在蓮花峰尋求寧靜和庇護。讓我們來拜讀一下其中一位政客為著名的《華山志》所寫的序言：

　　余以病假，歸臥華麓。高山在仰，可望而不可即，悼嘆者久之。一日李雲圃來訪，言及華山勝概，因以所輯《華山志》見，政余讀之，見其序次清晰，記載詳明，頓覺心曠神怡，不啻觀圖愈疾也。復念華山記載，久無完書，為名山一恨。余以華人夙懷綴輯，而王事鞅掌，有志未逮。今雲圃先得我心之所同然，誠大快事也。爰命梓人即付之棗梨，以公同好。俾名山勝蹟，永傳不朽，則余之託棲華下者亦為不虛矣。

　　是為序。

道光辛卯正月望日（西元 1831 年 2 月 27 日）
華麓楊翼武燕庭氏題於清白別墅

　　將來會有許多外國人前來峪口參觀並攀上蓮花峰，不少人會詢問關於聖山的書籍文獻，我們提供的資料如下：道光元年歲次辛巳冬十月朔旦（西元 1821 年 11 月 18 日），雲圃在山門寫下了關於華山文獻的簡要說明。他寫道：

　　華山舊有志，始於宋之盧鴻金王處一取《仙傳圖經》，益為七十餘篇。元史志經又搜訪古今碑記表傳詩文，輯為十四卷，而志始備。明李時芳纂《華嶽全集》十三卷；馬明卿又增李集為十四卷，可謂詳且備矣。然務為摭實而略於考核，近代王宜輔又嘗屬稿而未成書，今行於世者維明卿之志爾。

　　姚公遠熹羽譏其龐雜簡略，未盡華山之妙，於是芟繁舉要，訂為華志十二卷，自謂折中至當，而其書未傳。他若路一麟之《華山小志》，東蔭商之《華山經》，王宏撰之《華山記注》，雖簡核詳明，成一家言而無與於紀載之林，非流覽者之所宜究心乎？

　　榕託棲華下，舍館雲臺二十餘年，因於嶽之勝概時加考核，稽之往籍，參之近今，凡牧豎樵夫之一話一言，莫不詳察而切究之。旁參互證，務求的實，合者存之，謬者證之，總以實而可據者為是。曰名勝、曰人物、曰物產、曰金石、曰藝文、曰紀事、曰識餘凡七篇，其每門纂輯之旨，各以小序詳之，雖芟繁補闕，有俟高明，而管中窺豹亦庶幾乎一斑之見云。

峪口處美麗的玉泉院猶如伊甸園一般

圖中建築：1. 玉泉；2. 二臣塔；3. 望河亭；4. 希夷祠；5. 無憂樹；6. 希夷洞；7. 希夷家；8. 山蘇亭；9. 石航；10. 納涼亭；11. 含清；12. 無憂亭；13. 三官殿；14. 群仙殿；15. 玉泉院。

　　兩位學者「閱十餘年而始成」，直到暫居玉泉院的藝術大師趙本易聽說此事，「隨即抄去」，這項工作才最終宣告完成。陳摶在山志中占據了一個引人注目的位置。希夷祠自然也在峪口玉泉院的諸建築中占據了一

個顯著的位置，山志中提到萬曆年間對這座祠堂的修繕。不僅如此，在《餘懋衡記》中還能讀到以下的優美段落：

> 先生元氣為糧，白雲為幄，清風為馭，明月為燈。紫陌紅塵，朱門甲第，極人世之紛紛擾擾，不足以當先生一瞬，而獨息心泉石，養道蓮峰。爐中龍虎，卦上乾坤……學兼體用，識達天人，蘊採㧑真，洞天大隱。雖曾應詔，一應便歸。青山無恙，玉井嘗問，此其高蹤遐舉。回視北山移文、終南捷徑者，何啻冰炭哉！易學傳流，自穆而李至邵堯夫，皇極經世，淵源所漸，先生之力也。今先生去世已久，而浩氣真風飄飄於閬苑瑤臺間，若太華頂上，先生乎所棲遲者，而其神何所不在也？

在大師們經常出入的地方尋找靈感不是現在的風氣，作者試圖回答一個切中要害的問題：「山之名以人著，山無名人，山不名矣。然皆足為山增重。」

有關這位睡仙的奇聞軼事卷帙浩繁，我們從中找到了他為華山所做的一首讚美詩：

> 為愛西峰好，吟頭盡日昂；
> 巖花紅作陣，溪水綠成行。
> 幾夜凝新月，半山無斜陽；
> 寄言嘉遁客，此處是仙鄉。

但這只是他的消遣而已。侍臣們認為，他將時間用於煉丹了；在守財奴看來，他是在修煉黃白之術；而實際上他正在冥思自己的哲學。之後他將無極圖作為自己的教義刻在了石頭上。這個圖當然也分為五個部分，因為所有美好的事物都是五分的。這個圖的遺跡在華山似乎已經不復存在了，但至少圖中五個部分的標題應該記錄在此。對於第一部分的題目，誰也不會感到奇怪：「初一曰『元牝之門』；次二曰煉精化氣，煉氣化神；次三曰五行定位，五氣朝元；次四曰陰陽配合，曰：取坎填離。」

陳摶無極圖的最後一部分畫龍點睛道地出了他哲學中的最高境界,「最上
曰煉氣還虛,復歸無極!」

　　峪口這個政客的樂園太漂亮了,我們不宜久留,以免也被一種懶散
的情緒所支配。除非我們能像道士一樣,會施魔法,除了紅色的浮雲以
外什麼也不吃,所以這一切不過都是美夢而已。穿過賞心悅目的花園,
翻越神聖的地方,面向太華山,進入峪口,攀緣絕壁,登上高達千仞的
方形峰頂去。所有這一切,靠的不是睡覺,而是行動。

第三章
從峪口到青柯坪

登上華山。

由於「蓋遊嶽者皆取道山北」，太華山的道路自然也分兩個部分。山腳下峪口旁的玉泉院和峰頂金殿之間的中間有一個小塊平地名為青柯坪，我們打算就在這個地方稍做停留。

登上這半山腰要走 20 里路。那些腰包深不可測的遊客可以僱一個山地滑竿。不幸的是，我們所僱的那個滑竿本身也是深不可測的，或者說是座位底部有個窟窿的。在踏上這條危險重重的小徑之前，必須對它進行修補，我們才敢坐上去：山路本來就很崎嶇陡峭，再加上山崩隨時都可能發生。如果王母娘娘突然乘坐著鑲滿珠寶的禮車降臨，並邀請我們同車前往的話，我們的惱怒肯定就煙消雲散了！據說她曾乘著一個絕妙的古代飛行器在這一帶遊弋。「王母數現金渤院，衣黃裳，戴金冠，乘寶輦，駕五色斑龍九頭，上有羽蓋，左右金童玉女仙官將吏莫窮其數！」

我們的轎伕很迷信。他們拒絕拍照，並說，「我們並不想一輩子都在抬轎子。」此地的攝影效果非常完美！不過，沒有誰會因為被謝絕而責備這些當地人，因為照片所提供的不朽對於他們來說卻是一種可怕的懲罰！

這條小徑有別於香客們攀登泰山時所走那條漂亮的盤路。這裡除了圍繞巨石的山間小路外別無他路。道路彎曲是為了避開所有輕微的阻礙，或者使負重者攀登的坡度減小。沿路總有一條活躍的小溪相隨左右，我們足足穿越了這條小溪 20 多次。

　　夕陽幾乎已經西下，那滑竿才似乎終於修補完畢。因此，我們就在玉泉院告別了四株無憂樹——我們沒有細數究竟有多少棵——和無憂亭，還有那位老道士及其猛犬。頂峰在召喚著我們。儘管當時天色已晚，我們還是出發了，滿心希望能夠抵達並留宿在下一座寺廟，即半山腰的青柯坪。旅行指南激發了我們的詩意，因服瓊漿而白日昇天的明星玉女，蓮花峰，飛燕峰！這些都是對風景名勝的稱呼。它們名副其實。沿路都是美麗的風景，偶爾還有真正的眺望臺。對歷史知識十分熟悉的觀光者還會別有樂趣，因為在各個拐角處都可以給人帶來很多聯想，那裡的廢墟或遺跡會邀人駐足停留，並浮想聯翩：旅行指南上標出了 227 處名勝古蹟。但是，就像一個畫廊有很多不同等級和種類的佳作一樣，觀賞者可能會出於某種興趣前去參觀，但不可能實際看完所有這 220 多處圖示的景點。

　　當鐵路一直延伸到這裡時——要穿越黃土層修築鐵路將是一項艱鉅的工程，這裡無疑可以跟長城和長江三峽並列為自然奇觀，我們可以期待這一天。由於觀光者被這裡的一連串懸崖所吸引，一座高大的五龍旅館將會出現在峪口美麗的玉泉院附近。睡仙曾在此地熟睡過很多個月，這裡離關帝這位戰神的誕生地也很近。

　　五龍旅館的選單上將會提供 57 種食物，與《華山志》中所列舉的物產數目一樣。雖然在遠古時代，這裡曾是各種神祕植物和天宮鮮花的產地。時至今日，仍有 57 種食物可供那些想靠高山土產生活的人來選擇。來此學習辟穀術的人不會住進五龍旅館，但是其他人可能會覺得旅館裡那些來自方志的食譜很有意思：五粒松和松脂都與琥珀有關，而非跟食物有關。白石是一種堅硬的食物，不過嘗起來像蜂蜜。美味的松子和石楠紫斑非常誘人，但是吃石楠的時候要小心，因為「女子不可久服，令思男！」。

　　關於無憂樹，還有一個有趣的印度故事。而寂寞樹、龍藤和栗子、

蓮花以及白芝能夠讓我們在享用聖山堅果、水果和種子時盡可能地鍛鍊自己的判斷力。選單中還不時穿插有一些適時的說明，「吃白芝可通神明！」山蔥，也有人稱之為鹿耳，據說味道很可口。馬鈴薯、捲心菜、蘑菇和靈豆也很好吃。「服一粒（靈豆），四十九日不飢，筋力如故，顏色如嬰兒。」這座山裡住著龍、神馬、奇豹和各式各樣的精靈。在被邀請品嘗土特產時，我顯得有點拘謹。遊客們應該避開禹餘糧，又稱「還魂」。如果一個死人吃了一粒禹餘糧，他將會復活！看來操辦葬禮時一定要小心，以免忽然發現屍體不見了。

當然，這裡還有可以預知未來的青鳥和五色鷥鳥，更不用說六足四翼的蛇了，據說牠是饑荒的徵兆。我們差點忘了把有關細辛的記載告訴遊客們了，「服之令人遍體生香」。

看了這些說明之後，有誰不會感到好奇呢？廣告宣傳員會找到充足的材料來說明在五龍旅館下榻的好處。「華山古文以為惇物，即物產很多；現稱華山，因為那裡所有的東西都長得很繁盛。太華之山削成而四方，其高五千仞，……半天之雲。」廣袤的原野上聳立著三座高大的山峰，再加上其他兩座高度稍遜的山峰，便組成了奇妙而神聖的五嶽。沒人知道這些山峰究竟有多少「仞」高，我們的盒式氣壓計在複雜的大氣環境中無法為我們提供準確的海拔高度。（為何測繪員們不帶著設計精巧的測桿來測量呢？）蓮花峰上有三峰，上接三光，中有石池，二十八所應二十八宿，懷蘊金玉，蓄藏風雷。此地「為大帝之別宮，乃神仙之窟宅也。名太極，總仙之天，為白帝所治，太白星宿所統。這就是禹州的安全保障」。

必須指出的是，太白就是我們所說的金星，但希臘人並沒有把行星和山峰跟他們的愛神阿芙蘿黛蒂做過這樣的連繫，這破壞了西西里島上對厄律克斯山的崇拜。使納斯伯格在尼伯龍根時代成了一種誘惑。無論在神話還是在現實中，這種墮落都不常見。

　　五龍池將會是修建新五龍旅館的一個絕佳地點。不過，遊客以後不該再向池中扔石塊了，就像紐西蘭的旅館業者習慣於將黃色肥皂丟入某些間歇溫泉中一樣。讀者馬上就會明白我為什麼會發出這樣的警告了。

　　明代有一個女孩，她的容貌和舉止都很優雅。「只要看她一眼，年輕人就會神魂顛倒。」但她的父親邢卻很悲傷，因為她患有一種怪病，沒人能治。一天，有位年輕人登門拜訪，自稱是個郎中。他對邢說：「我能治好你的女兒，但有個條件，你得同意我和她結為夫婦。」看到他舉止優雅，相貌英俊，頗有魅力，而女兒又面臨危險，他和夫人沒有別的辦法，只好答應了這門婚事。英俊的年輕人給她服下了一劑神祕藥物，她很快就康復了。經過詢問，他們得知這個年輕人的家就在華山的快樂谷。他們約定了婚期，姑娘身著新衣坐著花轎趕到了約定的地點。但令大家意外的是，沒有人前來迎娶。正當眾人迷惑不解的時候，瀑布發出隆隆的聲響，一陣大風將新娘捲入了潭中。人們想方設法試圖救回這個姑娘，可一切都是徒勞。參加婚禮的人悲傷地離開了水潭，她的父母也回到了自己的家。過了幾天，女孩在夢中出現，告訴父母她已經嫁給了潭中的龍，天旱的時候，他們可以到潭邊扔一些石塊告訴她，她的丈夫就會施恩降雨。當時正好一年多沒有下雨，非常乾旱，他們把夢到的怪事告訴了鄰居。人們就到谷口的龍潭祈雨。剛扔下一塊石頭，馬上天降大雨。「旱禱輒應，至今猶然。」8 個世紀以前，不知道白居易是否說過：「物不自神，龍豈無求於我？」

　　我們饒有興趣地停下來，欣賞「深達 9 層」的五龍潭。沒人能告訴我們，這五條龍是一條龍的五個部分呢，還是一個龍家族的五兄弟，或者是邢的女兒變成了龍，與她的丈夫以及 3 條小龍一起出現。有關陳摶五位門徒的傳說讓這個故事變得更加複雜。正如我們所知，這位睡仙第一次隱居閉關坐禪是在武當山。累積了足夠的智慧以後，他開始講授《易

經》。不久，有五位老人前來聽講，為表示感激，他們告訴陳摶，那裡並不是一個理想的修煉場所。聽了他們的建議，陳摶合上了雙眼 —— 這對他來說十分自然，於是他就被用雲朵帶到了華山。這五位老人就是池中之龍。「希夷之睡乃五龍蟄法，蓋龍所授也。」

不過，普通男女得到這樣的邀請是極為罕見的。來這裡的大多數隱士都明白這一點。許多人是在 30 歲以前就來到了這裡，因為「30 ～ 40 歲之間的人會被五種欲望折磨得筋疲力盡」，他們希望能在山神的幫助下抑制這五欲。

山壁上有很多天然洞穴，也有不少人工石室，這裡是隱士們的棲息地。顯然，這裡曾經盛行苦修，修煉的盛況遠遠超過現在。從前有位姓魯的女門生住在一個叫長樂的地方。她只吃芝麻，一直活到 80 多歲，而且越活越年輕，面如桃花。一天，她與故人告別，說要到華山去。50 多年後，昔日故友在此地遊覽時遇到了她：她騎著白鹿，身後跟著 50 名玉女！

我們離玉泉院不太遠，回頭看到孤寂凄涼的景色，不由讓我們想起了大學士楊某所寫的詩。楊告老之後，「退居華山下」，他為人昭儉，這從其「自題家園」詩中可以看出來：

池蓮憔悴無顏色，園竹低垂有四圍。
園竹池蓮莫惆悵，相看恰似主人心。

和王伯仁（Wang Po-jen）一樣，我們也「不無感慨地眺望廢墟」。

在熊牢嶺，我們見到了王氏洞，魏時王氏曾在此居住，研究「五獸之法」。他先是以採集藥草為生，後來開闢了一小塊農田，一些不同尋常的動物 —— 包括一頭老虎和一頭豹子，幫助他耕種土地。「他曾在溪邊種了一些黃精」，他在此研究辟穀之法，還研究類似長生修行之法。「我不允許自己吃那些柔軟的食物。」這些強人自願吃「石粉」和「晨霧」為生，以抑制邪惡的欲望，所以總是得到那些庸俗之人的崇拜。

《華嶽志》中經常提到這些山人，他們並不總是羅漢、仙人，甚至隱士。山人往往是思想者的一個稱號，無論他是否與世隔絕。隱士們居住在巖洞裡，那裡沒有任何奢侈品，家徒四壁，生活單調乏味，還常有鬼魂出沒。就算山洞裡有平坦的地面，也不會鋪上沙子或卵石。在這裡修煉會助長好逸惡勞的懶散習慣，不過卻對眼睛有益，有利於冥想五行：木、火、土、金、水。有些人無疑真的想要探索自然的奧祕，但很多人卻認為，這樣的修煉日復一日，浪費時間，令人厭倦。

「隱士們的人間天堂」，他們是這樣想的，也這樣教導別人。這些人如果讀到雪萊的「阿拉斯特，或遁世的靈魂」，也許會感到頗有收穫。遁世的靈魂是邪惡的嗎？孔子不是也聲稱「莫見乎隱」嗎？不少隱士隱居在這座聖山，每個人都「不跟終有一死的人類相伴」，而是想遠離那悲慘的人世、不應得的貧窮生活和人類無窮的需求，全心沉入自我之中——因為他們把大量的時間花在冥思上了。的確，有少數人在沸騰的神祕小耳朵中調製著仙丹，他們把這些藥分發給虔誠的病人或垂死者。可是這些烈性藥物並不適合於這些

一個非常寬敞的人工洞穴，可能是兩千多年來隱士居住的地方，位於華山西峰頂峰附近。蓋洛 攝

華山南峰山的南天門，「南天門」三個字是刻在兩個石雕柱子支撐的門楣上的。
N·斯文森 攝

人服用，因為它們往往會加快結束這些人的生命。

　　值得一提的是，這些山人往往自己練就一些不可思議的技藝，經常是為了「白日飛昇」這一公開宣布的目的。他們耳聞「母音」，渴望五色祥雲──這是升入天堂的先兆──早點到來。考察聖山文獻的現代人會感到驚詫，這些隱士中的絕大部分人並沒有因理智消失而被捲入精神錯亂的深淵。然而他們塑造的偶像卻又表明，他們中間許多人的神智並不健全。

　　我們無意反對這些有學問的人，他們在動盪不安的日子裡，尋求機會在這些僻靜的地方過一種冥想的生活。正如拉爾夫·愛默生（Ralph Emerson）所說：「人類對照亮內心世界的要求如此強烈，以至於那些隱士或僧侶對於他們的沉思和祈禱生活有很多辯解之詞。」假如更多一些奢侈品，更少一點懶惰，他們在世間的成就本來會更大一些。

　　無論如何，要完全與世隔絕是根本不可能的。尤其是那些身家富有的隱士，而這些人還不在少數。一句常被引用的老話頗為耐人尋味：「富在深山有遠親。」

　　漢代有個名叫孔元方的人──這個名字令人浮想聯翩──生活在曹操的首都（許昌）。他靠喝松脂為生，並能手執柺杖，以頭拄地，倒立飲水。後來他來到了西嶽。我們希望他在這裡能如魚得水。他認同孟子的話：「養心莫善於寡慾。」這讓我們想起齊宣王的哀嘆：「寡人有疾，寡人好貨。」以及喬治·華盛頓的話：「經濟能使家庭幸福，國家健全。」當老一代隱士向新來的隱士傳授五種氣功的理論和實踐，以及辟穀之法時，所有的人學得都嫻熟於心。因為當饑荒到來，赤地千里，滿目瘡痍時，他們就像那些長期練就辟穀之法的老隱士那樣生存了下來。所以中國詩人喜歡用以比喻華山五個聖峰的五個翠綠斑點不知不覺地給民眾賦予了國運萬古長青的意義。有些人絕食的動機微不足道。「楚靈王命令自

己的臣子設法把腰變細。他的臣民就一天只吃一頓飯，並且屏住呼吸，繫緊腰帶。他們不得不一年到頭扶牆而走，臉色發黑，看上去就要餓死了。」很多人就在馬到成功時給餓死了，這使人想起一位實驗主義哲學家的故事，「他自有一套馬兒不吃草也能存活的高見，還演證得活靈活現，把自己那匹馬的飼料降到每天只餵一根乾草。毫無疑問，若非那匹馬在可以只以空氣為飼料之前 24 小時就一命嗚呼的話，他早就調教出一匹可什麼都不吃的烈性駿馬了。」

王褒 24 歲時來華山習道，在山野之中生活了九年。一天半夜，他忽然聽到林澤中有人馬簫鼓之聲。一個仙人從天而降，自稱真人，聞其好學，故來探視。他授以王褒《大洞真經》一部。從此，王褒變成了「太素清虛真人」，能夠騰雲駕霧，飛行萬里了。能達到如此境界無疑是眾多隱士的願望，為此他們努力消除自己的一切欲望。王褒的文學傑作現在依然十分有名，依舊被人們奉讀。

另一個同樣的例子是李翼。他向河上公傳授神祕的道，還把《道德經》（老子的語錄）五千言傳給了他。李翼通曉陰陽造化，能對神祕現象做出權威的解釋，還知道世界的起源。他「與鬼神合其吉凶」，打坐沉思時能召喚龍，還能夠命令天空打雷：「神動而天隨。」他能在雲霧上行走自如，也能登天訪月，還能「撓撥無極」。終於，天帝「授書」，任命他為西嶽仙卿。據《姚志》記載，李翼先前就曾被任命為西嶽的一個神，但大概沒有「授書」。

《神仙傳》中寫道，燕濟曾住在這裡的一個石室中。他主要研究音樂，彈琴復歌詠，一個月停下來梳一次頭。後來他的德行日增，黃白色的雲彩凝結在房屋周圍。最後，他駕雲而去，從此消失不見了。

傅先生曾在某個石室中沉思冥想，七年後得到了回報。一位仙人前來造訪，送給他一個木鑽，讓他去把一個五尺厚的石盤鑽透，只要專心

致志，他就一定能夠做到。47 年後他終於成功了。隨後，他獲得了「仙丹」（一種長生不老的鍊金藥），變成了真人。

更有耐心，回報也更高的是焦公。他住在華山的一座小廟裡，無論冬夏，總是穿著同一件衣服。「他能臥眠雪上」。吃的通常是白石。他的養生法還包括從不與女人講話。他靠這些辦法延年益壽，活到 170 多歲。他在這個地方建了一座草菴。有一次，大火四處蔓延，草菴被燒著了，但他卻如佛像一般穩坐不動，就連衣服也沒有被燒焦。他真的相信《蓮花經》上所說的「世界就如一間著火的房子」嗎？從那以後，人們都視他為超人。後來一場大雪襲來，把他埋在很深的雪中，但他「乃熟臥雪下，氣咻咻如盛暑醉睡之狀。沉默良久乃言，『我不知也』」。但在此後的 200 年間，他時而年輕，時而年老，使那些前來看望他的人十分迷惑。

與此類似的是，長房也獲得了不可思議的力量。在學了七天之後，他的師父壺公問他是否願意繼續，他熱切地表示願意。為此他經受了嚴峻的考驗。首先要走過燒紅的烙鐵，他照做了。接著要他坐在岩石底下，岩石僅靠一根細繩懸於空中。一條蛇爬過來咬繩子。繩子一股一股被咬斷，眼看繩子就要徹底斷了，可長房依然平靜地看著岩石、蛇和細繩。（如果他能夠同時看到這三者的話，那條蛇肯定已在岩石下面將繩子盤起來了。）壺公感到非常高興，拍著他的後背說：「孺子可教也。」並承諾只要再透過一項考驗就可以了。接著，端出了一碗蠕蟲，這些蟲子看起來又肥又大，行動遲緩。壺公鼓勵長房將這些蟲子一個個吃下去。他吃了，卻沒吃完，所以壺公先生悲哀地搖了搖頭，斷言說：「長房，你學不了多少，你該回家去了。」不過，作為對長房執著精神的一種獎勵，壺公借給他一根神奇的小棒，讓他閉上眼睛騎在上面。只聽見風在耳邊作響。停下來的時候，長房睜開了眼睛，發現自己就在家鄉的城門外。他

下到地上，將小棒擲向天空，小棒立即化成一條龍騰空而去。進了城，他在回家的路上沒有碰到一個熟人。回到家中，他發現自己誰也不認識，也沒人認識他。當他急切地說明自己的身分以後，人們都斷定，長房已經消失了一個多世紀了。他終於明白，自己在華山壺公師父那裡學習一個星期比在家鄉城中的一百年還要長。或正如一位詩人所說：

山中方一日
世上已百年。

在這種情況之下，他再次邁著沉重的腳步，緩緩地走向這座西方聖山，並且在預期的時間裡漸漸變為了神仙。中文文獻中婉轉地暗示，這些修道之人並非「西方傑出之選」。

有些隱士毫無私心，他們致力於研究藥物。赤斧是碧雞祠的主簿，負責分配藥石配成的一種紅色藥劑。由於這種藥物的純度和效果都十分顯著，他就自己服用了這種藥。30多年裡，他一直保持著兒時容顏，而頭髮慢慢地變成了那種藥的顏色。另一種有用的藥物是金液，人們對此有很多激烈的談論。和先生曾得到一劑效力強大的太虛金液神丹，但他得到告誡，如果不想馬上升天，就只能先服用一半。過了些日子，他在一個中午服用了另外一半，立即飛昇上天了。

黃蘆子是住在首水的一名道士。他能不見病人就把病治好。如果有病人從千里以外把姓名寄給他，他也能進行診斷並把病治好。他還有許多別的天賦，尤其是氣禁之道：如果他對著一個動物吹一口氣，這個動物就不能動了；如果對著鳥兒吹一口氣，鳥兒就飛不起來了；如果對著水吹一口氣，水就會倒流。他持續修煉，在208歲的時候還能力舉千鈞。

這些都是傳說。每個傳說都有其歷史依據，都與崖壁上開鑿的山洞和石室連繫在一起。對於存在隱居之處這樣的事實是毋庸置疑的。中原其他地區見不到如此集中的眾多人工洞穴，更何況這些洞穴還位於險絕

的峭壁之上。也沒有哪個地方有如此優美的風景來吸引隱士或失意的政治家。我們可以理解，在這麼幽靜的氛圍中，一旦開闢出可以居住的絕壁石屋，就會吸引那些渴望孤獨、艱苦和冥想的人前來。否則這裡就毫無吸引力可言，所有的一切都不利於人們長久居住。高處的許多住所只能透過巖壁上開鑿的凹槽才能到達，一些隱士為了不受打擾，只有在耕種自己的田地或者取用信徒供奉的祭品時，才會藉助懸掛的鏈子離開隱居之處。除此之外，他們就會把自己吊上去，蜷縮在某個別人無法到達的石屋裡。

　　我們就這樣在顛簸的道路上往前走了五里路。「履石緣溪蜿蜒凸凹行者五里，日五里關。一夫守之，眾無所用矣。兩壁直立如削，高千餘仞，谷廣闊不盈尺，寬或二三尋。谷流轉折，隨山約五里許，巨石塞口，為『石門』。」《都穆漫遊華山記》中的記載真實地反映了實際的情況。

　　我們並沒有仔細檢視桃林坪，也沒費力去找霧市的確切位置。在臥仙坪根本就看不到「齒髮皆完的殭屍」，它曾是朝聖道路上的一個景點。在嘉祐年間（西元 1056 ～ 1064 年），虔誠的信徒還會把酒灑在那殭屍上面。

　　時間不早了，我們趕緊越過算場。洞曉渾天儀，曾定奪天元五紀的老寇有一次在這裡計算的時候出了錯，可是一位過路的商人不小心碰了一下他的算盤，反而把錯誤給糾正過來了。

　　在谷口的陳摶祠酣睡之後，我們沒有在希夷嶺停留。但為了將來那些洋香客著想——說不定他們會依靠這本書來獲取資訊，我們將再次引用都穆的遊記：「舊有金鎖可以攀上，見骨盛木函，微紅色香，甚有人竊趾骨去（這讓我們想起了阿基里斯的腳踝）。道士憤之，斷其索，自是人不得上！」

希夷嶺往前四十步就是第二關，它就像被斧頭從中間劈開的一塊巨石，以前叫鐵門。現在的鐵門位於千尺幢之上。二里之外是沙蘿坪。我們匆匆忙忙地經過了洞穴和神祠，沿著著名的十八盤迴旋而上，到達了雲門，門裡面就是我們要留宿的地方 —— 青柯坪。青柯坪的譯名不統一，或作「青柄坪」，或作「青枝凸起」，或作「青枝坪」。其兩側「一邊是陡峰高聳，一邊是萬丈深淵」。

西元 1882 年，楊總督曾在此遊覽。他在日記中寫道：「至青柯坪，仰視三峰，歷歷可數。」青柯坪被東面的山峰分為三部分。「羅列諸峰，屏環渭水。南面水簾瀑布，古華勝概，已得其大都焉。有青柯公署名山陰秀坊。」

「太虛庵在青柯坪東谷中。明羽士高元和養真於其上，後北遊京師，慈聖太后令神宗皇帝賜道藏四百八十函，十萬餘卷。創立太虛庵。至萬曆（西元 1573 ～ 1620 年）十八年，復建閣為藏經閣。其地有講經臺……故至，每請善地而藏之。益以秦火之後，變又屢更。斷簡殘碑，古人每愛惜焉。」這使人相信，後人將會在這座聖山幾乎無法到達的隱蔽洞穴內發現珍貴的書籍。

高元和的降生不同尋常。在他將要誕生的前一個夜晚，他的母親夢見有人將一尊老子像作為禮物送給她。第二天他就降生了。他的容貌和體形十分特殊。長大後，他熱衷於道家學說，並成為華山的隱士。他一直在尋找適宜生活的地方，最終選擇了青柯坪。

太華書院位於青柯坪大殿。300 名學生聚集在這個有五個房間的建築裡聽課。現在這裡建成了一個療養院。到了這裡便不想再往上走的遊客可以看到極佳的風景，人稱天下第一勝地！「亦以青柯坪為未始有逾者。」在一幅現代地圖上，它被標作「青河坪」。不過對於當地的居民和追求精確性的作家來說，「青柯坪」這個迷人的名字有著雙重含義。此外

「河」這個詞意味著河流，尤其是附近著名的黃河，但此地並沒有河流，從來也沒有過，所以我們認為「青柯坪」是這個著名風景勝地的正確地理名稱，進而去欣賞它無以言表的魅力。四處眺望，無論顏色還是輪廓都極其迷人，這氣氛令人回想起另一位朝聖者恰爾德·哈羅德所言的名句：

哦！山間的空氣散發著一種愜意的芬芳，
此即病態悠閒所永遠無法分享的生活。

「一邊是陡峰高聳」，那是巨大的西峰捨身崖，這表明我們走了 20 里路，共上升了一千尺的高度。和其他諸嶽一樣，這裡也有一個不幸的傳統，這裡是適合於厭世者縱身跳崖的地方。至少人們已經有了一個因禍得福的例子。有一個年輕人因父親得了重病而來向嶽神祈禱，請求以自己的生命換取父親的康復，然後他縱身跳下了懸崖。這時有一股強勁的風托住了他的身體，並透過輕輕地搖動而將他催眠了。醒來的時候，他發現自己已經回到家裡，而父親也恢復了健康。人們因此將這個懸崖稱為「捨身崖」。然而，《三才圖會》的作者加了一條評註：「按此事之不可訓者，毋寧稱之為守身崖。餘伯高改為省身崖。」

捨身崖、銀線瀑。
照片的中前邊就是朝聖路，背景是美麗的華山。
「自空而垂者為瀑布，五千仞，界破諸峰，
其懸於諸峰諸坪之上，飛明珠掛玉龍者，
如垂紳委佩以待金昊之帝。」── 摘自《李楷記》

　　西峰曾是許多僧侶耍詭計的地方。《華嶽志》第八卷講到，王維楨曾來到華山，站在西峰腳下，他旁邊站了一個道士。懸崖平直如壁，上面隱約有題刻。僧人指著那些字說：「此太祖鸞山券文也。」王有些懷疑，就讓一個人爬上去看個究竟。發現那只不過是一首遊山詩。我的中文教師，帶著一種會意的眼神評論道：「所有的道教故事都是這樣的，明明是一首詩，道士卻要把它說成是契約。」

　　我們到目前為止，登山都是靠僱轎伕，這等於是節省了我們的體力，或至少是救了我們的雙腿。我們在青柯坪附近東道院裡的寺廟中又度過了一個美好的夜晚，絲毫沒受附近渠水響聲的影響，據說河南的精怪們就是透過這條水渠過來的。

第四章
從青柯坪到金殿

在青柯坪，召喚信徒祈禱的寺廟鐘聲也讓我們早早醒了過來。老杜的詩中寫道：

> 晨鐘曠胸臆，
> 曉磬止心機。

的確應該如此，因為這裡以前是報恩寺。本月第一天是一個重要的節日，鏗鏘的銅鑼宣布禮拜者正在祈求他們神靈的出現。至少這個節日的意圖很好，風俗不該被忽視。剛欣賞完節日慶典，我們的目光立刻被山下扇形平原上的景象所吸引，因為「如從不登高望遠，你就看不到平原」。平時渭河蜿蜒流淌，猶如一條絲帶裝飾在青草繁盛的平原上，但是持續幾天的暴雨使它有些反常。河水氾濫，土地被淹，眾多窮苦的人民承受著這習以為常的災難。他們多麼渴望大禹能再次出現，將洪水引入河道，阻止它們氾濫。

奇怪的是，往昔的故事雖然一再重演，並被人們反覆閱讀，但在我們看來很明顯的教訓卻很少被汲取。我們都知道禹，他是一個偉大的水利工程師，修建堤岸的成功為他贏得了帝位。然而在整個大清帝國，要想獲得官職，無論要進入行政、司法、管理、軍事還是工程部門，唯一的通行證卻是四書五經的教育。想像一下，在選擇總統、內閣大臣、全體法官、海關官員、軍隊元帥、郵政局長時，所有的候選人無一例外都是大學畢業生。再想像一下，所有的大學課程都完全是由國會根據最嚴

格意義上的門羅主義制定出來的，所以約翰‧史密斯上尉 [266] 的探險記、愛德華‧溫斯洛總督 [267] 的日記、喬納森‧愛德華茲 [268] 的《自由意志》、班傑明‧富蘭克林的自傳、朗費羅和惠蒂爾的詩歌、普雷史考特和班克羅夫特的歷史，都成為所有教育的必讀書，是通向所有官職的通行證。但必須明白界定的是，中國的科舉考試卻嚴格限制在四書五經、歷史和詩歌上。小說並不被視為文學作品，所以從來也不是任何考試的組成部分。中國小說是半白話的，與文言或正規的文學風格完全不同。在過去，沒有一位中國官員願意承認自己讀過小說，儘管他肯定讀過。

　　直到大清帝國的末期，取得官職的唯一途徑就是古典文學的訓練。很少有人想到古人往往是具有獨創性，並注重實際的，能夠應對緊急事件並創造先例。所以當洪水氾濫時，很可能就會派來一個戲曲審查官和科舉考官去修築堤壩。但是應該記住，未經訓練的人永遠不能被委以重任。由於缺乏技術性的準備，他們經常會展示出幾乎不可思議的編造才能。

　　這種對文學的熱愛也有實用的地方，我們在預備早飯 —— 為我們繼續從政客之峰的華山向位於山頂的金天宮的攀登做準備 —— 時想到了這一點。趙秉文對遊覽進行的研究就是一個精心準備的好例子。這要上溯到金代，他在給朋友元裕之的一封信中寫道：

　　我從秦川來，歷遍終南遊。暮行華陰道，清快明雙眸。東風一夜翻作惡，塵埃咫尺迷巖幽；山神戲人亦薄相，一杯未盡陰靈收。但見兩岸巨壁列劍戟，流泉夾道鳴琳璆。希夷石室綠蘿合，金仙鶴駕空悠悠。石

<hr>

[266]　約翰‧史密斯（John Smith，西元 1580 ～ 1631 年）是著名的英格蘭探險家。他於西元 1607 年在北美登陸，並於第二年成為詹姆斯敦殖民地的首領。西元 1625 年，他發表了《新英格蘭記》一書。

[267]　愛德華‧溫斯洛（Edward Winslow，西元 1595 ～ 1655 年）是西元 1620 年乘「五月花號」船來到新英格蘭的英國人。作為普利茅斯殖民地的建立者，他曾於西元 1624 —— 1647 年間三次出任馬薩諸塞州的總督。

[268]　喬納森‧愛德華茲（Jonathan Edwards，西元 1703 ～ 1758 年）是北美清教徒中最著名的神學家和哲學家。他畢業於耶魯神學院，在馬薩諸塞州擔任牧師期間，完成了《自由意志》（*The Freedom of the Will*）這部經典著作的寫作。

門劃斷一峰出，婆娑石上為遲留。上方可望不可到，崖傾路絕令人愁。十盤九折羊角上，青柯坪上得少休。三峰壁立五千仞，其下無址旁無儔。巨靈仙掌在霄漢，銀河飛下青雲頭。或云奇勝最高頂，腳力未易供冥搜。蒼龍嶺瘦苔蘚滑，嵌空石磴誰雕鏤。每憐風自四山下，下不見底唯聞松聲萬壑寒颼颼。捫參歷井上絕頂，下視塵世區中囚。酒酣蒼茫瞰無際，塊視五嶽芥九州。南望漢中山簪如碧玉抽，況秦宮與漢闕。飄然聚散風中漚，上有明星玉女之洞天，二十八宿環且周。又有千歲之玉蓮，花開十丈藕如舟。五鬣不朽之長松，流膏入地盤蛟虯，採根食實可羽化。方瞳綠髮三千秋，時聞笙簫明月夜，芝軿羽蓋來瀛洲，乾坤不老青山色，日月萬古無停輈。君且為我挽回六龍轡，我亦為君倒卻黃河流，終期汗漫遊八表，乘風更覓元丹邱。

儘管有那麼多危險的警告，這封信還是喚起了我們熱切的期盼！為了更好地對付困難，我們利用一種比長生靈藥金液更普通的東西堅定自己的內心。在這個懷疑的時代，人們難以理解那股追尋魯長老的仙桃、生命的根源、救世長生不老藥的熱潮。下面的資料說明了這種追求長生的狂熱程度：在 9 世紀中，至少有五個皇帝因篤信由那些巫師和占卜者煉製的仙丹而相繼中毒死去。

我們於早上 7 點半從青柯坪向東出發，「沿著一條迂迴狹窄險峻的小路向左攀登」。更確切地說，我們於八點一刻來到了距青柯坪一里遠的迴心石，上面刻有很多告誡我們無論從內心還是從外表都要自律的話。「遊客最好摒棄所有的惡習，因為這也許是他最後的機會。」

心平路正。

岩石上鐫刻的兩種字型的漢字似乎在大聲地宣布著一個堅決的命令：

勇者向前！當思父母！

據古代文獻的記載，畏懼華山險峻的登山者大都從這裡折返。

從迴心石再向前走二里，就到了距離頂峰 20 里的千尺幢，整條路全都要走岩石階梯和抓緊旁邊的鐵鏈。

千尺幢在青柯坪東上三里。南至天井才容人穴空，迂迴傾齒而上，可高六丈餘。上者皆所由，更無別路。一峰單抽，壁立千仞，中唯一罅，如刀刻鋸曳，左偃右覆，闊不盈尺。挨排尻眷而上千餘級，見圓隙如盤盂，曰天井。形如槽，持金繩探寶以上，或時晦暝如在鼠穴木空也。

中國畫「緣鏈登山」圖。這個景點的位置就在迴心石正上方

到了千尺幢時，我們便開始明白趙秉文的意思了。道路的坡度陡然變大，旁邊懸掛著巨大的鐵鏈，這樣香客們就可以恢復遠古靈長類動物的習慣，手腳並用地往上攀爬。不久小道轉入一個峭壁。它的名字形象而貼切，叫千尺幢，更高處還有百尺峽，無論是誰都覺得十分形象。這是一塊巨大的天然岩石，並沒有被苔蘚或地衣所覆蓋。「你的魂掉入了你的草鞋。」當遊客「抓緊鐵鏈」，氣喘吁吁地往上攀登的時候，就會明白這句話的意思了！石階變成石梯後，兩邊和中間的鐵鏈證明這一切毫不

奢侈，而是不可或缺的。和其他人一樣，我們抓著鐵鏈攀上了危險陡峭的千尺幢，艱難而緩慢地登上了蓮花峰。

一位英國女士生動地描述了一個揹著小女孩，手抓鐵鏈上山朝聖的母親。「我們往上爬，勇敢些！」、「天好暗啊，媽媽。」、「到山頂天就亮了，再抓住鐵鏈用力拉。」、「可是，媽媽，天好冷，你已經上氣不接下氣了。」、「到山頂就能看到神了，親愛的。」

這種不屈不撓的精神激勵著部分遊客，這樣的希望也鼓舞著他們去走完艱難的旅程，拉緊鐵鏈堅持到最後。我們盤旋而上，「如在鼠穴」。數到第 394 級臺階時，我們到達了真正的鐵門，這裡還有很多碑銘。通道非常狹窄，肩膀緊靠著刀削斧劈似的巖壁。此時此刻，使人回想起小時候翻越岩石的情境，因透過鍛鍊，終於戰勝了困難而感到快樂。但是在這裡，人們顯然還會有其他的想法。鐵鏈沒有生鏽，而且我們被告知，每天晚上這扇門都會關起來。這是登頂的唯一通道，從軍事角度看，它們肯定牢不可破。即使沒有門，只須一兩個人不時地滾些石頭下來，就足以守住這道關口。鐵門關閉時，下面的人都會感到束手無策。

不時有強盜在不太平的平原上作亂，也正是由於這個原因，中國仍然是一個城市有圍牆的國家。不久前，由於山下酷熱難熬，陳巡撫還到這裡來避暑了。正如我們所指出的那樣，這是一座政客之峰。1916 年，陳巡撫在鐵門旁邊修建了一座石寨，供其軍隊駐守。每晚不僅鐵門關閉，而且還有一位士兵站崗放哨，以隔離這個小小的居留地。「從鐵門向南的道路僅能容一人。」

千尺幢上的朝聖鐵鏈通道
圖中：1. 百尺峽；2. 千尺幢

　　上午 9 點，我們偶然遇到了一名道士，他正在修繕媼神廟，一般人常常會把這個地方錯叫作「瘟神廟」。因為「瘟」與「媼」的字形相近，所以這兩個名字很容易混淆。到達車身谷，翻過黑虎嶺，再向東北方向攀上 450 級臺階，朝聖者就到了媼神洞。無論該廟的位置如何，也無論該廟的名稱叫什麼，道士聲稱修繕要花 5,000 兩銀子，他的這一說法跟他後來給我的藥丸一樣令人難以「下嚥」。他說自己並不煉藥，但能提供「治癒證明」，這令我們吃驚。對我們而言，這是一個新的想法：治癒證明。可為什麼不呢？我們剛剛坐下，想看一下事態的發展，他就遞給我一粒防瘟疫的藥丸和一本載有處方的小冊子。藥丸的直徑有 1 英寸，像一粒斑點山胡桃堅果，據說其中含有 20 種成分。這個藥丸代表著五色祥雲。於是我就問他，隱士死的時候，五色祥雲是否真的會出現。他說他曾兩次見到過五色祥雲，最後一次是在光緒三十一年（1905 年）八月的「一個下午」。他已經記不得五種顏色的相對位置了。華山歷來都有五色祥雲五年一現的說法，那時「這裡有天下最適於飛昇上天的空氣」。在這樣適宜的日子裡，完成飛昇上天大約要 9 個月，跟一個小孩孕育出世的時間差不多。

　　不過，我們感興趣的是攀登聖峰。一走出瓶頸，我們又進入了另一個稍短一些的通道，接著有一里長的峭壁小路。我們必須緊貼著石壁行走，以避免「飛昇上天」，突然跌到深淵下面的嶙峋岩石上。這條路通向北子山（Pei Tzu Shan），再往上的老君犁溝起點也是在這裡。這裡仍有聖人的鐵犁，不過我們沒有去看，也沒有去尋找李凝陽[269]的鐵枴杖。我們一直堅持走大路，忽略了兩旁的風景，這樣的景觀我們已經錯過了很多。

　　毛女洞是為紀念暴秦時期宮中的一位妃子而命名的。為了不被強大的征服者所活埋，她隱居於此，在青松和山泉中孤獨地死去，最後被濃密的

---

[269]　李凝陽就是民間傳說中的「鐵枴李」。

綠草覆蓋。後人自然會追尋她。現在，洞裡還不時有音樂聲傳出。如果有人因為這些傳說而想去尋找毛女的住處，我們提供以下的指南：從青柯坪向右前進到北斗坪，不要將兩個山洞弄混了。老丈洞在毛女洞的下面，後者位於北斗坪的北面。再往北是靈芝石。老丈是秦朝生活在驪山的一位勞動者，要想得到更有趣、更準確的歷史資料，讀者可以參考筆者的《中國長城》一書。「毛女是秦朝宮裡的一位嬪妃，皇帝死後，所有的嬪妃都要被活埋在驪山，她得計脫逃，來到了華山，隱居於此。」

　　我們也沒有考察鐵牛臺北面的猢猻愁，那裡懸崖高聳，懸崖頂上據說有四隻鐵猴子蹲在鐵牛臺的路旁。「月之三八日，猿千百旅自上方後水簾洞出，遍滿溪谷，至此輒回，蓋自是境逾險，雖猿猱亦難超越矣。」要進一步了解猢猻，讀者可以參考《三才圖會》。受到如此鼓勵，我們繼續前進！

從北峰俯瞰上山之路，右邊是北峰。林德夫人攝

　　我們沒有去攀登公主峰。據說，南陽公主為避漢之亂，曾隱居在這裡，十分安全。她家裡似乎也發生了「內戰」，因為她丈夫來找她時，她拒絕想見。經過反覆尋找，除了一隻紅鞋，她丈夫什麼也沒有找到。他無法安慰自己，等到想取走鞋子時，發現那隻鞋子已經變成了石頭。他由此推測，她塵世的一生已經結束，到天上做仙女去了。

　　另一條醒目的道路沿蒼龍嶺一直延伸。那是一條非常高的石路，夾在兩座大山之間，其中一座就是雄偉的南峰。我們沒有收集到任何令人感到刺激的故事：即蒼龍是如何從一座山爬到另一座山的，它又是在什麼時候被魔法固定在石頭裡的。幸運的是，對它的崇拜並沒有阻礙人們在上面開鑿階梯，人們建造石柱並用鐵鏈連起，這使遊人不論什麼天氣都能在過嶺時走穩，或者消除遊客對兩側萬丈懸崖的恐懼。這些經歷使我理解了古代學者的評註：讀一篇登山的報導，如夏日冷飲，冰涼透心，「足以使一個瘋狂的人冷靜下來」。當然也可能出冷汗。

　　以下描述蒼龍嶺險峻的資料選自五本著作，其中包括《水經注》：

　　自日月崖轉西南行三里為山脊，胡趨寺南歷夾嶺廣才三尺餘，兩廂崖數萬仞，窺不見底！祀祠有感，則雲與之平也，然後敢度，猶須騎嶺抽身，漸次以就進，故世俗謂斯嶺為搦嶺矣。嶺凡兩折，中突旁殺如背色正黑。古無欄砌，今可平視徐步嶺中，……嶺以一線削成四方，之上蓋非是則幾於天不可升矣……（既然像是在攀登到天國的階梯，那也沒有什麼需要害怕的。）

　　嶺盡為龍口，冒以大石，名逸神崖。有鑱曰：韓退之投書所。度蒼龍嶺至其巔，路忽絕，由崖下鑿石折身反度曰：鷂子翻身。

一位隱士的居所，出口通往山上的峭壁，距離山下的平原有數千尺。
要靠在絕壁上鑿洞插入木樁，然後再鋪上木板，才能夠到達那裡。

朝聖道上危險的「刀鋒峽」
圖中：1. 蒼龍嶺；2. 退之投書處；3. 飛魚嶺。

通往蒼龍嶺的上天梯
圖中：4. 閻王砭；5. 三元洞；6. 金天洞；7. 日月崖；8. 上天梯。

　　多年來，在透過可怕的窄梁時，由於頭暈眼花，肯定有很多人跌入了旁邊的無底深淵。石柱壞了，鐵鏈也不見了，也許從岩石上脫落了，似乎沒人關心有多少無辜的香客慘死在懸崖下。我們停頓了很多次，不

是為了回頭看，而是意識到前人們所面臨的危險，直到有一個好心人建造起保護性的「欄杆」。

　　和下面一樣，這些更高的平臺或斜坡上也有無數的洞穴和石室。多數適於居住，有很多顯然是人工開鑿的。這是人類生活長期以來不安定的證據，以至於成百上千的人還要躲到這遙遠而僻靜的高山上。一些人肯定是來此修煉冥想的，但也不乏政治庇護的官員，後者從混亂的平原被放逐。那裡的強盜公然搶劫，官員們則暗中搜刮勤勞的人民。有些來此避難的政客均是勇敢、具有愛國精神和意志堅定的人。他們在此生活，希望有朝一日能重新參加戰鬥。《山志》的第二卷都是有關他們的記載，篇幅往往都很短。編纂者試圖將他們抽成三組：「高賢、隱士和仙真。」這些有關成仙的妄想，一方面使人惱怒，另一方面也為整個故事增添了很多情趣，也許他們的生命也和別人一樣真實。但要是發現科頓·馬瑟 [270]、梭羅 [271]，以及瑞普·凡·溫克爾 [272] 也和他們一樣，都是出於同樣嚴肅的目的，感覺上依然會覺得很突兀。那些只能靠垂直的鐵鏈才能到達的洞穴讓我們浮想聯翩。

　　（漢）楊寶，字稚淵，年七歲，行至華山見一黃雀被傷墜地，為螻蟻所困，憐之因收於巾笥中，採黃花飼之，旬日瘡愈，旦去暮來，忽一朝變為黃衣童子，見寶下拜，持玉環四枚，贈曰：俾君子孫潔白，位三公有如此環。

　　楊震，字伯起，寶之子也，少好學受歐陽尚書於太常桓鬱，明經博

---

[270]　科頓·馬瑟（Cotton Mather，西元 1663～1728 年）是美國新英格蘭地區的著名科學家和作者。他共出版了 400 多種著作，並因《美洲誌異》一書而獲得了英國皇家學會會員的稱號。

[271]　亨利·梭羅（Henry Thoreau，西元 1817～1862 年）是美國著名散文作家。他為了實踐超驗主義理論，特意於西元 1845 年在沃爾登湖畔自己搭了一間小屋，並在那裡過了兩年自給自足的簡樸生活。

[272]　瑞普·凡·溫克爾（Rip Van Winkle）是 19 世紀美國作家華盛頓·歐文（Washington Irving）同名短篇小說中的主角。他喝醉了酒之後，在夢境中跟一幫怪人玩了一盤九柱戲，等他醒來回到家裡時，發現人間已經過了 20 年。他的妻子已經去世，小女兒已經長大成人，而且已經認不出他來了。

覽無不窮究。諸儒為之語曰：西夫子。（當你想起孔子有東夫子之稱的時候，這一稱號的意義也就不言而喻了）隱華山牛心谷，教授生讀，學者如市，其谷多槐，因稱槐市。常居湖，有冠雀銜三鱣魚飛集講堂，都講取魚進曰：「蛇鱣者，卿大夫象數（從那時起大學者的講堂就被稱為鱣堂）三者，三臺先生自此升矣。」

（楊震）年五十始仕至太尉，（他成了朝廷三個主要的人物之一）以譖憤飲鴆死。露棺道側，行路皆為隕涕。順帝即位，譖者服誅，以禮改葬於潼亭。先葬十餘日，有大鳥高長餘，集震喪前，俯仰悲鳴，淚下霑地，葬畢，飛去留翎於朝陽山後，人謂之留翎嶺。子秉官太尉，秉子賜官司徒，賜子彪官司空，果如黃衣之言。

壯麗的南天門景色，位於華山這座政治家之山的蓮花峰頂附近。

張楷是另一位偉大的學者。他放棄了城市生活，隱居華山。無論他到哪裡，追隨他的學者都很多。他學到了做五里霧的本領。一些著名的精神領袖，雖然他們中間有些人面目已經有點模糊，還是吸引了眾多來自偏遠地區、想從他們演講中受益的弟子。蓮花峰幾百年來見證了許多

對藝術和科學有造詣的人聚集在這裡，此外還有那些聲稱熟知青囊的人。現存關於許多這些領袖的奇聞軼事中，有些不乏傳奇色彩，但很可能所有的故事都仍然有一些歷史的根據。例如下面這則故事就真假參半：

> 辛繢，字公文，治春秋讖緯，隱居華陰山中……光武徵不起。有大鳥高五尺，雞頭，燕頷，蛇頸，魚尾，五色備而多青，棲繢槐樹，旬時不去。弘農太守以聞。詔問百僚，咸以為鳳。太史令蔡衡對曰：「凡象鳳者有五：色多赤色者鳳，多青色鸞，多黃色鵷鶵，多紫色者鷩鷟，多白色者鵠。今此鳥多青，乃鸞，非鳳也。」

皇帝肯定了他的結論！郭文也曾來到此地。他住在華山的時候曾在神虎體內獲得了「真紫元丹」，後來在乾符年間（西元 874 ～ 879 年）被封為靈朧真君。

我們自己閱讀這些山人的故事或者傾聽他們的業績時，一點也不感到厭煩。所以斗膽再添上一些記述概略卻饒有趣味的傳記：

> 楊伯醜在隋代的時候名氣很大。他喜歡研究《易經》，選擇在華山終生定居。一次，皇帝召他到京師去。他在和公卿大臣們交談的時候，拒絕遵循禮儀規則，無論對方爵位高低他都以「你」相稱。皇帝賜給他衣物，他在朝堂上當著皇帝的面就穿上了！當有一個人與他談論《易經》時，他的解答詳盡無遺，令人嘆服。於是那人就
> 問起他淵博學識的來歷，他回答說：「在華山我曾受教於伏義。」

這些歷史記載的不足之處就在於此。它們數量豐富，多是奇聞軼事，真假難辨，讓人弄不明白究竟楊伯醜從伏義那裡學到了些什麼東西。但整體說來，這也表明每個王朝的人們都相信這些傳說。這些地方志具有不可估量的價值。人們從中可以看到千百年來歷史的動向。第歐根尼[273]的浴盆，蘇格拉底的燈，柏拉圖的公雞使他們廣為人知。但是希

---

[273]　第歐根尼（Diogenes，？～西元前 320 年）是古希臘犬儒學派的代表人物。他反對傳統的價值，號召人們回歸簡樸的自然生活。

臘人都明白，這些人不是江湖騙子，他們留下了自己真實的學說。很多中國隱士也是如此。感謝這些記載，不過，我們並沒有計畫要詳盡無遺地展示與這些大師有關的文獻。

大學者顧亭林於清朝的時候曾在這裡居住，並且建起了一座寺廟。大約西元 1650 年，他在給姪子的信中這樣寫道：

> 新正已移至華下祠堂（指朱子廟）。書院之事雖皆秦人為之，然吾亦須自買堡中書室一所，水田四五十畝為饔飧計。秦人慕經學，重處士，持清議，實與他省不同。黃精鬆花山中所產，沙苑蒺藜袛隔一水，終日服餌便可，不肉不茗。今年三月乘道途中之無虞及筋力之未倦，出崤函觀伊洛，歷嵩少，亦有一二好學之士聞風願交，但中土饑荒不能久留，遂旋東而西矣。彼中經營方始，因不能久留外也。

他是華山上的大忙人，也是一個傑出的學者，偉大的作家。即使在晚年，他的書法依然十分有名。同時代的所有學者都很尊敬他。他遵守了自己許下的所有諾言。在陝西逝世後，兒子將他的棺材運回了故里。

一些華山學者對流行的迷信活動十分反感。《詩集》中有韓愈的一首諷刺詩，題為《古意》。原作的優雅只有詩人才能再現出來，但其論點則很容易明白，原詩如下：

> 太華峰頭玉井蓮，花開十丈藕如船。
> 冷比雪霜甘比蜜，一片入口沉痾痊。
> 我欲求之不憚遠，青壁無路難夤緣。
> 安得長梯上摘實，下種七澤根株連。

這位偉大的詩人認為，任何對人民有利的事物，都應該讓那些需要的人容易得到。即使是神也應該這樣做！

其他幾卷是關於歷史的，但是編纂者的前言從著名的歷史學家司馬遷談起。司馬遷對於《山海經》一書，疑之而不敢非，不敢信其有，不

敢謂其無。人們不禁要問，為什麼他要致力於那些自覺力不能及的工作呢？但我們很明白，這就是中國學者所習慣表達出來的謙虛。

三位國君來華山封禪的故事是「紀事」之中很好的例子。

始皇祭於華山。秦並天下，令祠官所常奉天地名山大川鬼神可得而序也，華山春秋灃涸禱賽（如東方名山川）而牲牛犢牢具珪幣各異。

（北周）保定三年，大旱。敕武（同州刺史達奚武）祀華山廟嶽。武年逾六十，唯將數人，攀藤援枝而上，晚未得還。即於嶽上籍草而宿，夢一個白衣人至，挽武手甚相嘉。武遂覺，益祇肅。至旦雲霧四起，俄而澎雨，遠近霑洽。帝聞之，璽書勞武。

開元十二年冬十一月，立碑於華嶽祠南之通衢（原因是上幸東都）。至華陰，上見嶽神迎謁。問左右莫見，遂召諸巫問之，有阿馬婆者奏如上所見，上加敬禮，詔先諸嶽，封為「金天王」。自書御製碑文，命勒石於華嶽祠南之通衢。十三年七月七日碑成，其高五十餘尺，寬丈餘，厚四五尺，天下碑莫大也。

西嶽之神並不是最高的神，這從劉元真的故事裡可以看出來，他是一個很有洞察力的人。他和幾個朋友一起散步時，有個人騎馬過來，他對那個人祈求道：「幸以吾民為念。」當那人離開之後，他向朋友解釋說，這就是華山之神，因為百姓們不愛惜糧食，所以上天派他來收取十分之二的收成。他催促朋友們在下雨之前趕回家。剛到家一會兒，就下起了大雨，後者毀壞了兩成的莊稼。

西嶽之神在那一次身著便衣。但在正式場合，他身披白袍，頭戴白色高帽，服太初九旒之冠；佩開天通真之印；乘白龍，領仙官玉女 4,100 人。

我們從峽谷、裂縫和刀鋒峽中走出來，穿過南天門，從避詔崖走上了通往峰頂的道路。那裡沒什麼引人入勝的壯麗風景，也沒有碰上瓢潑大雨。我們更像是貌相威嚴的地方長官，昏昏欲睡，隨時準備歡迎在夢中出現的所有神仙。

第五章
參拜白帝的最佳場所 —— 山頂

　　金天宮高懸著一塊木匾，上書「白帝參拜處」。在這個建築群的前面，我們受到了兩種不同宗教代表的歡迎，他們一起以非常得體的禮節歡迎旅客的到來。其中一批人是來自海外基督使團的瑞聞生夫婦和他們兩個漂亮的孩子。他們就像候鳥一樣，只是為了躲避夏季平原上的酷暑才上到這一英里多高的地方來的。另一批人則是一群道士，為首的是道觀的住持。無論春夏秋冬，他們都住在這裡。那位傳教士和道士們一起護送我們登上鐘樓和鼓樓之間的臺階，進入了方形的金天宮庭院。金天宮不但是華山廟宇中位置最高的一個，也是香客們的目的地。他們帶來自己的旗幟，蓋上這裡的印記。這樣在以後的歲月裡，他們就可以向別人展示這面旗幟，以證明他們已經朝聖過華山，不僅僅是到達了城裡的主要廟宇，也不僅僅是包括了谷口福地，還包括穿越刀鋒峽，翻過令人目眩的蒼龍嶺，一直抵達南峰長亭，到達真正的南峰。

　　我被安排住在入口左邊的一套房子裡。入口處的題詞是「於人富足」。這句話看起來非常含糊，讓我們想起了貼在旅館房間裡的那些價目表。不過，我們的道士房東卻真的非常殷勤，他很快就捧來了一個圓盤，每一格裡都放著許多糖果。這裡的視野的確非常開闊，我們從這裡就可以看到棋盤石。秦始皇或者他的一位祖先曾在那裡跟神仙下棋，賭注就是華山，結果還是秦始皇贏了！從那以後，道士們就宣稱，他們擁有華山的所有權。說真的，或許那位神仙自己也很想得到它。

眼前的景象足以使特納 [274] 心馳神往：

北山白雲裡，隱者自怡悅。

相望試登高，心隨雁飛滅。

這是孟浩然的詩。開元年間（西元 713 ～ 742 年），他因得了癰而喪生。Thomas Gaunt[275]（文學碩士）將其收入了他自己翻譯的一本非常精緻的中國詩歌選集。

在其他名山大川，我們也聽到過許多關於秦始皇的傳說，但在這裡，我們可以找到充足的證據來證明他的存在。即便他和神仙的比賽不那麼令人信服，顯示他偉大功績的遺跡也還是不勝列舉。從西一直往下走，就到了當初他統治的中心地帶。秦之前，這裡是周帝，更確切地說是周王統治的區域。周把領地延伸到了渭河以北。今天當我們把目光投向那邊的時候，可以看到洪水依舊在泛濫。周王的都城如今叫作鎬林，這個名字讓我們馬上聯想起這裡古老的陶瓷藝術。這個地方現在只是一個非常普通的三流城市，但它對於英國浸禮會傳教士和義大利聖方濟各會的修士們來說，卻是一個非常值得占領的要地。周王覺得這個地方做統治中心有點偏，就把都城往東南方向遷移，選定了河南的洛陽作為新都。即便如此，他們對王國的控制也在逐漸地衰弱，各諸侯國越來越自行其是，這就跟奧地利、巴伐利亞、薩克森的公爵們以及勃朗登堡和漢諾威的選帝侯們逐漸從神聖羅馬帝國皇帝手下獨立那樣。現在，這些諸侯國中最偉大的秦國就展現在我們腳下，它的疆域從這裡一直延伸到日落的地方。秦侯斷絕了自己與周王朝的宗主關係，並自立為王。他的繼承者青出於藍，不但重組了國家，而且進一步提高了秦國的地位。關中成為秦的首府，從這個角度看，它幾乎就在我們腳下，現在它被稱為西

---

[274]　維克多・特納（Victor Turner，西元 1775 ～ 1851 年）是 19 世紀英國最著名的水彩畫家之一，以風景畫而著稱。

[275]　Thomas Gaunt（西元 1875 ～ ?）是西元 1899 年來華的英國傳教士，隸屬於英國聖公會。

安。我們在《中國十八省府 1910》一書中對它進行了描述。現在，我們將從這高聳入雲的山巔繼續我們對它的沉思。

當我們俯瞰這座曾經遍地烽火的歷史名城時，只希望有辦法描繪出這座城市的興盛和沉浮。那些老隱士曾經目睹了太多的世事滄桑，對他們來說，兩個世紀簡直微不足道。又曾經有過多少來自遙遠國度的異邦人，曾對著朝代的興衰抒發過他們的景仰之情。早在唐代，中國就出現了來自波斯國的景教傳教使團，他們還隨身帶來了許多書籍。當他們按照唐朝皇帝的要求把這些書籍翻譯成中文的時候，他們是否曾來過這裡，是否曾攀登到山巔以求清靜呢？當他們在清晨、中午和晚上吟唱聖歌時，這些山峰可曾回應過他們的低吟？他們是否選擇了一些洞穴，供他們的隱士來居住？要是能去探究一下這上百個懸崖居所，看看有沒有什麼花卉圖案的裝飾，後者是這些波斯傳教士在馬拉巴爾和馬德拉斯以及在波斯和中國留下的足跡，那將是很有意義的。皇帝命令雕刻的那些刻有景教聖經譯文的珍貴石碑也許被塞了在哪個牆縫裡，或者被放在某個古老道觀藏經閣最深的壁龕裡，可它們也許還是會被人挖出來。經歷了許多冒險和逃亡之後，也許能在西安城下見到他們豎立的紀念碑，上面用中文和波斯文鐫刻著長長的銘文，講述他們是如何被巴比倫的大主教派遣到中國，又是如何在朝廷裡取得成功，如何使當地的信徒皈依，以及他們如何訓練了中國的神職人員。

我們有理由猜想，橫匾上的題字「白帝參拜處」多少透露了遺存的一點點景教教義。我們知道，道家學者魯某受到了景教教義的影響，賦予道教獨特而又不完善的景教色彩。作為創始人，魯為各個祕密教派制定了教義，並且建立了很多祕密團體，隸屬於這些團體的成員都必須崇拜一個白臉神。無論我們的猜想是否正確，這個半空中的山巔廟宇的確是參拜白帝這一大神的一個絕佳場所。

被稱為藏龍的自然堤道。
從某個角度講，這是美麗華山進香道路上最危險的部分。

　　景教教徒們的身影剛從我們眼前消失，又出現了另外一群人。有一個是韃靼基督教徒，一位大臣的兒子，他選擇了隱居生活，並在一個洞穴裡住了下來。從河中府來了另一個修道士，他們決定一起去耶路撒冷朝聖。皇帝把禮物和一份對他遠在西方的家族的委任狀交給了他們。他們離開了故土，取道西南，經喀什到了亞美尼亞、喬治亞、君士坦丁堡、那不勒斯、羅馬、加斯科涅，最後回到了波斯。他們在那裡獲得了大教堂裡最高的職位。一個韃靼隱士居然成了巴比倫的大主教！

　　接著，我們看到從遙遠的西方來了一支威尼斯商人的往返商隊。他們到了哈拉和林，[276] 發現這個偉大的韃靼汗還有別的訪客，其中甚至有一個名叫巴茲爾的英國人。他是否酷愛登山？他是否登上過這個懸崖，滿懷渴望地眺望遙遠的家鄉呢？

　　光線黯淡了下去，這些基督教堂與它們在幼發拉底母教堂的所有連繫被切斷了，黑暗吞沒了一切。當我們再次觀察腳下的這座城市時，這

[276]　哈拉和林（Karakorum）是古蒙古帝國的舊都。

個一度興盛的基督教運動沒有留下任何痕跡。另外一個景象出現了：一個義大利人從海邊來到了這裡，驚奇地注視著這座聖山，並且對那塊牌匾的記載產生了懷疑，不相信 900 年前這裡曾經有過一群波斯人。隨後，我們眼前不斷地跳動著各式各樣的影像，直到我們看到匆匆忙忙的信使到來和全力以赴的準備工作。西安府再次成了首都。一個凶殘的皇太后，出於對死亡的恐懼，從禁宮裡逃了出來，趕到了這座聖山，並向華山之神祈禱以求幫助。這個帝國興起的地方，正好是它結束的地方！當一個歷史學家兼探險家來到這座高山時，還有什麼能比看到兩個宗教團體的代表站在一起歡迎他更讓人開心呢！

當我們站在這裡從容地注視著這片中國最偉大的地區之一時，很容易聯想起古代的聖人。我們腳下就是這個帝國的發源地：就像阿佛烈大帝的溫徹斯特，邁爾斯·斯坦迪什[277]的新普利茅斯一樣。除了這些聯想，從這個天然摩天大樓的頂端看到的美景確實是語言無法描述的。一片雨雲從窗前捲過，遮住了眼前的美景，我們的注意力完全被閃電在雲層之上的表演吸引住了。「神霧」散去，夕陽的餘暉又一次閃現在眼前。老子對「道」的描述同樣也適用於華山的夕陽。

致虛極，守靜篤！

「華嶽」圖告訴我們，陳摶就是在這座山峰上「養靜」。地球上恐怕再也沒有比這更好的養靜處所了。希夷的題字如下：

一片野心都被白雲留住，
九重寵詔休叫丹鳳銜來。

不遠處就是靜篤殿，「一個道士的肉身坐在神殿上，一點都沒有腐爛，穿衣著履，就像一個活人般立在那裡」。我們沒有見到他，也沒去

---

[277]　邁爾斯·斯坦迪什（Miles Standish，西元 1584 ～ 1656 年）是新英格蘭普利茅斯殖民地的軍隊領導人。

參觀寬 8 吋、長 100 尺的「長空棧道」。「人走在上面，就像走在半空中一樣。」一個去過的人對它的描述是如此有趣：「一對鎖鏈懸下來，人下到鎖鏈的盡頭，那裡有楔進懸崖的長鐵釘，上面鋪著一塊窄窄的木板。齊胸的高度橫著一條鎖鏈，香客面向懸崖，張開雙臂，雙腳同時橫向移動。這條路的盡頭就是安靜的避難所！」

要知道，我們現在所在的南峰是華山的至高點，也就是華山的頂峰，而且「山頂上籠罩著一個厚厚的光環」。南峰位於另兩座山峰之間，「如人危坐而雙引其膝」。峰頂的池塘就像一個摔破的水瓶，池裡的水清澈見底。南峰上有五個排成一線的突出部分，中間是落鷹峰，東邊是松檜峰。老祖洞就在南峰的最高處，又叫至高洞。李白登上了落鷹峰山頂之後說：「此山最高，呼吸之氣想通天帝座矣，恨不攜謝朓驚人句來搔首問青天耳。」南峰諸峰中的落鷹峰最有名，但最高的卻是松檜峰，正好就在諸峰中間，被稱為南峰之主。

金天宮是白帝的祠堂，位於松檜峰山腰。從祠堂後面往上，向東就可到達南峰的最高峰，《姚志》中是這樣說的。我們發現這個記述沒錯。只是我們沒有見到住在淨天池裡的那條龍。我們還有許多地方沒有遊覽，不過我們參觀了摩天崖。

暮遊南峰之巔進一步證實了我們的最初印象。如果離開了寺廟庭院，我們就能看到我在 18 個行省所欣賞過的最迷人景色。五座高聳的山峰構成了美麗的背景，其中的四座山峰環繞著我們所在的第五座山峰。到處都是茂密的植物，其色彩很像是熱帶植物，然而要更為溫和一點，因為海拔高度補償了緯度。這個地方就像天堂一樣，金天宮的環境更是無與倫比，令人流連忘返，難怪各個朝代的隱士都會聚集在這裡，與自然和諧共處。這裡的大自然是多麼美妙啊！除了野草莓之外，這裡似乎找不到什麼能吃的東西，我們曾期盼這裡有歐洲越橘和其他山區的其他

特產，但結果沒有找到。上述《華山志》裡列出了 57 種不同的山區特產。不過，我們可以盡情欣賞紫羅蘭、荷蘭石竹以及山谷中潔白的百合花和白樺樹。與薊混生的大量的歐洲蕨讓人聯想起蘇格蘭、瑞典等北歐國家。對隱士們來說，這裡是一個非常安靜的聚集地，他們可以在這裡抑制那些愛慕虛榮的思想。

對於陳摶這樣的睡仙來說，這裡非常適於睡眠。我們發現華山是一個絕佳的睡覺天堂，不幸的是，雖然睡得很好，可卻幾乎無夢。我們本來希望能做些好夢的。我們也做過一次夢，可僅僅夢到在知名日報上發表了文章而已。我們本來應該可以見到西嶽之神和他的 4,000 個仙女來訪的，可我們沒有，而僅僅夢到了一份日報！儘管我們一心一意想做個好夢，可我們的熱情還是無法與甘寶相媲美，他昏睡了七天七夜，醒來之後把自己在另一個世界的所見所聞寫成了一部書。

我們所住的地方在最高峰，但並不是在這座山峰的頂點。山頂的那塊平地離我們只有一臂之遙，人們當然不會滿足於讓它這麼簡樸而自然地矗立在那裡。一個小小的石頭牌坊構成了通向一個小神龕的入口，這裡有一個南陽池，還有一個浴月池，周圍的岩石上銘刻著各式各樣的題詞。我們把它們全都抄了下來，希望透過研究這些刻在這個最神聖山峰絕頂上的象形文字，或許可以窺視人性深處的一些東西。下面是 27 個題詞中部分內容的譯文。

高石路通金神（秋神）。水池。後殿。殿內。北西廟（這個名稱非常奇怪，因為中國人習慣於說西北），南陽（池）。石門。高亮。楊慶書於白晝。高峰群集。峰登巔抵。太華頭。辛亥之秋（1911 年）民國興。三重天。袖梯天生。仙境外景。民國五年六月初六（1916 年 7 月），安慶陳樹藩題：「天地奇景，聖靈特成。」

南峰和西峰之間有一條巨大的堤道相連，這條堤道只比蒼龍嶺稍微

安全一點。西峰極為孤獨和神祕，就像蓮花的花瓣那樣覆蓋著一個懸崖。它的下面就是一頭石龜，伸著腿，昂著頭，像是要走的樣子。據《華嶽志》記載，西峰寺的下面就是著名的捨身崖。我們在從青柯坪向上攀登的途中曾見過那可怕的崖壁。《鳴鐘記》將連線西峰和南峰的堤道稱為「回龍道」，它跟蒼龍嶺一樣蜿蜒曲折，但要比蒼龍嶺寬一倍。

中峰的神宮恰巧位於一個盆地中，可免受暴風雪的侵襲。我們去那裡主要是為了和吳泰周 [278] 夫婦會面。他們也把自己那個害羞的小傢伙從黃色的牆壁、黃色的街道、黃色的塵土中帶上了山，讓他在鮮活的綠色中振作起來，以便使他們還能繼續在冬天的潼關工作。潼關是黃河拐彎處的一個要塞，距離這裡不到 15 英里。

7 月的某個星期日，17 名道士在位於聖谷的中峰神宮聚會，「各派」道士都派出了自己的代表。這天是祭祀火神的日子。在這個星期日，由於祭品太多了，使得灰燼飄滿了庭院，也弄得祭祀者滿身都是灰。這些道士在聚會時討論些什麼是他們自己的事情，或至少是跟華山有關的事務。他們多久才會進行一次跟日常生活無關的宗教性會談呢？這麼多的教會、典禮或學說等問題消耗了道士們的大部分精力，而時代的偉大運動和未來的趨向卻常常被忽略。基督教教會的會議和聚會是否也會給一位中國參觀者留下這樣的印象呢？

我們的住所算是這裡主要的大建築了。在夏季，這裡每天都擠滿了香客。不但有強壯的男人，還有小腳女人，她們的小腳踩在特別為她們鑿出的凹坑裡，靠鐵鏈把自己痛苦地往上拉。隨著夏季的消逝，這裡的道士就會去參拜六個墓穴，然後檢查自己的糧食儲備，以確保自己的儲備在必要時可以維持 3 年。朝聖的人群漸漸散去，夏季的寄膳者也打起包裹下山了。群山披上了銀裝，給人另一種可愛的感覺。因為雪從 9 月

---

[278]　吳泰周（J. E. Olsson）是 1910 年來華的內地會傳教士。

會一直持續到來年 5 月，所以山路無法通行時，道士就會在自己的冬季隱居所安頓下來。在此期間，他會進行雕刻、修理、為神像鍍金，還是為了信仰而專心研讀經書？他會不會去審視自己的靈魂，看看自己是否相信那些零售的和學到的教義？他的拜訪者從遙遠的斯堪地那維亞帶來的書籍會不會引起他的閱讀興趣？另一個宗教的捍衛者在阿拉伯獨處的三年中才發現自己的知識是多麼匱乏。

在那個「於人富足」的房間裡美美地睡了一宿之後，凌晨 4 點左右，我們就被破曉的晨光所喚醒。在峰頂逗留的時間有限，最好不要浪費每一個小時，因為時間過得實在太快了。我們在海拔如此高的地方漫遊，攀登峭壁，探索廟宇，很快就蒐集到有關這個鮮為人知的療養勝地的大量珍貴資料，足以寫出整整三卷書。在這裡還必須補充幾個例子。

神爐殿，又稱老子煉丹爐，就在西峰的西南方向，落鷹峰的西北方向。這爐子有 10 英尺寬，甚至超過了 10 英尺，高約 6 英尺。走廊上雕刻的一個小小的藍色神像是這座道觀的標誌，該神像描繪的是「閻王」。道觀裡有奇怪的三個雕像組合：觀音（這名字的意思是傾聽祈禱的人）、老子，還有一頭牛。事情也許是這樣的：這位哲學家從前確實曾騎著一頭牛渡過一條漲潮的河，雖然這個連繫有點奇怪，但也許我們還記得另一位最偉大的智者[279]曾經騎著驢穿過汲淪谷的事情。不過仔細一想，也可能是老子曾用此牛耕過田，可是香客們並沒有去崇拜那頭牛。這個神殿的特色在於，將硬幣放在這個神爐裡加工，然後再在神煙中燻過之後，就可以用相當於等量金子的價格賣出去，把它掛在小孩脖子上，「這樣他們就不會得病了」。在人們都受過教育的今天，一想到這種披著宗教外衣的虛偽之事，確實讓人感到噁心。

但這個神爐的作用並不限於此，道觀的這個神爐正在加熱一個小耳

---

[279]　即耶穌基督。

朵爐，那裡面是長生丸。我猜想，跟丹一樣，中國的長生不老藥會準時在滿月後的一分鐘煉成。我們沒能去參觀中央溼地，長壽百合就長在那裡，我們真應該選擇去看它而不是那個長生丸。

華山絕頂薄霧中的神爐殿。
相機架在浴月池旁，請注意刻在天然岩石上的那些大字。蓋洛 攝

　　別忘了那個被稱作「華山頭」的巨石 —— 可是誰又能忘記呢？《萬志》中稱其為劈斧石，有 100 多英尺長，正好位於西峰的頂端。它被抽成了三塊，傳說是被一把斧子劈開的。為了找到觀看這個華山「斯芬克斯」像的最佳視角，我四處漫遊。這個巨大的人頭像不是人工雕刻出來的，而是由一種自然的 —— 或不自然的 —— 岩石形成的。穿過「峰谷關」，南峰金天宮的鐘樓是觀看這個頭像的最佳地點。在那裡，你可看到一個被勒殺巨人奇妙而神祕的幻象 —— 張著嘴，吐著舌頭。

　　這裡的閒暇使我們有機會從香客那裡獲取了一些資訊。在其他地方，我們都曾看見過這些香客緊鎖眉頭，帶著急切的表情上山，或者歡快地邁著大步，心情舒暢地下山。在這裡，我們看到這些香客在自己朝聖的關鍵地方有了片刻的空閒。他們中的有些人顯然屬於「缺少美德

的人」。吳泰周先生說，有許多香客聲稱，他們登上聖山是為了逃避麻煩。無論這種麻煩是來自政治、經濟還是罪惡，對他們追根刨底顯然是不明智的，因為我們知道，在任何時候，避難者都會把這裡當作一個避難所。一個滿臉愁苦，穿著補丁衣服的香客吃力地往上爬著，他謝絕了所有的普通食物，啃著他自己從半山腰找來的根莖和野草。他也是在逃避麻煩，難道是消化不良嗎？那些隱士來到這裡同樣也是在逃避麻煩：五雲峰附近的道觀裡有一個富家子弟，他跟家裡人鬧翻了，家人除了子彈，什麼也不會再給他了；可他在這裡是安全的，而且他會一直待在這裡。我們和道觀裡一個賣香兼打掃的道士攀談了起來，他穿著侍者的衣服，挽著道士的髮髻。他曾經是個學者，還當過地方官員，但是為了逃避麻煩，他離開了自己的職位、家和家庭成員，到這裡過起了卑賤的出家人生活。

　　外在的麻煩可以透過到山上躲避或透過調節社會來消除。但神怪是否真能在玉泉院驅走麻煩？「鐵門」是否真能把麻煩攔在外面？或者神爐是否能把麻煩熔化？其實並非靠改變地點，而是靠改變心境才能帶來寧靜，並消除那些源自內心的麻煩。讓我們從大量的記錄中再選兩三個例子，來看看那些到這裡來躲避麻煩的香客吧。

站在華山頂峰金天宮御階上的道士，
金天宮是所有香客的目的地。瑞聞生夫人攝

　　裴元仁很小的時候，一個算命人就說他的眼睛很像北斗星，後背以下很像星神河魁，他在仕途上會一帆風順，並能成仙。這個算命人還教給他五條神訣。隨後的 11 年裡，他堅持按照神訣修煉，最後練成了夜視眼，能在夜間看見東西。23 歲的時候，他被任命為一個州的主簿，後來被提升為冀州（今天直隸、山西和河南三省的一部分）刺史。一天，一個神仙騎著白鹿翩然而至，來到他的房間。這個神仙就是赤松子，一個著名的隱士，即傳說中的帝王神農時代的雨帝。了解到裴在道術上取得的進步後，他特地前來鼓勵裴，給了他一些幫助，並許諾只要堅持練下去的話就一定能達到目的。裴辭職上了華山，在一個石室裡沉思了 23 年。最後五個古人來到這裡，裴向他們磕頭。第一個穿著綠色的長袍，戴著綠帽，拄著綠杖，佩著綠符，這是東方之星（木星），泰山的山神，他送給裴一套綠色的書。第二個穿著白色的服裝，白帽，拄白杖，佩白符，這是西方之星（金星），華山的山神，他送給裴一根白色的草藥，還有三套白色的書。第三個穿黑衣，戴黑帽，拄黑杖，佩黑符，他是北方之星（水星），北嶽之神，他送給裴四套黑色的書。第四個穿著紅色的衣服，戴紅帽，拄紅杖，佩紅符，他是南方之星（火星），南嶽之神，他送給裴兩套紅色的書。最後這個是中央之星（土星），嵩山之神，穿著光芒四射的黃色衣服，戴黃帽，拄黃杖，佩黃符，他送給裴八套黃色的書。裴元仁再次磕頭謝恩，並接受了這些禮物。他吃了草藥，鑽研這些五彩書，學會了飛行，還可以隱身 —— 這對政治家們來說可是一個很好的技藝 —— 去環遊世界，在不知不覺中竊聽私人談話。最後，他遇到了另一位仙人，後者送給他最後一套法書。他上了天堂，成為清靈真人。在《雲笈七籤》中不是有記載嗎？

　　現在把這個古代的故事和關於陳闡德的現代故事做一個比較。陳是河南省臨潁縣的一個地主。這故事是一位令人尊敬的傳教士貝恩霍甫女

士告訴筆者的。上世紀末，陳在某縣的一個集市上聽到了一種新學說，他入了迷，就四處打聽在哪裡可以經常聽到這種學說。之後，他每月一次步行 90 里到海外基督使團的一個傳道站去聽演說，最後他登記接受洗禮。接著就發生了義和團運動和大屠殺，所有的外國人都被迫離開了。他擔心自己也會受到襲擊並被殺死，對沒能接受洗禮感到非常沮喪，因為他也許不能獲得永生了，而且現在再也沒有外國人來介紹他入會了。雖然在傳教使團的駐地並沒人告訴過他，為了獲得拯救就必須經過洗禮，但他卻已經有了這樣的猜測。有一天，他要過一個渡口，從船上跳上岸時，他失足掉進了水裡。「我溼了半身，這是上帝給我的一個啟示。到底是什麼在阻攔我給自己洗禮呢？」於是，在那些乘客的鬨笑聲中，他唱著一首讚美歌，在河水裡連續浸了三次，然後回家了。在路上，他高興地想，假如他現在被殺死，也一定能夠升入天堂了。但是，在重新考慮了這件事之後，他開始對這件事的正確性發生了懷疑：畢竟事情是緣於一個偶然事件，並不是他刻意去給自己洗禮。因此，他又選了一個日子，先在家裡作了禱告並唱了讚美歌，然後來到那條河，舉行了正規的洗禮儀式：唱歌，祈禱，以聖父、聖子、聖靈的名義把自己在河水裡浸了三次。這以後，他的心安定了下來，也找到了平安 —— 內心的平靜安寧。

自從找到了自己新信仰的真諦，他立刻開始著手拯救自己的朋友和鄰居。他把自家的前房改成了講道廳，在每個禮拜日傳道。他還經常祈禱傳教士能夠再回來，辦一個真正的福音堂。後來，那些外國人真的回來了，而且在鐵路邊的鄆城興建了一個教堂。這樣，陳去那裡就只須步行 60 里，而不是 90 里了。陳說，這就是上帝對他的仁慈。在第一次交談中，他表達了加入傳教隊伍的願望，他的美麗故事也就傳播開了。在經過詢問之後，所有的困難都解決了，他受到了傳教士們的熱烈歡迎。

現在他的工作就是探索靈魂。因為要去市場和集市傳道，他經常把自己的農活擱在一邊。有一年，他的莊稼長得非常好，他覺得這是偉大的神的恩賜，貯存了足夠 3 年用的糧食，他就可以把自己全部的時間用於傳播福音了。在驅使人們皈依主的過程中，他表現出了極大的熱誠。

後來，出現了他一生中最大的一次考驗，看他是否在家裡也一樣保持著自己的信仰。他的老婆去世了，他又娶了一個年輕的女孩。當然，他對她的靈魂也非常關心，發現她熱衷於說閒話之後，他非常苦惱。他曾經以為她的靈魂被魔鬼占據了，所以把她在家裡關了整整三天，為她齋戒並為她祈禱，這感動了她，之後他對她的擔心少了一些。後來他做了一個夢，這個夢讓他感到非常不安。他夢見世界末日來臨了，當七個魔瓶的水都傾注到地上時，他看見自己的妻子待在一個很深的陷阱裡，他抓不到她，所以向她扔土塊，好把她趕出陷阱，而她只是在黑暗中退縮，水從瓶子裡湧出來，很快她就不見了。在極度痛苦之中，陳先生把這個夢告訴了傳教士，當得知這個夢境針對的是他而不是他妻子的時候，他大為驚異。「如果你的一隻狗掉進了洞裡，你向牠扔石塊，這狗會出來嗎？帶上一塊肉，把狗引出來不是更好嗎？你那樣對待你的妻子並不能解決問題。回家去，用愛和友善，引導她變成一個基督徒。」陳先生真誠地接受了這個建議，果然使他的妻子皈依了基督教。人們經常為他的認真而感到好笑，並取笑他。但是他死後，他的禱告應驗了，同村的很多人以及他的鄰居們都信了基督教，而且聲稱「他身上的確有清楚的標記，表明他是被上帝選中的人」。

藉助五彩書和仙丹可以消除麻煩嗎？只要有足夠的劑量，這些丹藥足以殺死一頭大象。在某個安息日，我們在山頂看到了同樣的尖銳對立。道士們焚香，敲鑼，在自己的神像面前鞠躬，唸唸有詞地進行著自己也不明白的宗教儀式。與此同時，也是在金天宮，正在舉行一場基督

教儀式，那古老的西亞聖經手稿用我們都能聽懂的語言來進行誦讀，人們吟唱著洋溢著聖徒的抱負和歡樂的頌歌，就連一個簡短的演說也投入了全身心的真誠。當我們這樣振作自己的心靈和表達了我們的崇敬之後，我們又用中文舉行了禮拜，以便所有期望在這裡得到拯救的人都有機會傾聽真理的啟示，這裡沒有用神像、鼓聲和香氣來迎合人們的感官，只有質樸和有尊嚴的訴求。

　　我們怎麼能忘得了這兩種人的熱情歡迎，以及當我們要返回平原時他們的依依惜別之情呢！這些如此好客和友善的道士何時才會停止他們那種空虛的生活，並不再重複那些古老的儀式呢？這個幽靜的頂峰，這個與世隔絕的美麗華山頭上何時不再會有隆隆的鼓聲和鈴聲響起呢？金天宮何時不再成為一個崇拜白帝這個山河之神和全球之神的地方，而變成一個尊崇精神和真理的最佳場所呢？

從進香索道上看到的美麗華山，距下面酷熱的平原有幾千英尺高。蓋洛 攝

第五部分　黑色的北嶽恆山

　　信足以昭聖代之典章，還山靈之面目，非徒向所謂貌與文與，粉飾
附麗者也。

—— 大同府知府嘉祥

第一章
乘坐牢固的馬車

　　我們朝山進香的旅程進入了最後階段。很久以前，漢人曾橫渡黃河，經過要塞潼關，然後沿著大路上前人留下的車轍向東北出發，穿越山西，到達太原，然後翻越五臺山，經過內長城，抵達聖城渾源。然而對現代的朝山香客來說，繞遠路反而走得更快，一旦乘上火車，很快就能到達鄭州。到達了鐵路主幹線之後，火車便載著朝山香客穿越正定府——很快——穿越直隸到達首善之區（北京）。再往前，朝山香客沒有選擇從中國北部通往蒙古的五條郵路之一，而是選擇另一條路線，後者或多或少與那些通往蒙古的大路有些重合：「一條充滿難忘回憶的大路。」在這條路上，駱駝隊與鋼鑄鐵軌並行，我們的列車車廂就在這條鐵路上隆隆前行。

　　舜帝：「要去恆山祭祀，可他的儀式是在遠處舉行的。因為雪下得太大，他無法到達那裡。」舜帝！他每個眼睛裡有兩個瞳孔，並發明了懲戒學生的教鞭，哪位老師不會鞭笞一個藉口下雪而不到學校學習的逃學男孩呢？舜首次在地方官的官府內使用了鞭子，哪位官吏會接受原告關於遇到暴風雪而不能出庭的藉口呢？舜帝並非普通的旅行者，他還非常虔誠，曾到他帝國的很多地方去祭祀過，為何他在前往北嶽恆山的道路上卻畏縮不前了呢？

　　即使對帝王來說，採用一種新的禮拜方式也是非常大膽的行為，很可能被後人作為一個先例，即在遠處舉行祭祀的先例。然而舜並沒有顧

慮這座聖山對他的革新是否認可，因為神聖的北嶽真的派出了自己的一部分來接受遠處的獻祭。「突然一塊石頭從恆山飛來，落在舜帝面前」，也就是離主峰東南 140 里的地方。這塊石頭落在了曲陽。舜帝喜出望外，立刻封其為安王，這就是當年舜帝在遠方獻祭時接受祭品鮮血的那塊石頭。

北嶽恆山之印

　　這個故事引發了很多問題。難道恆山以前是一座火山，能夠把一塊巨石噴射到大約 50 英里遠的地方？難道這個故事是術士們虛構出來，以掩蓋某種政治變化的嗎？恆山位於內長城以外，多次被異族所統治。完全可以理解，有時候信徒不可能到那裡去，建立另外一個祭祀中心會更方便些，只要使這個祭祀中心與原來的中心有某種人為的連繫即可。當麥加人驅逐了穆罕默德以後，後者又設法在麥地那建造了一個新的禮拜地。當主教們覺得羅馬人過於狂暴時，亞維農便成了他們的避難所。所以，當外來的野蠻部落占據了內長城以外的所有地方時，曲陽是否就成了北嶽恆山的一個臨時替代品？

　　雖然我們並不準備完全接受這一說法，而且有些中國學者對此也表示懷疑，因為《州志》第十卷一開始就有這樣的話：「順治十七年，諭令在渾源建一座廟。人們一致認為這非常重要，因為千百年來的錯誤一下子就得到了徹底糾正。」如果，這位作者的年表是正確的，那麼，從漢代

到大約 1,660 年期間，真正的恆山一直難以到達。

　　這很有啟發性。歐洲的朝聖者以前習慣於前往拿撒勒，可是當撒拉遜人使朝聖變得極為困難時，天使們便把「聖母瑪利亞在巴勒斯坦出生的家搬到了伊利里亞的特爾薩特鎮，三年以後，這個房子在天使的幫助下又搬到了安科納附近，最後，按照上帝的意志，它在現在的地方安頓了下來」，這個地方就是勞萊頓。西元 1894 年之前，這種記載得到了一個又一個教宗的認可。有鑒於此，上述舜帝朝山的故事例證詳細，易於理解，誰又會懷疑將恆山的一部分運到曲陽實際上就是為了給舜帝提供方便呢？這位虔誠的先帝是盲人的兒子，活到 110 歲時仍然去朝聖。他的德行不可磨滅！更重要的是，他發明了這種「在遠處」遙拜北嶽的儀式。如今我們很容易改善他的這種祭祀方式，那就是透過無線電，傾聽華盛頓或別處的聖歌，從布道一開始就聽，快到募捐時輕鬆地關掉機器。舜是大眾的恩人！

　　一千多年以來，在真正的恆山舉行封禪儀式一事也提出了另一個問題。在此期間，有誰記得哪個是最初的那座山？這很重要，從西元 326 年耶路撒冷發生的一個事件中就可以看到這一點。海倫娜皇后（Helaena Targaryen）在一個知道內情的猶太人指點下，在一個地方挖出了三個十字架，這三個十字架被依次抬到一位生病的婦女那裡。前兩個十字架毫無作用，但第三個十字架治癒了她的病。為了進一步證明此事，人們挖出一具屍體，分別放在這三個十字架上，結果，第三個十字架使她復活了。此外，在第三個十字架上還能見到銘文。這就是「發明十字架」的重要傳說。它向我們表明，雖然過去了千百年，但是我們可以透過試驗來確定最初和真正的北嶽確實就在恆山！

　　總之，結論似乎很明顯，在夏、商、周這三個古老朝代期間，最初的北嶽就在山西，獻祭就在那裡進行。直到北部領土喪失以後（在 10 世

紀被契丹占領？），獻祭才改在了直隸的曲陽舉行。即使在那個時候，渾源附近的山峰仍然被視為聖山。這個觀點在明朝仍有人提出來。

雲閣虹橋

《山海經》中有幾條註釋似乎值得在這裡複述一下，還有沈先生的《筆談》：「渾源州恆山距阜平大茂山三百餘里，峰巒相接。蓋恆山周三千里。」大茂山經常被當作北嶽。《福地記》認為恆山高 3,300 丈，方圓 20 里。《名山記》確認了這一資料。也就是說，在周長 1,000 英里的範圍，有兩個相距 100 英里的山峰都曾被稱為北嶽。更被人們接受的那座恆山，也就是我們要去朝聖的那座山，方圓約為 7 里，高達 33,000 尺！喜馬拉雅山脈中的聖母峰還沒有那麼高，因此我們感覺並不輕鬆，肯定不能指望爬到山頂，而是打算像當年的舜帝一樣，爬到一定的高度就退回來，在遠處拜祭！關於山的高度如何測量，我們已經在其他地方解釋過了。

恆山的不同部分有五個不同的名字，所有這些名字都是吉兆：華陽臺、青峰埵、福地山、大茂山、蘭臺府。由於漢文帝的字號裡有「恆」字，所以他下令使用「恆」字的同義詞「常」，這兩個字都是「長久」的意

思。這表明了東西方人心態上的差異：一個西方的偉人對於自己的名字被用於一座山峰、一個城市或一所大學，會感到非常高興，他喜歡透過地理名稱而使自己變得不朽，可是東方人更喜歡保留自己名字的版權，不願被別人模仿。試想，如果有位羅德島州州長的名字碰巧也叫羅德的話，他會下令把這個州改名叫作斯特里特[280]島嗎？

另一個名字更有意義。唐朝的一個皇帝為它賜名鎮嶽。這與我們發現在中國流行的風水思想無關，而是反映了真實的軍事位置：因為該山脈位於內外兩道長城之間，清楚地表明了邊境的重要性。對於這一點，可以看一下張崇德在將恆山與其他各嶽比較時的詳細論述：

山以泉石幽奇，物華豐美，則恆詘；以攻守要害，障蔽邦國，則四嶽亦詘。衡山僻在南服，非用武必爭之地；岱宗特起東方，絕不包絡郡邑；南徐、北青以為望，而不以為固也。洛陽之守在虎牢，不在嵩；長安之望在潼關，不在華。獨恆山南苞全晉，東跨幽燕，西控雁門，北纏代郡。都之南以肩背扼邊疆，都之北以嗌吭制中原，形勢甲天下。

馬漢[281]重視海洋的力量，福煦元帥[282]重視陸地的防禦工事，而這位張先生則從軍事策略的角度來評價五嶽。

北嶽還有比這更突出的一個特點。沈先生告訴我們，它距離大茂山300里遠。這裡的大茂全稱是菩提達摩，是 Bodhidharma 的中文寫法。後者是印度佛教的第 28 代宗師，於西元 520 年來到中國，九年後在洛陽去世，那裡至今還陳設著他面壁時所坐的石頭。看來他的名聲在北方傳播得很遠，他的名字被用在了「常」山山脈的其他山峰上。克里斯多福·哥倫布本人的足跡並沒有遍及整個南北美洲，可是前往阿肯色州、喬治亞

---

[280]　羅德（Rhode）是「道路」（road）的諧音；「斯特里特」（street）意為「街道」。所以這兩個詞是同義詞，就跟「恆」與「常」一樣。

[281]　阿爾弗雷德·馬漢（Alfred Mahan，西元 1840～1914 年）是一位歷史學家和美國海軍軍官。他是海上霸權理論的早期倡導者。

[282]　費迪南·福煦（Ferdinand Foch，西元 1851～1929 年）是法國的陸軍元帥和第一次世界大戰中的協約國著名將領。

州、伊利諾伊州、堪薩斯州和其他 15 個州的遊客卻可能會草率地認為哥倫布曾到過這些地方，更別提南美洲和斯里蘭卡了。大茂山雖然並不能證明那位背井離鄉的印度人曾在那裡居住過，可是卻能證明在道家的北嶽附近有很多「佛教」信徒。

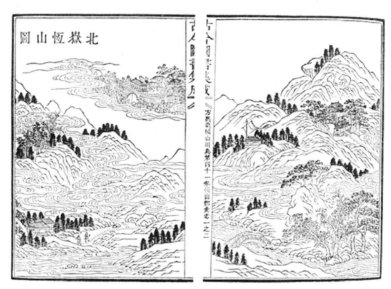

北嶽恆山圖；方輿彙編山川典第四十一卷恆山部匯考一之二。

《恆山志》進一步註明，恆山北連玉華峰，東連柏山，南連槍峰嶺。這座山的主脈來自陰山，延伸穿過北部平原，向西、向東到達夏屋、書厓；然後突然折向南，形成了恆山，從南面形成了太行。這種描述實際上還見於《元史》，說明當地的地理學家能夠做出清晰地描述。

我們的火車穿越了南口關，兩側各有五尊佛像，我們在《中國長城》一書中對此有過描述。接著，火車把我們送到了山城大同的北門，那裡是著名人物張果的故鄉。晚上 8 點，我們發現還有十里路要走。這使我們想起了舜：難道我們只能從遠處看看這座山峰嗎？可以考慮乘坐騾車再走 50 英里。不過，我們抵住了誘惑，當天晚上和車主談妥，第二天把我們送到聖山。

從大同到恆山的路上，
一個無名客棧裡沒有減振彈簧的騾車。蓋洛 攝

　　在大同的時候，我們要特別說明，北嶽恆山在宋代被稱為安天元聖帝。明代則將它改名為北嶽恆山之神。它主宰揚子江、黃河和淮河，以及所有跟四足馱獸有關的事物。我們不僅跟車主訂了契約，還與警察進行了談判，結果給我們派了一個偵探。由一個陌生人去打擾這座山峰將會是一個壞的先例，而指派這樣一個厲害的保鏢則更簡單一些。

　　那天晚上，我們住在約翰・格沃蒂・基爾的名花旅店。偵探委婉的暗示和店主名字的含義[283]都預示，明天的旅程一定會非常熱鬧。一個車把式趕著一輛鄉村馬車按時到達，車輪子又大又結實，這是為了經得起顛簸，而不是減輕顛簸的程度。我們沿著馬營街隆隆前行，穿過正在進行維修和裝飾的木質牌樓（這些牌樓每隔五年都要進行修繕），來到了南門街。這座城市完全被通常很厚實的城牆所包圍，只有透過鎖鑰門才能進出，這個名字好像刻意令人想起長城上的北門鎖鑰。我們拐入寬闊的巷子，兩端都有柵欄門，兩邊都是高聳的石牆，在上面還有須仰視才見的

---

[283]　基爾（Kill）在英語中的意思為「殺死」。

城牆。誰能夠忘記，這樣的碉堡在 1900 年會成為少數歐洲人的死亡陷阱
呢？當時的大同有一群蘇格蘭人、愛爾蘭人、英國人、加拿大人和瑞典
人在傳教，他們用自己的鮮血完成了自己的誓言，就像在佩思的戰場上
一樣，一人倒下後，總會有「另一個人來面對赫克託耳」，現在這裡又有
一群出色的人投入到為這座城鎮謀福利的傳教工作之中了。

　　我們從南關向左轉，經過東門離開了南郊。一離開城牆環繞的堅固
堡壘，情況就不一樣了，因為我們進入了開闊的鄉村耕地。打穀場講述著
農民的勤勞，路邊新栽種的一排排樹木所引起的詢問證明了我們的一個看
法，那就是山西的總督比較新潮。他最近釋出了一條法令，每年每戶都要
栽一棵樹，並照顧好它。砍樹很簡單，卻很少有伐木者想到要種一棵小樹
苗來為子孫後代謀福利。當地人都稱讚這位長官造林的做法，而且他聲稱
要敬畏三件事 —— 這種說法無疑使人們回想起孔子。倘若這位地方官員
有時間來關注其他部門，我們就可以私下建議他整頓公路監督員。當然，
地面的道路是彎彎曲曲的，人人都明白道路必須尊重家族的墓地，可是這
也並不意味著路面要崎嶇不平。也許有一條地下的龍，牠的脊椎骨對地面
的構造有些影響。如果沒有這類既得利益必須得到尊重，也許已經採取一
些措施來讓旅行者更舒適些了。道路似乎沒有盡頭，但是一想起恆山在古
代的時候被稱為常山，就可以聊以自慰了。這對於一座山來說，也算是一
個長處，還有什麼比一座不恆久的山更令人氣餒呢？我們返回的路上，又
遇到了一場傾盆大雨，以至於大約一半的騾子陷在泥濘之中了。

　　然而，所有的好事都會結束。我們最終到達了「八角形的水城」渾
源，也就是北嶽的聖城，屬水。該城的居民對於來這裡的朝山香客非常
熱情。這個城市顯然被一些昏庸的地方官員統治著，用季任（Ki-jen）的
名言來說，他們的政策是「順其自然的管理方法」，也許這是米考伯[284]式

[284]　威爾金斯·米考伯（Wilkins Micawber）是 19 世紀英國小說家查爾斯·狄更斯（Charles Dick-
　　　ens）的名著《塊肉餘生記》（*David Copperfield*）中的一個老是夢想著走運的樂天派人物。

的人物。官僚階層中存在著大量的裙帶關係，在遙遠的菲律賓，官員們也總是把事情推到「明天」。若是有一個異族人來到這裡，用五年的時間在運河區消滅歷史悠久的黃熱病，或者用五個月的時間讓耶路撒冷居民能用上新鮮淡水，那該是多麼驚天動地的事情！我們發現渾源的灰塵很多，但這也不能歸罪於能幹的地方官員。我們在此暫作停留，並且在一位「塾師」和一部地方志的幫助下，掌握了當地的詳細情況。與此同時，我們聽說了關於正定府的一個故事，正定府是朝山進香傳統路線上必經的一個城鎮。

正定府附近的和尚們決定塑一尊壯觀的佛像，就到鄉間各處蒐集銅器。在一個地方，有戶富人很大方，給了很多金銀和戒指。那個和尚太高興了，以至於拒絕了一個丫鬟給的一些銅錢。模具做好了，銅也化好了，人們還進行了禱告。可是模具開啟以後，塑像裂開了。和尚們都不承認自己的行為有任何過失，他們又試了一次，結果更糟糕。於是對每個募捐者都進行了仔細的盤問。最後發現這個和尚曾因為對自己所蒐集銅的品質和數量洋洋得意而曾拒絕過一件禮物，就這樣找到了失敗的原因。接下來，寺裡派出了一個重要的代表團，跟著這個和尚很客氣地去討要那些曾經被輕視的銅錢。第三次鑄造完成了，和尚們感激姑娘的愛心，把銅錢莊嚴地放了進去。模具開啟時，出現了一尊非常完美的佛像，一枚銅錢在那尊大佛的胸口閃閃發光。

第二章
八角形的聖城，兒童的都市

　　在別的聖城裡，我們都曾找到了相關山峰的方志，但是這座北部聖山似乎千百年來都相當衰落。舜帝開創在遠處拜祭的先例，已經湮滅了有關這座山的所有歷史記載。當時我們根本就找不到有關這座聖山本身的任何著作。這對一個美國人來說並不奇怪，因為我們並沒有專門論述落基山脈、懷特山脈和勞倫系岩層的書籍。可是，在遊覽了其他諸嶽以後，我們發現北嶽與我們期待的大不相同。

　　退而求之的是《渾源州志》。經過多方打聽，我們知道當地居民私人手中有兩本，我們租用了其中一本。書中有精美的插圖和地圖，包括極為精確的中國星圖。在我那位塾師的幫助下，我們仔細閱讀了這本書，對與這座山有關的所有資料我們都做了摘要。後來，經過交涉以及支付了若干鷹洋以後，我們從承租人變成了這些孤本卷冊的主人。再後來，我又獲得了珍貴的《恆山志》！

　　從《渾源州志》中，我們很高興地得知，在登山之前，我們用一個小時就可以走遍周圍的平地。這裡以前有 200 座廟宇和神龕，還有大量的題詞碑刻，說明這裡曾有大量的朝山香客，既有官方的，也有私人的。每個來這裡的皇帝為了紀念自己的到訪，幾乎都要給聖山留下某個封號或新名稱，因此，整個地方的名稱顯得非常混亂。

　　官方的拜訪似乎隨著清朝政權的倒臺而終止了，可是在編寫《渾源州志》的時候，這裡每年 5 月仍然要舉行集會。儘管這些活動名義上以

宗教為根本動機，但方志編寫者認為，在有些寺廟上演戲劇還是有必要的。而有些人則坦率地承認，他們來這裡只是為了躲避平原的酷熱。還是不要讓《渾源州志》的作者因為宗教的衰落而感到沮喪吧。宗教虔誠在即將消失之前總是顯得陳舊；可是它的根卻深深扎在人們心裡，而且每個時代人們都在追尋上帝。

至於其他資訊，似乎與現在人們所熟知的差不多：各種風景名勝，各式各樣的古董，舉這兩個例子就足夠了。「古時候，有兩股泉水，一股是甜的，一股卻是苦的。苦的那股泉水現在乾涸了；那股甜水自一個違法的人喝過之後，也乾涸了」，也許這就像我們西方的「朋友」坦塔洛斯[285]喝過的泉水一樣。「石脂圖有許多雞蛋狀的石頭，上面有五種顏色的條紋。」我們見過這種石頭，孩子們喜歡玩的很多彈子都是用這種石頭做成的。但這五種顏色！中國人是否只能辨識五種顏色？即青色、硃紅色、黃色、黑色、白色。他們能否辨識其他顏色，如橙色和紫色？這些問題當然都是題外話。我們已經習慣說七種基本顏色，就是光譜中看到的顏色，雖然我們也不明白為什麼不是 20 種顏色。現在我們的老師告訴我們，其實只有 3 種顏色，即紅色、綠色和藍色。至少漢人在顏色上只認紅、黃、藍。

這個地區總是容易受到北方人的侵擾，所以防衛問題就突顯出來。元朝時期，一位著名的軍械士，即孫拱，曾在這裡住過。

有一年，他製作了 280 套盔甲送給皇上，也許他有一座工廠，裡面有幾個幫手，這實在是棉衣製作史上一件了不起的事。後來，他設計了一種新的款式，也許是受到巴利帕努的啟發，後者曾送給哈里發一頂帳篷供士兵宿營，但這種帳篷可以摺疊，便於搬運。孫威的兒子孫拱，就像拉美西斯二世一樣，設計出一種新的鎧甲，既可以當鎧甲穿，又可以

---

[285]　坦塔洛斯（Tantalus）是希臘神話中的一個人物。作為宙斯的兒子，他過於放肆，觸怒了諸神，所以在冥間受罰：他雖然站在水中，但卻口乾舌燥，每當他俯身去喝水時，水就會退去。

摺疊和搬運，這可能屬於十字軍東征時期極為常見的鎖子甲一類，現在蘇丹人仍然在使用這種鎧甲。至元十一年間，他製造了可以摺疊的盾，這讓世祖皇帝非常高興。皇帝用錢和絲綢獎勵了發明者。後來，這位發明人被任命為諸路工匠總管，於元貞九年又一次得到提拔。

孫拱的父親孫威也是著名的軍械師，他製作了一件由「蹄筋翎根」組成的「鎧甲」呈給皇上。進行試驗時，最強的弓射出的箭也沒有穿透這種「鎧甲」。皇帝非常高興，可是突然又大怒起來，因為在回答「汝等知所愛重否？」的問題時，那些將軍沒有提到孫威的發明。天子獎勵孫威「金符和一個新名字」。學習《聖經》的人會聯想到假玻璃寶石，或者特塞拉式的款待，以及在拔摩島書信中提到的新名字。

藝術或技術被認為是神的禮物，這種說法用於「北方的保護神」恆山是恰當的，因為在這裡出現了發明盔甲的天才。

方志中還有關於北嶽不再被用作拜祭之山以及重新恢復的可能性等記載。下面我們選取了明初馬文升這個疏來看當地人的典型感受：

皇帝過去常常祭拜 12 座山，其中包括五嶽。在秦漢隋唐時期，他們也祭拜四海的神，黃河的神以及揚子江的神。唐以後，黃河以北的山都丟掉了。宋代時候，他們無力收復，因此宋朝無法拜祭北嶽，所以他們在來自北嶽的石頭面前祭拜。明朝已經征服了這些地區，我們應該到北嶽來拜祭北嶽。我懇求陛下把這件事作為國家大事，命令官員從稅收中撥付一部分給渾源州，用以重建和修復北嶽諸廟，還要派大臣來為紀念碑撰寫碑文，以便後代明白陛下做了些什麼。從今往後，希望陛下能到北嶽封禪，以修正幾百年來的錯誤。

在結束對《渾源州志》的研究時，我們檢查了「書目」和嘉祥寫於乾隆癸未年三月的序言，以及他在「芝亭」所蓋的兩個印章。[286] 這個亭子

---

[286]　前言的其他作者是：第二篇：桂敬順，西元1763年。第三篇：和其衷，西元1764年。第四篇：張崇德。第五篇：趙開祺。第六篇：蔡永華。—— 原注

的名稱很高雅。因為「芝」是一種令人快樂的植物，可能是一種真菌，能使人長壽。序言中對於曲陽篡奪北嶽的榮譽感到有些不滿，但承認北嶽最終還是恢復了稱號。皇帝欽差的正式祭祀推動了新版州志的產生。至於其他事情，讓第一篇序言中的文字來描述吧：

五嶽為萬山之長，而北嶽之功最巨；大同為神京門戶，而北嶽又為大同之門戶。限絕中外，表率邊疆，如古大臣氣象，巖巖諤諤，以調和鎮靜為功，有令人望見無不生畏敬者。以故崇嶐巀嶪，岊崱巉巖，山之貌也；洞穴窈窕，林阜蓊鬱，山之文也。樓觀過乎雲霄，矗頭鎮於風雨，陰陽晝夜，鯨鼉逢鋗，山之粉飾而附麗也，而嶽俱無庸焉。

然嶽自虞舜在位，名即見乎書史……以舟車所萬不克至者，莫不思騁其轍跡，而停驂於嶽者卒罕。即學士大夫家，神遊夢幻之境，往往行諸翰墨，託為詩歌，而嶽紀篇章不少概見……信足以昭聖代之典章，還山靈之面目，非徒向所謂貌與文與，粉飾附麗者也。

大同府一位名叫嘉祥的官員為人們不願來這裡而感到悲哀。那些文人來這裡也沒有什麼收穫。看如今，北嶽的名聲居然吸引了一位來自遠方的熱心旅行者，他帶著欣賞的眼光仔細閱讀你的著作，打算當塵埃落定時，沿著你的足跡爬上山腰，想要在一個遠方民族的文獻中描寫這裡的景色、這裡的山峰、這裡的村鎮，以及人民的勤勞，所有這些可能會再次得到讚譽。

州民託福蔭遠，雨暘時若，歲屢降康。偶有凶災，亦禱輒靈應。戴白垂髫，歲時歌舞，不少間焉。邇來宣告文物，遠邁前代，是神之大有造於渾源，若獨厚焉者。

顯然，這座廟非參觀不可，因為它一定吸收了北嶽的神聖影響。值得注意的是，泰山的聖城在山南，恆山的聖城在山北。古史中明確說道，這條山脈的影響力覆蓋了太行和巫閭之間的所有地區，還有一位非凡的學者竟然說作為京師門戶的恆山還在保衛並支撐著國家，因此，它

的作用無與倫比。走近這座廟宇的時候，我們的皮膚微微有些發麻，但很遺憾，我認為它作為守護者的影響並沒有使我們受到很大的觸動。

在從入口牌坊下面經過的時候，我們開始意識到，那位老作者寫得要比他所了解的更好。在現代，這座廟宇對這座城市的恩賜也在增加，其方式則是他當時難以預料的。路上，車伕跟我略微談起過一些變化，現在這些變化都得到了確證。這個地方以前有祭拜者伴著薰香，在泥塑菩薩面前跪下來，或者不那麼迷信地面向距離平原上的八角形城市有十里遠的恆山頂峰，並不那麼虔誠地跪下。而現在，這裡卻聚著一群前來學習的孩子。他們不是簡單地吟誦古老的儒家經典及其註釋，而是開設了更新更廣的課程，教師們都很關注新學問。車把式曾告訴我們，鎮上有很多孩子，他們都在這廟裡上學，所以有些街道空無一人。父母和年輕人都看到了良好教育的價值。

我們仔細觀察了恆山廟的這個新起點，或者說地圖上的名字——北嶽行宮。它很和諧地位於這座城市小小南郊的南端，在郊區的邊上。它和城市之間排列著密密麻麻的房屋，可是朝著山峰那個方向，鄉村卻很開闊。因此對離開這座廟的祭拜者來說，沒有更多的東西可以吸引他們。在大門的上方是用大字書寫的古老稱號：

崇明廣德宮

最裡邊的建築物裡有一座石碑，上面豎寫著幾個大字：

北嶽恆山老君

前庭院內一個面向北嶽的牌樓上是一句禱文，說的顯然是恆山本身：

護國衛民

可是新精神的出現非常明顯，不僅表現在大量香客的消失，而且還有許多男孩到這裡來上學。在入口處牌樓的舊名稱下面，是一個新的公

告：「學校在此上課」。而且學習的需求似乎非常迫切，白天和晚上都安排有課程。此外，在同一座牌樓上還有天足會分會的一個布告，倡導破除迷信和陋習，反對抽菸喝酒。這幾乎不可能是為女孩子們規定的，因為這座廟裡沒有女校。又一想，我們覺得在男孩子的學校進行宣傳對於天足協會來說是很自然的。如果美國婦女為節制飲酒和舉止正派做了那麼多事情，那麼天足會為什麼不能透過公告和家庭內的個人勸告來這麼做呢？與此同時，庭院四周都是男孩子們的教室，使得它成為男孩子們一流的操場。

朝山香客離開北嶽恆山腳下的磁峽後，
路上遇到的第一座牌坊，上書「神功翊運」。蓋洛 攝

在這之前，車伕已經跟我們說了這件事。他說，民國建立以後，廟宇變成學校是非常普遍的事情。假如變化真如他所說的如此廣泛，那麼古老的希望就真的能夠實現，以後的幸福還是要靠這些地方來保證。學者們從不同的立場肯定了車伕的說法，他們也許會為經典的消失而感到遺憾，正如一位拉斐特學院的老畢業生所感到的遺憾一樣，然而，他們看到了在民間廣泛傳播知識的前景。我們看到其他一些廟宇也正在改成

學校。在華山，我們有幸住在一座廟裡，順便說一句，這是一個古老的習俗。這裡聖城中也有幾座廟宇保留著同樣的用途。以前只是向香客提供食宿，現在任何旅客都可以得到庇護。廟裡的一幅畫很有象徵意義：僧人躺在那裡奄奄一息，而他的棺材已經在門廊裡等著了。

我們參觀了一些廟宇。這裡曾一度有 200 座廟宇，州志的最新版本中提到了 60 座，這可能包括了城市和鄉村地區的全部廟宇。廟宇中最古老的似乎始於唐代，該廟坐落於北部一塊孤立的岩石上，是專門奉獻給音樂的。太和元年，有人在這個岩石上休息時聽到了動聽的旋律，旋律消失的時候，傳來了這樣一個聲音：

律呂，律呂，上天敕汝是月二十五日行硬雨。

然後聽到無形神仙離開的聲音。他回到家把這件事告訴了鄉親們，村裡人都去收莊稼。到預言的那一天，一切都已安全入庫。預言真的實現了，天氣突變，下起了傾盆大雨。「皇帝聽說了這件事，就下令建了這座廟。」這是音樂力量的一個有趣例證。音樂具有感化野蠻人的魅力，這是一個經過證明的事實。音樂還能引來老鼠和孩子，漢尼巴爾·哈姆林 [287] 有很好的理由來了解這一點。可是音樂能讓雲彩追隨自己，並透過下雨來表達感激，卻又是提供了一個新的證據。

「禮」卷中記載了一些古代在類似背景下使用的禮拜儀式。這是否為了表達對嶽神帶來充足雨水的感激呢？

入夏久旱，麥秋不登。軍有脫巾之虞，民懷納溝之懼。爰陳苦狀，告急於神。唯神至明，有禱必應。倒懸斯解，災沴潛消。吏民歡騰，感頌無已。敬陳薄奠，仰答神麻。願施無倦之仁，俾獲有年之慶。尚享。

---

[287]　漢尼巴爾·哈姆林 (Hannibal Hamlin，西元 1809 ～ 1891 年) 是西元 1861 ～ 1865 年間的美國副總統。他在副總統任期內，曾經主張解放黑奴和武裝黑人。這裡所說的「音樂還能引來老鼠和孩子」，可能就是指哈姆林所見到的黑人社群的情景。

這樣的禱詞對普通的農民是有益的，當然，還有源自明代的另一種記載，其表達方式更適於那些有權人。

唯神趙代雄鎮，畢昴萃精。風雲吐納，品彙文明。陰終陽始，道久成化。珪璧效瑞，蓬藟向榮。勢凌霄漢，採映松棚。標奇朔野，熙育蒼生。神蛇列陣，昌容擅名。北鎮邊塞，南衛帝京。振古禱應，咸有頌聲。我朝崇重，廟貌崢嶸。歲遣天使，時薦特牲。曲陽望秩，禮典視卿。楫謬司邊儲，久仰精英。今獲拜下，儼若登瀛。肅潔蘋藻，用供粢盛。神其不昧，鑑此寸誠。尚享。

下面的描述也不僅僅是一篇文學作品：

成化戊戌歲，自暮春抵中夏，旱魃為虐，累月不雨。赤地千里，草木憔悴，禾稼枯槁，民方以為憂。都憲李公奉璽書撫是邦，遇災而懼，憂形於色。乃率屬側身修德以自責曰：酷政虐下與？處事乖方與？律己不廉，有以致之與？冀迴天意，而尤叩山川靈祠能興雲致雨者。

久之，弗獲感應，闔境皇然無措。僉請於公曰：北嶽為朔方之鎮，素靈異，有求輒應如響。願公積誠以禱之，庶獲其報。遂以身先之，即日薰沐齋戒，居外寢，自為祀祠，遣官齎禮幣詣祠宇，至誠懇禱。須臾，甘澍隨布，三日乃止，四野沾足。枯者蘇而僕者起，室家胥慶。非唯喜有秋之野，而尤喜其可足邊餉之供。公之為民憂國之心為何如？僉曰：是功也，伊誰之功與？歸之於公。公不自以為功，歸之於神。神乃奉上帝命以福斯民，亦不自以為功。然非都憲公之德足以格天，曷克臻茲？而都憲公卒以功歸諸神。公諱敏，字公勉，河南襄城人。由名進士任監察御史，歷廉憲左右方伯，而升今職，在在有聲。大同守安陸周侯，正恐其事久無傳而淹沒……勒諸堅珉，以紀其勝。

我們已經被喬宇寫的一些隨筆吸引住了。粉紅色的桃花覆蓋了山的兩側，令他欣喜若狂。「從者云，是嶽神所保護，人樵尺寸必有殃，故環山之斤斧不敢至。」可是有些膽大的惡徒就是不懼災禍，因為喬宇當年所

描述的松樹今天已經所剩無幾了。他說，早先曾夢到過北嶽，來到這裡以後，發現它真的和夢到的一模一樣。當然，很難相信「那塊飛到曲陽的石頭留下的大洞依然存在」這樣的話。我們也不想驗證這個說法，因為我們沒有測量過安王石，所以無法檢驗它和這個洞的尺寸是否一致。另外，我們也不想調查有關上曲陽和下曲陽的爭論，下曲陽在元和年間，也就是西元 806 ～ 820 年間，曾受到祭祀。

城市東北不遠處是龍角山，人們在那裡建了一座廟，來紀念孟姜女。在殘暴的秦始皇修建長城時，這個女子為死去的丈夫哭得很厲害，以至於部分長城都倒塌了。

沿著這些時代變遷的標誌，我們沉思著走回到了住處。其他諸嶽並未顯現出人們信仰的衰退，可這裡的廟宇卻明顯地消失了，並且沒有人為此感到遺憾。在 16 世紀的北歐，許多閒置的古老修道院得到了很好的利用，劍橋的一個女修道院荒廢以後被改成了供青年人求學的學院。我們也在遼闊的中國目睹了這一過程，但我們不希望教育會驅走宗教虔敬。下面這段祈禱文的精神似乎還是正確的：

唯神宅幽、並之土，鍾昴、畢之精。擅一方而獨秀，與四嶽而齊名。論其基則盤紆磅礴，語其勢則博大雄渾；望其峰則崒嵂峥兀，玩其泉則膚沸翕浤。興雲出霧，凝露降霖。兆民由是而阜殖，庶類借之以化生。是誠宇宙之奇觀，華夷之巨鎮也。中國家正祀典，錫以崇稱，爰構正殿，旁列連楹。門垣飾以黝堊，棟宇雜以丹青。值歲時而祭享罔忒，遇災患而禱祀攸興。所以報神之德而祈神之休者，亦甚殷矣。何乃近歲以來，物產不育，民生不寧？是豈唯人之所痛，抑亦神之所矜？我唯神告，神其聽我：廣含宏之德，唯好生之仁；登年歲於大有，躋民物於咸亨。是豈唯人之有幸，抑亦神之有榮也！神其念哉，神其歆哉！尚享。

若想讀到皇帝獻給北嶽之神祈禱文的中文原文，請見「帝」卷第 54 頁。

第三章
獲得《恆山志》的那天晚上

運氣越來越好！我們不但擁有了渾源城兩部重要編年史中的一部，更重要的是，我們有一天晚上得到的快樂是無與倫比的。乾隆二十八年，也就是西元 1763 年，《恆山志》被重刻成木版，從那以後一直保存在州衙門（或許我們可以稱之為州法庭？）。顯然，從那以後，《恆山志》就再也沒有被重刻過。不過如果需要，這些雕版還可以拿出來再印刷書籍。另一方面，西元 1763 年的編者保存了早期的各種資料，包括寫於 200 年之前的一部長篇專題論文，還有更早一個版本的序言。它就像一本百科全書，100 年裡出了 10 個版本，每個版本都從前一個版本繼承一些有價值的特點。可是序言的數量最令人難以置信，書中居然有 8 篇不同的序言，其中兩篇是手稿真跡，一篇是用現代的白話文寫的，其餘都是用各種古文寫的。整個著作分為五個題目：乾、元、亨、利、貞。如果我們停下來了解一下這些資料，也許能窺探到中國人的精神。

這五個字是五經之首《易經》中開頭的五個字。首先要指出的是，《易經》作為五經之首，主要是一部關於占卜的著作。它的語言正如人們所料，是玄妙費解的，因此出現了探討這部作品本質的各種理論。《易經》整個系統的基礎就是一組 64 種不同的虛線和實線。

這五個字的順序在漢語中可能是最常見的，就像我們在地理中排列各大洲的順序一樣 —— 歐洲、亞洲、非洲、美洲、大洋洲。所以對一個中國兒童提起「乾」，他很可能會馬上接著說出「元、亨、利、貞」。因

此，這些山志的作者在整理材料時，知道自己必須把這些材料放進五卷書中，於是他便想到了用這五個字作為標題。

撇開這種隨意的分類，僅僅把這些材料作為參考，我們發現了下面這些資料——幾張「真形」圖，上面有對五嶽的註釋；用紅色印刷的清朝皇帝的詔書，尤其是康熙的親筆簽名；附有昴宿圖的《星志》。以上是乾卷。山脈的地形，有關（恆山）名稱和祭祀的記載，有關分封或授予爵位的記載，廟宇的名單、特產、動物、逸聞、溪流、各種來源的註釋、隱士和古蹟。所有這些雜錄組成了元卷。渾源州地方官員摘錄的道教經典組成了亨卷。祈禱文、紀念文、碑銘題字、廟宇的記錄、請願書、序言、一名香客的日記，這些都是利卷的內容。貞卷所收的全部都是詩歌，這一卷也是全書的最後一部分。

了解了這部彙編的真正特點之後，我們感到自己就像一個蘇格蘭人面對著羊雜碎布丁一樣兩眼放光。也許我們更像是號手傑克，躲到了一個最舒適的角落，一頁頁地翻書看，不時地拿出一個話梅塞進嘴裡。我們從浩瀚的書卷中選出了一些關於婦女的故事，還有一個老隱士的故事，以及一個大雜燴似的簡單附錄。

渾源的地方官員賀澍恩是《渾源續志》的作者，他用了大量篇幅（十卷）來記錄婦女，並寫了一篇精彩的序言：

夫松柏勁正，不爭桃李之芳。冰雪嚴凝，詎絢雲霞之採。在易，坤道成女，含章守貞，或激而為義烈，或發而為孝慈。闡揚幽隱，扶植綱維，守土弗亞。責將焉，迤第採訪，不厭其博，記列維求其實，志乘所以傳信也…續列八百七十八人……

他忠實地記錄了乾隆之後婦女的眾多德行，並在序言的最後表達了自己的願望：

庶得永光泉壤云爾。

323

姜氏，年二十一，撫棺號哭，晝夜不已。服除，母勸之嫁，氏曰：「未亡人忍死須臾者，不過為姜氏養老撫遺孤耳，遑問其他。」母意乃止。後家益貧，縫衣易粟，奉姑食子，自餐秕糠。姑病，脫裙布延醫，祝天，願以身代。教子勤篤。每涕曰：「吾為兒家婦，幾歷風霜，備嘗辛苦，兒當努力，勉為端人。」

她 52 歲時去世了，那是乾隆五年，為了紀念她，專門建起了一座牌坊。

先霖先生有三個女兒，最小的是趙小姐。她 15 歲就成了廣東程公的第二個妻子，或者說簉室。程到處做官，因此她不得不跟著他到各種陌生的地方去：

凡可以佐程公利民濟物者，脫簪珥典質不恤……匪徒……撲城者再。氏常以利刃自隨。比圍解，程公見刃，問曰：「若胡為者？」氏曰：「脫當日有變故，豈能從草澤間求活耶？」

後……賊匪數千人直搗……縣城。城陷賊入，公拔刀自刎，食顙破，流血被面。氏見程公諒無生理，痛哭大罵，以利刃剖腹……乃死……死時年二十八歲……旨著於山西原籍建坊入祠。

這種故事還有很多，大約有 564 個故事讚揚的是那些保護自己貞潔（也就是拒絕再婚）的婦女。我們開始分析剩下的 314 篇故事，想弄清楚賀澍恩到底最欣賞婦女的哪種品德，可是好像一切都歸結到對自己的丈夫如何念念不忘。找到哪種婦女對編年史作者有吸引力是非常有趣的一件事，更有趣的是發現哪種男人對她最有吸引力。若不是可以把塞維涅侯爵夫人[288]跟聖西門公爵[289]相提並論的話，我們又怎麼能說了解法國人的生活呢？

到了大清朝雍正二年的秋天，恆山下起了大雨，城裡的「水位突然

---

[288]　塞維涅侯爵夫人（Mme de Sévigné，西元 1626 ～ 1696 年）是法國著名女作家，生於勃艮第貴族世家。她寫給女兒的信札因其內容豐富和行文之美而成為不朽的文學作品。

[289]　聖西門公爵（Duc de Saint-Simon，西元 1675 ～ 1755 年）是法國最著名的散文家之一。

上升」，洪水有幾十尺深，人們利用繩索爬到高處逃命。有一個姓賀的寡婦和她婆婆住在城西，她的婆婆「雙目失明」。這個可憐的老太太沒辦法逃命，因此賀揹著她爬上了一堵矮牆。當洪水上漲時，賀安慰她的婆婆說：「毋恐，婦守姑，生死於此，必不相捨去也。」後來，洪水消退了，所有的房屋都被沖垮，唯獨賀家的房屋安然無恙。人們都說這是因為賀的獻身和忠貞。

恆山的 6 月，毛驢可不是張果老的那頭！

郭氏，或郭夫人，為死去的丈夫白知慟哭，「哀毀骨立」。她說自己不想再活下去了，可是想到年幼的兒子，她就感到了一絲安慰。家裡非常窮，她不得不「身親舂磨」，她的兒子則在旁邊跟著她學習古籍。兒子偷懶的時候，她就用鞭子打他，兒子哭了，她就扔下磨槓懇求他：「不過望兒為讀書人耳。」、「聞者，咸為酸鼻。」她很同情一位病重的老太太，給她送去食物和衣服。她的小姪子沒了母親，她就像對待自己親生骨肉一樣「乳之」。因此，這位母親年老的時候，她的兒子對她非常尊敬並精心地照料她。

　　現在婦女已經有了足以感到驕傲的地位。我們翻閱書卷，發現其中提到了五位隱士。我們略去了其中的四位，他們所占的篇幅不到描述一位普通婦女所占篇幅的 10 倍。但果老卻是一個民族英雄，就像羅賓漢一樣出名，所以我們選了幾個與他有關的故事。這些故事不一定是編者親自調查的結果，實際上，其中一個故事的日期好像是在 13 個世紀之前。

　　「果老」是張果的綽號。「他住在恆山蒲吾縣晦鄉。他得到了長生不老的祕訣。」於是，果老騎著一頭日行千里的驢子到處旅行，他休息的時候，就像摺紙一樣把驢子折起來放在帽盒裡；想騎的時候，就把紙驢子展開，用嘴往上面噴一口水，那個紙驢就又變成了一頭真驢。因為「北嶽之神主四足負荷之事」，所以有關這頭著名驢子的這段聞名遐邇的故事發生在這個地方似乎非常合適。

　　果老經常被邀請進宮。一次，當武則天女皇請他去的時候，他卻寧願死去，當然是暫時的。當時正是大暑，因此「他的身體生出了蠕蟲，散發出臭氣」。女皇不得不放過了他。幾年以後，他在恆山復活了，可是當另一位皇帝的欽差大臣又來請他時，他立刻「嚥氣」了。那位大臣「焚香宣天子」，也就是說，他燒了香並把這件事報告了天子。根據以往的經驗，燒香是一種很好的衛生預防措施。第三次是兩位大臣前來邀請，他們還帶著皇帝的親筆信，上面加蓋了玉璽。果老接受了邀請，坐在一頂轎子裡接見了王公大臣。他沒有回答皇帝的問題，什麼也不吃，只是屏息以待。可是酒觸動了他，他說自己只能喝兩大杯酒，他的一個徒弟可以喝十大杯。在皇帝的要求下，他的徒弟也被叫來了。這徒弟從天而降，突然來到了他們中間，看上去大約 16 歲，是個面目清秀的男孩。皇帝看到他一口氣喝下了一大壺酒很高興。當這個徒弟一口氣喝了大約十大杯以後，果老說：「不可更賜，過度必有所失。」這些話只是讓龍顏上出現了一絲笑容，明皇（對玄宗皇帝的通俗稱呼）催促他再喝一些。突

然，酒從那個徒弟的頭頂冒了出來，流到了地板上，與此同時，那個男孩變成了一個金榼。皇帝和他的後妃們見到道士的徒弟消失了，只有一個金榼站在他們面前，都感到非常震驚和疑惑。經過檢查，發現這個酒樽來自集賢院（就是皇帝接見果老的地方），正好能盛十大杯酒。

北嶽恆山土地神的守護者。蓋洛 攝

經歷了許多其他奇遇後，皇帝帶著果老去打獵。在咸陽附近，皇帝捉到了一隻鹿，命令廚師烹之。果老說：「此仙鹿也，已滿千歲。漢武帝元狩五年，臣曾侍從，畋於上林，獲此鹿，乃放之。」玄宗不相信他的話，認為這麼長的時間裡，牠一定會被別的獵人捉住。可是果老在鹿的左角後面找到了一個約有兩寸寬的銅牌，上面顯然有保護牠的符咒，除了皇帝以外沒人能傷害牠。

玄宗對這個故事與武帝有關表示懷疑，就詢問那次打獵的日期，果老馬上告訴他是 853 年以前，叫來天文官一算，這個日期是正確的。最後，這位隱士以年老多病為理由請求引退，皇帝給了他 300 匹絲綢，派

人把他送回了恆山。後來，皇帝又派人去請他，可是果老厭倦了宮廷生活。他死了，被徒弟們埋葬了，後來他的屍體消失了。為了紀念他，皇帝修建了棲霞觀。

上述的一切都發生在唐代。1,000 年以後，在清朝，「無憂無慮的」李御在科舉考試落第以後，「冒風雪」從千里之外趕到了恆山。他以三件事而著稱：飲酒、賭博和幽默。他寫了三本書，其中一本是《張果驢跡辯》。因此，果老在數百年裡始終沒有被人忘記，現在的文章裡還提到他的名字。李御的另兩本書的名字很有品味，一本是《三十三松記》，另一本是《燒雪夜鈔》。他肯定有獨特的個性，因為他把自己在寺院裡的房間命名為寶葉，飲酒的時候唱悲慘的歌，害得聽到這首歌的人痛哭流涕，「思母」並回家了。

朱萬寶（Chu Wan Pao）有一段解答有關恆山疑惑的文字。說來也怪，他表達了自己對於部分細節的懷疑，例如對果老的驢子。「這是我的職責，既然我在大同府任職，就應該揭示這座山的真相。」那麼就讓我們從不朽的虛幻中轉開，看看下面的內容吧。

皇帝一次又一次地拜祭，不是在遙遠的地方，而是派一名侍衛官代表皇帝宣讀禱詞：

> 神聖的北方之神，
> 統治著北方，
> 和昴星相配，
> 統治著漢朝的領土。
> 在上帝的授命
> 和你的保佑下，
> 我成了皇帝。
> 特派侍衛官前來獻祭。
> 如果你接受它，

我將感到非常榮幸。

操練士兵的一種陣式叫作恆山長蛇陣，有兩個頭和一個身體。如果一個頭受到攻擊，另一個頭就會相救；如果中間受到攻擊，兩個頭就會相救。按照當地官員的引證，軍事家孫子就是這麼說的。孫子在他的《孫子兵法》中提到了率然，一種行動非常突然而又迅速的蛇。北嶽早就被認為是守護神，因此在那裡發現的蛇也受到尊崇。

恆山的名字直到漢文帝（西元前 179～西元前 157 年）即位時才發生了改變。改變的原因是為了避諱文帝的名字，因為他的名字叫劉恆。宋代真宗皇帝（西元 998～1022 年）在位時，這種事情再次發生。

北嶽恆山的其他名稱也許應該受到關注，《舜典》中稱北嶽，《禹貢》中叫恆山，《周禮》則稱鎮山。唐代元和年間（西元 806～820 年），恆山的名字變成了鎮嶽，《水經注》中又改稱元嶽。4 世紀的時候，它也被稱為陰嶽以及茂丘。根據唐代歷史，西元 820 年恆山被正式命名為鎮嶽，第一座北嶽廟便建在了曲陽。

最後，我們讀到了序言。最早的序言是王浚初撰寫的，他使用的是四六句，每句交替使用六個字和四個字。這種精緻的詩歌（或是散文？）形式我們無法複製，可是我們能夠簡要介紹一下開頭幾段的要點：

蓋聞天闢洪蒙之宇，五嶽並奠坤輿。人傳渾噩之書，千載猶推晉乘。唯冀州與青、雍、荊、豫，同據上游；故恆山偕岱、華、衡、嵩，咸稱重鎮。十有一月之望秩，肇自有虞。

就像我們先前指出的那樣，中國人在幾百年間統治著這座山所在的領土，但是在後晉時期（西元 936～947 年），這塊領土落入了韃靼人手中，宋朝時又被蒙古人奪取。從此便有了飛石的故事。我們並沒有對《恆山志》失去信任：

明禋久闕於冬巡……乃以登高作賦之大夫，謀及窮愁著書之寒士，猥承授簡，勉事操觚。《地誌》、《水經》，頗肆蒐羅之力；山臞野老，不辭諮訪之勞。思倍苦於含毫，技實窮於刻楮。僅同寒日，幸及殺青，削薰非慚，災梨是懼。……倘有如椽之筆，弁以珠璣；詎唯敝帚之藏，榮於華袞；山靈其永有耀哉！

我們嘆息著放下了這部地方志，躺下睡覺了。我們覺得吃下去的那些非常難以消化，作品會給我們帶來一個可怕的夢魘。明天我們就要登山，並親自去探索。

第四章
攀越神溪

終於到了 6 月，這一天既沒有塵土也沒有雲彩阻擋視線，看起來是個仔細觀察恆山的好機會。旅店老闆也向我們保證這是一個吉日。無論這對於一個絲毫不懂風水的西方人來說多麼微不足道，可是對陪同人員來說，這意味著沒有什麼凶兆。想像一下，如果請一個水手在 13 日星期五那一天出航，你就能體會到這一點，除非有緊急情況或事故，他很難聽從你的安排。因此，我們的旅行隊有了一個好風水。

這肯定是對一頭騾子而言的，因為牠在這次遠征中是個中心人物。我們發現需要把鞍子卸掉，因為發現了騾子身上有 7 處傷口。趕騾人對此沒有異議，交涉是必要的。如果有 5 個傷口，對這次旅行來說是個吉利的數目，但是 7 卻是一個不祥的數字，至少對騾子和騎騾人是這樣的。因此，我們要了一頭新騾子，裝上了新鞍子。

我們後來喜歡讀楊述程的日記，山西的總督前來巡視的時候，他是本地的官員。楊不得不陪同省裡的長官走遍整個地區，令他感到高興的是，總督想去爬山，這樣楊就有了期待已久的機會。總督不慌不忙地上了馬，「我牽著他的馬」。楊隨時準備交談、提供資訊和接受命令。那本日記可以當作一流的旅遊指南。

由於我們沒有總督的官銜，所以不能命令當地官員來牽騾子的韁繩。不過我們總算有一支頗具規模的旅行隊，相當符合這個邊疆地區的特點。一支由士兵組成的衛隊使探險隊具有了一些軍方和官方的性質，

民間生活的一面則是由一位偵探來代表的。他是否要審視每個乞丐並確定他們的真實身分，我們從來也沒有弄清過。與泰山形成巨大反差的是，我們在攀登恆山的過程中沒有遇到一個乞丐。只有現在我們才想到，也許他們知道自己最好不要讓一個偵探看見。

北嶽恆山腳下的第二座牌坊，代表著進香道路的起點，
牌坊上的四個字是「屏藩燕晉」。
《圖書整合》的恆山那一部分中曾經提到過這座牌坊：
「山門距離廟有十里遠，靠近磁峽東側的入口。」

因為裝備這隊人馬耽誤了時間，太陽已經升起來了。我們從永生客棧出發去趕那十里平路，時間是 5 點 40 分。這條道路真是再普通不過了，沒有一位開明的總督曾命令在這裡修建大道。路上沒有牌樓、牌坊、六邊形的大門或者任何類型的紀念物。走了八里路以後 —— 這裡既沒有里程碑，也沒有路標，我們到了一個通往唐泥村的轉彎處，楊的日記裡把這個村莊定為磁窯口。楊先生心裡感到了溫暖，因為有幾個特點讓他想起了遠在四川的故鄉：陡崖旁邊就是深谷，水流奔騰而出，像瀑布一樣越過了幾個小障礙。這條溪流曾經沖毀過這條道路，一位捐助人

修好了路，附近的居民非常感激，就立了一塊碑。我們希望在這裡能找到一些歷史資料。

前往神聖的北嶽進香道路入口處的神殿和牌坊。蓋洛 攝

水淋淋的騾子現在轉向西北方向，進入了一系列西利西亞門（Cilicia Gate）中的第一個。這些峽谷都是因季節性洪水而形成的。在這個季節，基本上沒有洪水，可是道路上的情況卻說明了洪水曾經多麼猛烈。第二個峽谷裡也有一塊紀念道路修建者的石碑，他來自大陶莊，可是敵對村莊的一些惡棍對此很嫉妒，把碑上的名字鑿掉了，這種破壞行為將會阻止以後的每個捐助人做善事。這條路的最好路段看上去一點也不繁華，這裡的進香業將很難復甦。

我們來到一個小小的開闊地帶，停下來觀察山脈。大山投下的灰色十分醒目，我們驚奇地意識到自己已經開始進入神溪。這個名稱可能是因為它發源於聖山，但這個名字也反映了人的樂觀本性和宗教精神。接著，我們來到了名叫水車谷的第三個峽谷。人們總是了解水利的價值，我們饒有興趣地觀看了動力間，觀看旋轉的輪子。我們猜想不可能見到

電力裝置，哪怕是阿拉巴馬州黑人用來驅動棉紡機的那種小裝置也不可能有。不過我們真的相信這裡可能有一套磨面的石器。可是，這個名字好像只剩下水車了；假如說是洪水把它沖走了，那也沒有人有足夠的膽識來修復它。

峽谷在一個地方變寬了，我們看到岩石峭壁一側有一些格子狀的東西以及一個弧形的屋頂。我們想當然地認為那是磨房裝置的一部分，但發現那是懸空寺以後，我們都非常吃驚。第二天，我們在元卷中發現了一些與這座寺有關的東西。

懸空寺，在磁峽上，為北嶽門戶，相去尚十五里。壁岸無階，岑樓自得。希見晞景，攢虛藉暉。中有如來彌勒趺龕，騎牛負劍仙人之居。楹角斗湊，妙絕根尋。時牽制欄檻，翹仰南崖，如江海巨泛，因風欲掀。又如萬戟攢倚，審顧擲向之勢。忽聆空誦，煙霧咿唔，風擾谷虛成籟也。飛鳥默度，攀猱廢緣。

上述引文也解釋了我們另一個有關磁峽的疑惑。雖然它並沒有暗示這個名稱的來歷，而且我們的手錶走時依然非常準確，磁崖好像並沒有產生任何影響。這條溝是魏朝道武帝命令開鑿的。天興元年（西元397年），他在這個地區打仗，返回京師的途中要駐紮在恆山，所以決定開鑿一條從鐵門到首都的道路，為此他動用了一萬人。也許是後者誤解了他的命令，結果開鑿了一條隧道或道地。參與挖掘的士兵們出現了一些不滿情緒絲毫不令人感到驚奇，「幾年以後，恆山發生了一次地震，道武帝也被刺殺了」。

據一本古代地方志記載：

前魏道武皇帝天興元年克燕，將自中山北歸平城，發卒萬人鑿恆嶺，通直道五百餘里，硤之始基也。

懸空寺

　　峽谷的兩側是陡峭的岩石，谷底則是深不可測的泥沙。很容易想像春汛的時候神溪會是什麼樣子，那時，旅行隊能做的事情也很清楚，就是只能待在家裡。可這只是現代人的懶惰，因為在峽谷最窄的地方我們的注意力被峭壁上的一些方形洞穴吸引住了。我們的結論是，這些洞穴中曾經插有木頭，上面建起過一座高架橋，洪水在橋下無奈地泛著白沫。這種裝置在瑞士很常見，塔斯馬尼亞朗塞斯頓的一個著名峽谷中的設施表明，這種構思在很多地方都出現過。我們的前輩楊先生曾經親眼看到過這座橋：「川之東，鑿石累途，草橋木磴，又大類吾鄉連雲諸棧。上有石窟架閣，蠹剝欲盡。」他指的正是棧橋坍塌的地方，那時候，如果一個地方出了問題，並沒有人去定期維修。一萬名士兵也許可以完成這項工作，或許對他們來說，修橋比軍事操練要好。但地方官更多的情況下是把撥款據為己有，並收買督察員，向上報告說這裡一切都好。從楊先生的年代以後，那條高架路就徹底消失了。誰會在意朝山香客的減少呢？應該建立一個恆山改良委員會來修復道路，並大舉宣傳：如果不到

北嶽，朝山香客的功德是不圓滿的。設在磁口的十字轉門就足以償還一座橋的貸款利息，並能為償債基金注入資金。這裡需要有一個小小的美國公司。

攀登北嶽恆山途中的觀音廟院落一角

換個角度看，這個如此險要的關口也可以被充分利用，使它成為重要的策略邊境。「據說在宋朝，軍隊駐紮在三個這樣的地方，以保衛國家。」這種山地有利於軍事部署。外長城在北面，內長城在南面，這些預示著戰爭中的各種好運。我們已經注意到，宋朝熙寧八年（西元 1075年），契丹派來一名使者，聲稱恆山一帶應該是他們的領土。雖然許多愛國者對此感到憤怒，但是這項要求還是被滿足了。邊境後撤了 200 里。雖然這令人感到非常恥辱，但是新邊境上的策略防禦能力也許更強了，因為我們了解到楊業將軍安排軍隊駐守三個大門（很可能是三個關口），在半個多世紀的時間裡，北方外族始終沒能入侵。

北嶽朝山進香的途中。
千百萬信徒曾經沿著這條狹窄的壁架尋求平安，
這條路現在幾乎被廢棄了。蓋洛 攝

　　穿過那個狹窄的關口，我們進入了耕種地區，在那裡可以看到遠處
像綠色金字塔似的另一座山峰。這裡有兩座神殿，東邊的火神廟是一間
簡陋的小屋；西邊供奉的是被神化的武士關羽。一開始僅有一塊質樸的
石碑，後來有了小小的廟宇。

　　穿過二里寬的耕種帶，在「磁水東壁，有坊聳峻，金碧輝煌，題曰：
高山仰止」。這似乎是絕妙的建議，雖然多少會讓人想起在擁擠的路口看
到的警告。我們不但停下來親眼看了看，而且還用照相機為這美麗的風
景區留下永久的紀念。這是通往進香道路的正門，名為嶽遠門。到目前
為止，我們一直走在世俗的道路上，與普通的遊客擦肩而過。

　　很奇怪，聖路的吸引力好像更小一些，而且更多地被用於工業用途。真的，恆山上的玫瑰正在綻放，令我們讚嘆不已。我們隨後看到了一種生長在恆山上的香草「神護」，「置之門上，每夜叱人」。我們並沒有看到這種植物狗，可是在元卷第 14 頁有上面的描述。三四里之後，道路突然拐彎，並且變得很陡，為觀察山脊、斜坡、懸崖、峽谷提供了非常好的視野。這條山脈蘊藏著豐富的煤，因此我們很快就碰到了馱畜，滿載著沉重的「送暖材料」。這些礦山已經開採了數百年，楊先生的日記裡也提到了這些礦山。香客和煤炭工人摻雜在一起，令人感覺十分奇怪。喬治·史蒂文生[290]不就是在買羅那個著名的朝聖區裡見識了礦山和鐵路，並發明了他的蒸汽機車嗎？難道聖庫斯伯特的偉大遺產不是跟煤礦工人緊密連繫在一起，而且達勒姆教區的稅收成為英國主教們後盾的嗎？坎特伯雷的南部中心不是已經意識到煤炭將改變其周邊地區嗎？

　　道路變得更加崎嶇、陡峭和狹窄了，到了七里以外的老君廟，我們才想起，這裡是有錢的香客沐浴和換乘轎子的地方。一座建於明代的廟宇讓我們意識到距離山頂還有十里路。人所能到達的每一塊土地都被開墾了，不能耕作的土地就用成群的綿羊把草變成羊毛和羊肉。這是相對於往昔所發生的一種變化，因為即使在如今被留給綿羊這種腳步穩健動物的荒蕪陡坡上，仍然可以看到昔日香客頻至的神龕，或是隱士們住過的石室。用於建塔和寺廟的石頭地基隨處可見。「風亭露臺」。可是現在誰會到這裡來呢？書中共列出了 26 個景點，可是誰會參觀它們呢？在主寺廟裡只有四個艱難度日的僧人，他們一方面作為僧人給別人提供精神服務並收取費用，一方面為遊客提供食品、飲料以及所需的材料，還為廟裡的博物館和廟外的風景充當導遊。我們發現坐在牆腳會覺得山風刺骨，所以身上還得披上毯子。

[290]　喬治·史蒂文生（George Stephenson，西元 1781 ～ 1848 年）是英國鐵路機車的主要發明者。

廟裡有一口非常有用的水井，它的水源是由一個自然而且自動的神明在管理。如果沒有香客，井水就會乾涸；如果香客少，那水也會少；如果有許多香客，水就足夠所有人用。我們沒有付錢給僧人來探究其中的機制，但覺得事情是否應該這樣來說：如果沒有水，就沒有香客；如果有少量水，就有少量的香客；如果有充足的水，就會有很多的香客。

對於這條路還能多說些什麼呢？它最多只能算是一條供騾子走的路，一條上山的馬道，在危險的地段進行了某些維護，但這到底是馱煤騾子的主人們還是僧人們乾的，沒有石碑對此進行說明。經過果老拴驢的地方時，我們並沒有停下來看驢子是否被摺疊起來放進帽子裡。

我們的書面導遊楊先生非常喜歡這裡的鳥鳴聲，泉水潺潺，紅雲映照著松樹，這一刻，他想在這裡做一名隱士，尤其是當他聽說懸崖腳下的彩石可以解決隱士大部分的進食問題之後。著名的五色石就出產在這裡的一個山洞，這種石頭被用來煉製長生不老的丹藥。可是，做這一行的徒弟越來越少了，因此這些石頭資源也被廢掉了。我們甚至沒有進洞去看一看，陽光下似乎更適合吃午飯。

百步之外是貞元殿，是恆山上所有廟宇中等級最高的。這座廟宇面朝南方，因此向左邊望去，可以看到五臺山，當地的一些愛國者曾在那裡向鎮嶽跪下宣誓。一側的山坡上是灰色的松樹。在懸崖的那一邊上有一些石碑，記載了自堯舜以來到過這裡的皇帝。這裡只有字數很少的幾種碑文，不像有些山嶽那樣所記載的詳細細節。下面這兩段許願碑文也許足以說明問題。

乾隆三十七年，乾隆皇帝為恆山銘刻了如下的許願碑文：

唯神靈標朔土，位鎮燕都。畢昴應乎星躔，河海為其襟帶。奇花異草，紛披巖岫之間；石窟雲堂，合沓煙霞之內。茲以慈闈萬壽，懋舉鴻儀，敬晉徽稱，神人慶恰。仰靈只於恆嶽，殷薦唯虔；湧秀色於微垣，

群峰咸拱。爰將祀事，用迓神厘。

乾隆四十一年六月，乾隆皇帝又給北嶽寫下了這樣的禱詞：

唯神翼翊黃圖，環維紫極。儀天比峻，星辰符畢昴之精；拔地稱雄，疆域亙幽燕之界。朔野之雄封永峙，坤輿之厚載彌崇。茲以兩金川小醜削平，大功底定。戢干戈於遐徼，神貺斯彰；頌牲璧於大庭，靈承有自。敬展欽柴之典，虔申昭告之文。薦此馨香，伏唯歆鑑。

嘉靖三十五年九月的最後一天，大同的地方官員宋茝在四個人的陪同下來到了渾源。事情發生在西元 1556 年。皇帝想要一些靈芝（我以前介紹過的一種吉祥菌類），可是在曲陽的恆山沒有找到。然後皇帝命令這些人到渾源的恆山去找，為了紀念舜，那裡的恆山被封為神。這五個人都是山西人。

以九月晦日登岳廟，齋宿厥明。十月朔旦，具牲醴祭告，令防守官兵，沿山谷遍索之，果得真芝十二本，狀如雲錦。……隨上之兩院。兩院上之朝廷，詔禮部收用。是後，歲歲取芝，茝任其事。然不若初求之難，亦不若初芝之異。……

人們普遍相信，食用靈芝可以延年益壽。

十年後，宋茝調到了太原府，他途經渾源州，「再登此山，追唯往昔，倏爾十年……敬書此……刻之山石，以識歲月云。」

那是很有趣的。找到了靈芝並送給皇帝，宋茝當然要升官，他也的確升了官，從大同調到了太原府。我們很想複製一份他第一次來北嶽時的禱詞，還想知道第二次他是否祈禱了。

離該廟兩三里處，在西北方向靠近虎風口的地方，有一扇紅門，從那裡可以進入會仙府。我們並沒有事先打招呼，也沒有進行預約，結果那裡什麼也看不到，只有色彩斑駁的石頭。接著是一間石屋，即天巧洞。這間屋子還有一個令人傷心的故事。在一次叛亂的時候，許多人逃

到這裡，藏在裡面隱蔽的地方，把狹窄的通道都堵住了，他們確實很成功。士兵們搜查了外洞，他們不像我們一定要帶個偵探，所以沒有發現藏在裡面的人。過了很久，又有人對這裡進行了一次善意的搜查，石頭被搬開，露出了通道。這條通道一直通往一個空山洞，再往前是一個無人能夠攀登的懸崖。沒有留下任何資訊來解釋這一切，能夠推測的就是祕門被堵上了，或者牆上的灰漿變硬了，因此這些難民無法出來。等待他們的只有慢慢餓死或者跳崖，他們一定像馬薩達[291]最後的守衛者或者瓦勒度教派[292]的有些人一樣，跳下了懸崖。

山頂留給了自然，尤其是母牛。一名遊客這樣記錄下了他的印象。

禮畢稱觴，直指公對坐嗒然，忘此身之在塵世也。已而，夕陽落照，霞採盈山，將乘興為懸空寺遊。返渡神水，衝騎暖泉，聽西壁峭陡，樓殿架疊，燦如來寶像，真所謂空中樓閣。鳥道一系，攀而上磧，奇絕亦險絕。沙彌三四，清磬捻香，供茗作禮，酷似羲皇山人。余亦恍遊羲皇世矣。月影半明，更漏三滴，甫抵州署。

我們發現時間就這樣逝去，和尚們已經不再高貴。我們對於見到昔日輝煌的殘留景象

[291]　馬薩達（Masada）是以色列東南部的一個古堡。西元70年，猶太人在此抵抗古羅馬軍隊，曾堅守了兩年之久，最後全軍覆沒以後才失陷。
[292]　瓦勒度教派（Waldenses）是12世紀起源於法國的一個宗教流派。由於被羅馬教廷視為異教，瓦勒度派的教徒們受到了殘酷的迫害和殺戮。

第五章
從永生旅店到黑門

　　夢想也許是奇妙的，可是對夢的解釋更有價值。法老和尼布甲尼撒也是這麼想的，這裡所有的香客在沉思自己的經歷時也是這麼想的。我們抄近路下山，回到塵土飛揚的平原，經過由神溪沖刷出的峽谷，穿過單調的平地回到渾源。付錢打發走偵探、騾子和趕騾人以後，我們馬上就開始記下我們見到的一切。中國客棧的裡裡外外不很適於人們進行思考。瑞典人汪林先生回到了他的總部，馬上邀請我們搬到他的黑門，住進他福音堂裡的貴賓房這樣一個乾淨的基督教環境裡。從很多方面來講，不論是從身體上還是精神上，從永生旅店搬到黑門後的這種變化簡直就像是從地球到天上那麼大。

　　不僅這些方面的氣氛不同，而且我們進入了一個全新的情緒氛圍。20 年來，這裡已經成為基督教的一個前哨，其結果雖然還有待於驗證，但這已不是孤立的個別現象，而是一個具有獨自信仰和經驗的社群。在這裡可以遇到出生在恆山旁的男男女女，他們年復一年地看著成群結隊的香客，看著這些香客慢慢減少。而他們自己也在遠處祈禱，在山洞裡外嬉戲，在節日期間到寺廟郊遊，白天趕著馱煤的驢子辛勤工作，也曾在戰亂時期躲避過強盜，還幫助拆除過神像並把寺廟改造成學校。不僅如此，他們還見到外國人堅定而耐心地生活在他們中間，經常被誤解，卻誓死忠於自己的信仰。他們曾經從自己的官員那裡聽說過這些外國男人、女人和孩子的死曾給他們帶來過什麼樣的好處。「如果你們能給我們

雨水，我們就不殺你們」，村民們對在北平城附近抓住的兩名外國人說。「只有上帝可以下雨，我們不能」，傳教士這樣回答；然後他們就被當場殺死了。「麻煩首先是由極度乾旱引起的。在渾源，不斷有求雨的祈禱和遊行，有傳言說外國人用黃紙做的掃帚驅散了這裡的雲彩。」北嶽在很久以前就被認為是主江海之山，想起這一點，也許就更容易理解這種情況的意義。

村民們把白人看作是道士，擁有驅散或招致雨雲的魔法。地方官員也同樣會把這些外國人和豐收需要的雨水連繫起來，但是他們的想法與村民有些不同。恆山山脈的另一端坐落著保定府，直隸省名義上的首府。那裡有三個不同的傳教士團體，醫生、教師和牧師。除了一個蘇格蘭人和一個英國婦女以外，其他全都是美國人，其中一個人已經在中國待了 27 年，而另外兩個剛到中國。建造鐵路的工程師們聚集在一起，且戰且退，逃到了海邊。傳教士聚集在一起，相信自己在群眾中的口碑，尤其對自己在官僚階層中所做的工作充滿信心。可是危機變得嚴重時，法官、督統和軍官們都拒絕為他們提供保護。傳教士團的駐地被攻破，傳教士被活埋或砍頭。就在第二天，當地的最高長官很高興地看到大雨傾盆，他起草了一份檔案，敘述他如何把這些外國人當作了祭品，而且馬上被上天所接受，他的祈禱得到了回報。他到處散發這個傳單，並建議天津的同事們也這麼做，以便能有一個好收成。

這種想法多麼奇妙，人們獲得真理的邏輯有時候會有多麼奇特！罪孽只有流血才能贖清，血越寶貴，獻祭的效力就越大 —— 這就是他的思路。至少他不能否認，他自己的等級要比被殺死的那 15 個人還要更高，那麼，在他和兩個罪惡的同僚被斬首的時候，他們也是在為自己贖罪，也許還為老百姓贖罪。但是這樣用人做祭品的做法真的非常少見，一般都是用牛來進行祭祀的。

每年的同一個月分，恆山這裡都會有宰牛獻祭的場面。挑選的牛要好，沒有雜色；允許有白色，但這些白毛要沒有捲曲；如果沒有雜色，紅色的牛也是可以的；但是深黑色的牛顯然最適合北嶽這座黑色的山峰。皇帝派人送來一個特製的碗，夜裡最黑暗的時候，牛被牽出來，用刀殺死。部分血盛在那個碗裡，莊嚴地獻給山神，剩下的血流進土裡。那把因為沾了牛血而變得神聖的刀子被獻祭者裝在木箱裡，在黑暗中祕密地埋在廟區。獻祭的效力持續全年，每一份禱詞都根據這樣的血祭而寫成。

現在來談談這種儀式近年來是如何進行的。這碗過去是皇帝送來的，僧人有時候受委託來代表皇帝，但是現在沒有皇帝了，民國成立以後，再也沒有給恆山獻過牛，也再沒有進行過血祭的儀式。好多年來，那些古老的禱詞似乎沒有發生過效力。這件事很重要，這也是香客人數銳減的原因之一。與此同時，獻祭贖罪、聖血免災、需要祭品保持純潔等等古老的想法，很容易被用在新的地方。越來越多的人選擇了新的方向，人們正在恭敬地傾聽著新的宗教教義，許多人開始信奉新的宗教。

有兩股力量正忙著破除恆山的迷信，那就是聖城裡的學校和南郊的基督教傳教使團。我們應邀對這兩者都進行了調查。在這個過程中，我們接受了地方長官的邀請，答應在最大的學校禮堂進行一次演講，可是因為全部學生都要參加，人們都想聽得更清楚，所以我們改變計畫，把演講設在一個改造過的閱兵臺上舉行。聽眾們都很聰明，並且很有欣賞力。

與那些集合在講壇周圍的著名士紳道別以後，我們動身前往黑門，看到那裡的小教堂裡擠滿了熱切而聰明的聽眾，決心要獲得那位最偉大的亞洲裔教師（西方文明普遍承認耶穌是一切時代中最偉大的教師）所說的通往神祕世界的一條線索。我們發現下面這首短詩的描述是非常真切的：

> 雖然廟裡還有很多神像，
> 但古代的信仰已經消失，
> 僧人們都站立在祭壇旁，
> 其目的只為了一片麵包。

我們相信陳舊的偶像將會被學校所取代，黑門的傳教使團將會壓倒對於黑色山峰的崇拜。基督教教會將成為新的恆山，因為人們對永生的渴望是永恆不變的。

後記

　　現在，在本書行將結束之時，我想要引用景日昣的話，即他在袖煙堂裡寫下的一段文字作為結語。他寫這段話的日期為康熙五十五年五月五日。

　　如是者五閱歲，戛然成帙……夫一瞬之力，疏漏殊多……劄綴已久，不忍刪棄，收拾成幞，用備束芻……行望首丘於嵩，不過閒人之隨筆，以志徵客之永懷耳。

參考文獻

- Bridgman, E. C. "Introduction." *The Chinese Repository*. Vol. 1, No. 1, 1832.

- *Fortune, Robert.* Three Years' Wanderings in the Northern Provinces of China.*London: John Murray, 1847.*

- Geil, William Edgar. *A Yankee on the Yangtze*. New York: A. C. Armstrong and Son, 1904.

- Geil, William Edgar. *A Yankee in Pigmy Land*. London: Hodder and Stoughton, 1905.

- Geil, William Edgar. *The Great Wall of China*. New York: Sturgis & Walton, 1909.

- Geil, William Edgar. *Eighteen Capitals of China*. Philadelphia and London: J. B. Lippincott, 1911.

- Geil, William Edgar. *The Sacred 5 of China*. London: John Murray, 1926.

- Monkhouse, F. J. *A Dictionary of Geography*. Chicago: Aldine, 1965.

- Perny, Paul. *Proverbes Chinois*. Paris: Firmin Didot frères, fils et cie, 1869.

- Scarborough, W. *A Collection of Chinese Proverbs*. Rev. and enl. by C. Wilfrid Allan. Shanghai: Presbyterian Mission Press, 1926.

- Williams, S Wells. *The Middle Kingdom*. Vol. 1.2vols. New York: Paragon, 1966. Reprint of the 1895 rev. ed.

- Wilson, Philip Whitwell. *An Explorer of Changing Horizons: William Edgar Geil*. New York: George H. Doran, 1927.
- 沈德潛：《評選古詩源》卷一，會文堂書局。

遺失在西方的中國史·蓋洛作品：
中國五嶽 1924，神奇的五色聖山

作　　者：[美] 威廉·埃德加·蓋洛（William Edgar Geil）

審　　譯：沈弘

翻　　譯：彭萍，馬士奎，沈弘

審　　校：沈弘

發 行 人：黃振庭

出 版 者：崧燁文化事業有限公司

發 行 者：崧燁文化事業有限公司

E-mail：sonbookservice@gmail.com

粉 絲 頁：https://www.facebook.com/
　　　　　sonbookss/

網　　址：https://sonbook.net/

地　　址：台北市中正區重慶南路一段六十一號八樓
　　　　　815 室
Rm. 815, 8F., No.61, Sec. 1, Chongqing S. Rd.,
Zhongzheng Dist., Taipei City 100, Taiwan

電　　話：(02)2370-3310

傳　　真：(02)2388-1990

印　　刷：京峯數位服務有限公司

律師顧問：廣華律師事務所 張珮琦律師

定　　價：480 元

發行日期：2024 年 05 月第一版

◎本書以 POD 印製

Design Assets from Freepik.com

國家圖書館出版品預行編目資料

遺失在西方的中國史·蓋洛作品：
中國五嶽 1924，神奇的五色聖山 /
[美] 威廉·埃德加·蓋洛（William
Edgar Geil）著，沈弘 審譯，彭
萍，馬士奎，沈弘 譯，沈弘 審校 .
-- 第一版 . -- 臺北市：崧燁文化事
業有限公司 , 2024.05
面；　公分
POD 版
譯自：The sacred 5 of China
ISBN 978-626-394-218-9(平裝)
1.CST: 山岳 2.CST: 中國
670　　　113004669

電子書購買

臉書

爽讀 APP

著的自然能量,但它們確實存在。春風拂面、芳草如茵、陽光和煦、鳥鳴雀躍……春天的自然界,充滿了一種積極向上的生發力量,這些力量是像空氣一樣可以呼吸進身體的。

● 4. 順便多行善送溫暖

與其沉浸在「末日情懷」的鬱悶裡,不如抓緊旅行的機會多行一善。「做好事本身就是減壓的最好方式,給別人帶來一份溫暖,也給自己增添了同樣的溫暖和快樂。」專家認為,旅行中的「多行善」有很多實現的方式。比如順便去偏鄉地區送點書刊文具給兒童、和當地人聊聊他們感興趣的外面的世界,甚至是悄然拾起一個垃圾、幫老人家拎拎東西等,舉手之勞,心境便會不同。

● 5. 在風景裡動起來

旅遊還有不動的?是的。在心理專家看來,在旅館裡窩著、懶懶地閒逛看景,都不算「動」。被動運動對於減壓來說力度太小,要想心中暢快,一定要想辦法讓自己「動起來」。

地球引力讓人感覺到踏實,卻也可能過多地感覺到身體的重量,產生一種對於壓力「無力對抗」的錯覺,而運動則是對抗這種錯覺的最好方式。運動可以將血液裡的壓力荷爾蒙代謝出去,並且增加了可以讓你鎮定的抗焦慮荷爾蒙,減少面對壓力時的無力感。專家介紹,即便旅遊目的地的運動內容較少,也可以盡量讓自己「動」。比如拍照時模仿東京「漂浮少女」的創意,拍到腳跟不著地,就是很好的運動。

因為社會太高壓，所以需要幸福心理學：

升遷無望、薪水凍漲、每月房貸……快被周遭事務逼瘋？測測你的壓力值，規劃零負擔人生！

編　　著：邰啟揚

發 行 人：黃振庭

出 版 者：崧燁文化事業有限公司

發 行 者：崧燁文化事業有限公司

E-mail：sonbookservice@gmail.com

粉 絲 頁：https://www.facebook.com/sonbookss/

網　　址：https://sonbook.net/

地　　址：台北市中正區重慶南路一段六十一號八樓 815 室

Rm. 815, 8F., No.61, Sec. 1, Chongqing S. Rd., Zhongzheng Dist., Taipei City 100, Taiwan

電　　話：(02)2370-3310

傳　　真：(02)2388-1990

印　　刷：京峯數位服務有限公司

律師顧問：廣華律師事務所 張珮琦律師

定　　價：399 元

發行日期：2024 年 05 月第一版

◎本書以 POD 印製

國家圖書館出版品預行編目資料

因為社會太高壓，所以需要幸福心理學：升遷無望、薪水凍漲、每月房貸……快被周遭事務逼瘋？測測你的壓力值，規劃零負擔人生！ / 邰啟揚 編著 . -- 第一版 . -- 臺北市：崧燁文化事業有限公司 , 2024.05

面；　公分

POD 版

ISBN 978-626-394-279-0(平裝)

1.CST: 壓力 2.CST: 抗壓 3.CST: 生活指導

176.54　　113006061

電子書購買

臉書

爽讀 APP